DEFINIR EL ESTILO

GUÍA PARA LA DECORACIÓN DE INTERIORES

DEFINIR EL ESTILO

GUÍA PARA LA DECORACIÓN DE INTERIORES

Joan Barzilay Freund

SUMARIO

INTRODUCCIÓN

El significado de la palabra «estilo» depende por completo del contexto. El estilo puede denotar una manera particular de hacer las cosas, pero también determinar una moda o costumbre, o ser sinónimo de gusto, elegancia y distinción. Sin embargo, en el diseño de interiores, el estilo es un lenguaje en sí mismo. El aspecto de una habitación es mucho más que la suma de sus elementos: plasma las preferencias estéticas de quienes viven en ella (por qué esta silla o este color) y condensa sus valores y aspiraciones, que beben de la cultura, la tradición y los caprichos inherentes al gusto personal.

Los apartados de este libro demuestran el poder comunicativo del estilo en el interior de un espacio. Cada uno en su universo, repasan y celebran algunas de las vertientes estéticas más influyentes en el diseño de interiores contemporáneo. En cierto modo, estos veinticinco estilos entroncan con cuestiones culturales y sociales que nos preocupan hoy en día: la sostenibilidad, el medio ambiente y la protección de la naturaleza (Biofílico, págs. 11-19); la salud mental y el bienestar (Orgánico moderno, págs. 161-169); o la creciente influencia de internet y la tecnología en la búsqueda de inspiración en un mundo que difumina cada vez más las fronteras entre el diseño y el arte (Coleccionista, págs. 31-39; Artístico, págs. 51-59).

También influyen algunos dilemas estéticos más superficiales, pero no menos importantes: ¿cómo se diseña un hogar que equilibre lo que le gusta al cliente con lo que realmente necesita del espacio? ¿Y qué implica actualizar los modelos arquitectónicos y de interiorismo tradicionales para adaptarlos a las necesidades y los gustos de públicos totalmente nuevos?

El diseño de interiores gira en torno a cuestiones como estas desde que se convirtió en una profesión de pleno derecho, un giro que se atribuye en gran medida a la actriz estadounidense y decoradora Elsie de Wolfe. A principios del siglo xx, De Wolfe empezó a transformar las casas de los magnates de la industria y la alta sociedad neoyorquina para adaptarlas a los nuevos tiempos. Además de contar con una adinerada clientela, se hizo famosa por su predilección por los muebles franceses del siglo xviii y su desdén por las pesadas cortinas y la ornamentación propias de la época victoriana de su juventud. Puede que sus trabajos no tuvieran el aspecto minimalista y depurado que ha llegado a asociarse con el diseño de vanguardia, pero su estilo constituyó un lenguaje de progreso y mejora indiscutibles.

Los principios que popularizó todavía se aprecian en los interiores de Mark Gillette (pág. 226), que transformó una mansión neoclásica de la década de 1690 en Inglaterra al pintar de blanco sus yeserías del siglo xviii e introducir una paleta de colores más afín con la vida moderna. El espíritu irreverente y relajado de De Wolfe también está presente en el diseño del decorador Patrick Mele para unos clientes neoyorquinos (págs. 84-85), que combina elementos de épocas dispares en una misma habitación, como butacas de la década de 1930 junto a cortinas de colores planos e intensos inspiradas en la obra de un artista irlandés contemporáneo. «Al igual que una comida, una habitación bien diseñada es una mezcla de contrastes», asegura Mele, lo que sugiere que la influencia de De Wolfe no ha perdido vigencia.

Muchos años después del apogeo de De Wolfe, en las décadas de 1950 y 1960, el estilo *Mid Century Modern* empezó a plantearse el concepto de progreso desde otro punto de vista. El mobiliario, la iluminación y los accesorios de este periodo eran el reflejo de los enormes avances tecnológicos de la época. La nueva capacidad de producir piezas en serie a partir de materiales naturales como la madera contrachapada (que antes se trabajaba a mano) y de experimentar con muebles de materiales sintéticos, como la fibra de vidrio y el vinilo, supuso un cambio radical. Para diseñadores como Ray y Charles Eames, Florence Knoll o Alexander Girard, entre otros, el estilo *Mid Century Modern* era la viva imagen del potencial democratizador del diseño. Esta visión planteó nuevas preguntas: ¿qué aspecto podrían tener nuestros hogares ahora que era posible adquirir muebles y accesorios funcionales y bonitos a precios asequibles? Y si esta forma de diseño se generalizara, ¿qué revelaría de la cultura de la posguerra?

Eran ideas rompedoras y sus acólitos sabían que, para que calaran en el público, tendrían que transmitirse con un lenguaje visual lúdico y alegre. Por ese motivo, los colores vivos, las formas redondeadas y un cierto encanto popular se convirtieron en elementos característicos de los asientos, la iluminación y los accesorios (sobre todo, los juguetes y muebles infantiles) producidos por los Eames y sus coetáneos. Lo cierto es que funcionó: sus ideas viajaron a lo largo de las décadas, desde Japón, donde la casa del diseñador Naoki Terada (pág. 112) está repleta de muebles y detalles en luminosos tonos naranjas y rojos, hasta Londres, donde una casa diseñada por Sally Mackereth (págs. 168-169) combina el estilo *Mid Century Modern* estadounidense con piezas icónicas de los diseñadores europeos de la época, como Verner Panton.

Al otro lado del Atlántico, en el mismo periodo, los salones ingleses se vieron invadidos por unas tendencias decorativas que transmitían unas ideas totalmente distintas: por un lado, la fidelidad a los estilos que la monarquía británica había popularizado a lo largo de su historia; por otro, la creciente influencia de los decoradores estadounidenses que viajaban a Inglaterra para hacerse un nombre, en ocasiones casándose con miembros de la aristocracia. Ese fue el caso de Nancy Lancaster, hija y nieta de antiguos oficiales de la Confederación, que nació en Virginia a finales del siglo XIX. A Lancaster le gustaban los interiores «exuberantes», como ella los llamaba, y se llevó consigo esa informalidad (y cierto bagaje de la estética de preguerra) cuando llegó a Londres con su segundo marido, un periodista británico. Sus proyectos, que a veces ejecutaba en colaboración con otros decoradores, como Sibyl Colefax o John Fowler, hablaban el lenguaje de las grandes casas señoriales y urbanas de la Inglaterra aristocrática, pero con acento estadounidense. Su estilo ejerció una gran influencia durante muchos años y aún puede apreciarse en multitud de espacios, desde el soleado retiro campestre de Martin Brudnizki en West Sussex (pág. 82) hasta un apartamento parisino, atemporal pero contemporáneo, diseñado por Fabrizio Casiraghi (págs. 228-229), ambos tan majestuosos como habitables.

La decoración también alcanzó cotas estilísticas fuera de la aristocracia. En la década de 1970 el diseñador de moda Halston utilizó muebles bajos y una paleta de colores oscuros y tenues, cargada de sensualidad, en una casa adosada del siglo XIX que había sido rigurosamente remodelada en la década anterior por el arquitecto Paul Rudolph. Cuando la propiedad pasó a manos de Halston, se propuso recuperar parte del espíritu de la arquitectura moderna de Rudolph con su ayuda, por lo que adoptó sus espacios habitables de triple altura y el salón con desnivel y añadió una moqueta industrial gris pizarra. Puede que Halston fuera conocido por sus excesos personales y sus bacanales, pero esto no logró eclipsar la fuerte disciplina que caracterizó a sus diseños.

Desde la década de 1980 hasta la de 2000, el péndulo de las tendencias en el diseño de interiores osciló por un extenso espectro estilístico, desde un exuberante maximalismo hasta un minimalismo basado en la moderación. La popularidad de un color, patrón o material determinado ascendía de pronto a lo más alto para caer después en desuso. Sin embargo, fue el lanzamiento de Pinterest en 2008 y, poco después, de Instagram en 2010, lo que disparó nuestro acceso a las tendencias del diseño de interiores del pasado y el presente. Estas plataformas despertaron el interés por las tendencias y los consejos de decoración entre un público cada vez más conocedor del mundo del diseño.

Aunque las redes sociales y la vorágine de nuestro mundo digital permiten que la estética de un lugar eche raíces rápidamente en otro sitio, incluso a miles de kilómetros, esto no es algo totalmente nuevo. De hecho, los estilos de diseño de interiores siempre se han visto influidos por las tendencias y los gustos procedentes del mundo entero, aunque la información viajara más despacio entonces. Durante generaciones, los arquitectos y los aspirantes a serlo buscaban inspiración en las riquezas de su propio continente y viajaban a ciudades como Roma, París o Viena y otros destinos del Grand Tour durante los siglos XVII y XVIII. (Por supuesto, también podían visitar los museos e instituciones de sus propios países para ver los objetos traídos de África, Asia y Oriente Medio.)

Como es lógico, estas influencias difieren de las actuales no solo en su alcance, sino en el medio en que nos llegan. Aunque la pantalla del móvil puede ilustrar las diferencias entre innumerables estilos de diseño de interiores, no nos sumerge lo suficiente en ellos como para obligarnos a explorar las sensaciones que podría transmitir una sala de estar o un comedor. Tampoco nos empuja a averiguar qué querría hacernos sentir un diseñador al poner este elemento junto a aquel. Esta nueva forma de inspiración, especialmente cuando se produce en masa, nos condena a quedarnos en la superficie.

Este libro ofrece una especie de antídoto contra esa forma más pasiva de ver las cosas y nos brinda una oportunidad para contextualizarlas. ¿Cómo, si no, sabría un lector que un escabel con forma de rinoceronte de la década de 1960 no es un toque aislado de extravagancia, sino que forma parte de la colección de animales de cuero del propietario (pág. 182)? ¿O que, en el comedor de una pareja de coleccionistas a los que les encanta organizar grandes cenas y rotar las obras expuestas, el suelo de roble encalado y la iluminación sin reflejos no persiguen solo un resultado estético, por minimalista y atractivo que sea, sino dar protagonismo al arte (pág. 55)?

El talento en el diseño reside en ser capaces de utilizar la decoración para expresar la intención de un espacio: tranquilizar, entretener, seducir, desconcertar... Solo tenemos que pararnos a escuchar.

Asad Syrkett

BIOFÍLICO

«Estudia la naturaleza, ama la naturaleza, acércate a la naturaleza. Nunca te fallará».[1] Este es el consejo que Frank Lloyd Wright les solía dar a sus alumnos y el principio que presidió lo que él mismo denominó «arquitectura orgánica», aquella que busca la armonía con la naturaleza. Uno de los mejores ejemplos lo encontramos en el atrio en forma de nautilo que diseñó en 1939 para el Museo Guggenheim de Nueva York, una obra a la vez emblemática e iconoclasta. El término «biofilia», acuñado por el biólogo Edward O. Wilson en su libro de 1984 del mismo nombre,[2] se ha ido haciendo un hueco paulatinamente en el léxico del diseño para expresar la atracción que la naturaleza ejerce sobre los seres humanos. El diseño biofílico ha acabado conformando una estética propia cuya belleza reside en el uso de imágenes, colores y formas del mundo natural. Pensemos en las hojas de acanto de los capiteles corintios de la arquitectura griega clásica o en la curva irregular de una mesa de centro de George Nakashima. Las vistas al jardín, los materiales sostenibles, la abundancia de luz natural y la idea de vivir orientados hacia los espacios exteriores son los factores que han contribuido al éxito de los diseños biofílicos.

Hallamos ecos de estas ideas en la increíble pared de nogal tallado que Joe Nahem encargó a Caleb Woodard, un carpintero de Tennessee, para un comedor de Miami Beach. Esta talla recuerda a las retorcidas ramas de un árbol, bajo las cuales nos sentimos acogidos y protegidos. Los diseños biofílicos no se limitan a representar la naturaleza, sino que le otorgan un papel protagonista. En Los Ángeles, Brigette Romanek diseñó un jardín de invierno con una idea en mente: crear un espacio inspirador en el que desconectar. Para ello, colocó un piano y una guitarra entre plantas de gran tamaño de hoja ancha bañadas por la luz del sol.

La casa balinesa de Dan Mitchell interactúa, literalmente, con la naturaleza: una hamaca cuelga sobre la zona de estar junto a un pandano que crece en el centro de la habitación. La forma en la que Mitchell protege la vida de este árbol es una manera de mostrar su respeto y admiración por el mundo natural. «Nos mudamos a Bali en familia para estar cerca de la naturaleza y aprender más sobre sus principios regenerativos y circulares», afirma este director creativo. «Estas ideas conforman las directrices centrales de mi trabajo como artista, pero también están presentes en mi vida personal».

En el céntrico apartamento de la artista Sarah Sze y su marido, el médico y escritor Siddhartha Mukherjee, en Manhattan, frente a la puerta de su dormitorio encontramos un auténtico vivero. Durante los días más oscuros de la pandemia de COVID-19, la necesidad imperiosa de introducir vegetación en su hogar fue tan evidente que, como escribió Mukherjee en un ensayo para *Architectural Digest*, «si el arte fue un aislante para las heridas, las plantas fueron una especie de vendaje. Las cultivamos por docenas y llenamos con ellas toda una habitación. Más que un invernadero fue un espacio prehistórico y húmedo que nos permitió sobrevivir».[3]

Para decorar el vestíbulo de su casa de Richmond, Virginia, Audra Kiewiet de Jonge optó por un papel pintado con motivos arbóreos y una araña de cristal de Murano. «La casa está situada en un entorno urbano, pero tiene un pequeño jardín delantero con boj», explica. «Esta ausencia de un entorno natural en el exterior hace que el papel pintado con diseños de árboles resulte impactante; cuando entras en casa, te envuelve y te transmite una sensación de amplitud y misterio».

La jardinería, los paseos por los acantilados o la caza son algunas de las actividades al aire libre tradicionalmente asociadas a los británicos. Rose Uniacke ha sabido reflejarlas todas en la pintura de color verde oscuro que cubre las paredes de un invernadero londinense. El efecto es relajante, reparador y apacible.

El diseño biofílico apela a nuestros deseos más innatos: vivir conforme a la naturaleza y conectar emocionalmente con nuestro entorno. Este vínculo es lo que nos empuja a cuidar y preservar los lugares en los que vivimos y lo que hace que no se trate de una moda o tendencia, sino de un imperativo del diseño.

1 «Frank Lloyd Wright and Nature». www.guggenheim.org.
2 Wilson, Edward Osborne. *Biophilia.* Cambridge, Massachusetts: Harvard University Press, 1984 [trad. cast.: *Biofilia*. Trad. de Jaime Retif. México: Fondo de Cultura Económica, 1989].
3 Mukherjee, Siddhartha. «Tour This Art Filled New York Family Home». *Architectural Digest*, 20 de enero de 2021.

FOX-NAHEM
APARTAMENTO EN MIAMI BEACH
MIAMI, FLORIDA, EE. UU.
2023

Joe Nahem disfruta descubriendo artistas emergentes y encargándoles creaciones únicas para sus impactantes diseños. «En Instagram he descubierto artistas del mundo entero», afirma este diseñador neoyorquino que fundó Fox-Nahem hace casi treinta años junto a su difunto socio, Tom Fox. «Es un recurso increíble para encontrar talento inspirador». Uno de sus grandes descubrimientos es Caleb Woodard. Fue precisamente este carpintero de segunda generación de Tennessee el que cinceló los monumentales paneles de madera de nogal que serpentean por la pared del comedor (y parte del techo) en un apartamento de 370 m^2 en Miami, Florida. Esta instalación, que recuerda a un bosque encantado, mide casi 4 m de ancho y supuso más de ocho meses de trabajo. «Las paredes se enlucieron con yeso blanco y en los suelos se utilizó un discreto roble blanco para que el centro de atención recayera en el aspecto fluido de esta sorprendente talla», explica. El apartamento se reformó a partir de dos viviendas adyacentes. «En el piso de arriba había una tubería que no se podía mover», añade, «así que hubo que colocar una de estas fantásticas ramas para cubrirla. Cuando ves de cerca esta superficie cincelada el resultado es hipnotizante. No deja de sorprenderme que en pleno siglo XXI todavía existan personas capaces de hacer algo así en Estados Unidos». Una mesa de comedor de resina gris de Fracture Studio refleja las tallas de madera del techo, como si fuera un estanque. A su alrededor, unas sillas Dolls tapizadas con motivos florales de Raw Edges para Louis Vuitton se alternan con sillas Ruemmler N172 de roble francés. Para rematar una escena que parece sacada de un cuento de hadas, en la pared del fondo cuelga un óleo del artista alemán Markus Lüpertz, cuya perspectiva e iluminación completan el carácter orgánico del diseño.

AUDRA KIEWIET DE JONGE
CASA EN VIRGINIA
RICHMOND, VIRGINIA, EE. UU.
2023

Para Audra Kiewiet de Jonge, el arte siempre ha sido lo principal. Esta diseñadora de interiores afincada en Richmond, Virginia, se formó inicialmente como pintora; de hecho, su estudio Art/artefact, que abrió en 2018, era en realidad una asesoría de arte. Ayudar a sus clientes a escoger piezas para sus hogares la llevó a dar un giro a su vida y a apostar por el diseño de interiores. Un magnífico ejemplo de su enfoque pictórico lo encontramos en el vestíbulo de su casa, un adosado estilo reina Ana de principios del siglo XX situado en el histórico distrito The Fan. «Solemos pasar por alto los vestíbulos», explica, «pero es ahí donde el visitante recibe su primera impresión. Estas estancias nos abren las puertas a decisiones de diseño más atrevidas y temáticas». El elemento central en este caso es un cuadro del artista danés Lars Ly titulado *In Frederiksberg Garden II* (En los jardines Frederiksberg II) (2018), una escena de un parque de Copenhague que revela la naturaleza como lugar para la contemplación y el recuerdo. El cuadro cuelga de una pared empapelada con papel pintado en grisalla de Papiers de Paris que muestra imágenes de un bosque antiguo. A sus pies, unas *Muhlenbergia capillaris*, o hierbas de cabello rosado, crecen en unas jardineras de arpillera. Estos maceteros de estilo rústico se funden casi por completo con el *kilim* turco en tonos tierra que hay en el suelo. En el techo, una palma de cristal de Murano rosa de la década de 1970 supone un doble guiño al motivo de las jardineras de la diseñadora y a la paleta de colores del cuadro. «Estar en la naturaleza despierta sentimientos de conexión, asombro y serenidad», concluye. «Intento diseñar espacios que transmitan esos mismos sentimientos».

DAN MITCHELL
CASA TROPICAL BRUTALISTA
BALI, INDONESIA
2019

Dan Mitchell vive con su mujer y sus dos hijos en Canggu, Bali, en una casa cuyo centro está presidido por un pandano que crece en un salón de doble altura. Es aquí donde casi todas las mañanas Mitchell medita y practica yoga. La cocina y el comedor carecen de paredes exteriores, por lo que conectan de manera más profunda con el entorno, algo que este director creativo de origen inglés difícilmente habría logrado en su Newcastle natal. Mitchell fue de los primeros en pasarse al comercio electrónico: ayudó a lanzar la *concept store* londinense LN-CC y hoy dirige Space Available, un estudio de diseño centrado en la sostenibilidad. La casa, que ocupa cerca de 150 m^2 y es de planta abierta, fue diseñada con la ayuda del arquitecto local Patisandhika Sidarta y rinde homenaje a la vivienda que el arquitecto estadounidense Ray Kappe, uno de los preferidos de Mitchell, se construyó en Pacific Palisades, California, en 1967. Una pasarela sobre la zona de estar conecta los tres dormitorios de la residencia, mientras que un entresuelo cubierto de estantes de madera alberga una discreta cabina de DJ y una impresionante colección de vinilos raros (Mitchell es un gran audiófilo y también diseña estudios de música). Las alfombras de sisal combinadas con tejidos de Ubud, Bali y de la vecina isla de Sumba aportan un punto de calidez, al igual que la hamaca tejida a mano, uno de los lugares favoritos de la casa. Para suavizar el aspecto brutalista del armazón de cemento, la casa está repleta de plantas verdes. En el exterior, un voladizo inspirado en la obra del maestro de la arquitectura moderna brasileña Paulo Mendes da Rocha permite contener el intenso calor balinés.

HARING
FRANK GEHRY

SARAH SZE
CASA FAMILIAR EN NUEVA YORK
NUEVA YORK, NUEVA YORK, EE. UU.
2019

Sarah Sze centra su práctica artística en la exploración de los límites entre el arte y la vida cotidiana. Esta bostoniana concibe sus obras para lugares concretos e incorpora elementos aislados en una compleja red que, tanto de manera individual como colectiva, se relacionan con la arquitectura y el paisaje en el que se integran. Buen ejemplo de ello son dos de sus obras de 2021 *Fallen Sky* (Cielo caído) y *Fifth Season* (Quinta estación), diseñadas para el Storm King Art Center, en el valle del río Hudson. Esta visión tomó un cariz personal cuando, a finales de 2019, ella y su marido, Siddhartha Mukherjee, un conocido oncólogo y ensayista, ganador de un premio Pulitzer, reformaron su apartamento del centro de Manhattan. Situado en una antigua fábrica textil del siglo XIX, este luminoso dúplex disponía de un amplio espacio exterior que se convirtió en su refugio durante la pandemia de COVID-19. El dormitorio cuenta con una pequeña salita de estar frente a una terraza decorada con una mezcla orgánica de muebles de madera, macetas de piedra, plantas y obras de arte. Hablando también en nombre de su pareja, Sze afirma: «Queríamos que nuestro dormitorio combinara naturaleza y arte y fuera un espacio contemplativo en el que poder descansar. Para difuminar las líneas entre el interior y el exterior, diseñamos la estancia a partir de la idea de un jardín abandonado que sigue sus leyes de crecimiento y decaimiento, un espacio que podíamos observar pero no controlar. A la hora de escoger las obras de arte pensamos en piezas que pudieran transportarnos a una época o a un lugar diferentes: un fotograma de una película de Jonas Mekas, un grabado de Piranesi del Coliseo y una de mis propias obras a gran escala. Todos los objetos y muebles están construidos con elementos básicos (piedra, papel o madera) y nos conectan con la naturaleza, a la vez que proporcionan cierta estabilidad a un espacio en constante evolución».

ROSE UNIACKE
CASA EN CLAPHAM
LONDRES, REINO UNIDO
2022

Los interiores de la diseñadora inglesa Rose Uniacke presentan un estilo informal. Su gusto por los tonos apagados, su preferencia por los materiales naturales y su habilidad para mezclar antigüedades con asientos cómodos y contemporáneos, a menudo diseñados por ella misma, resultan, inevitablemente, en espacios apacibles y lujosos. Buena prueba de su enfoque artístico es este invernadero de una casa adosada de estilo georgiano de 1805 con vistas a Clapham Common, Londres. «La naturaleza nos relaja, nos da paz. Quería trasladar esa sensación de serenidad y equilibrio a la casa», afirma. Las paredes de ladrillo están pintadas en un tono verde musgo (Moor, para ser más exactos), que forma parte de la línea de pintura epónima de la diseñadora. Este sorprendente color hace que los tonos azul grisáceo de las losas de piedra de York del suelo destaquen. Seleccionadas a mano por ella misma, van desde el interior de la habitación hasta la terraza exterior. «Esta versión moderna de un invernadero tradicional es muy exuberante. Todo contribuye a que el exterior entre en el interior: los colores, la vegetación, los olores, el ladrillo...», comenta. En primer plano hay un sofá de hierro forjado tapizado en lino blanco con patas estriadas colocadas sobre ruedas, una mesa de centro (tallada en una losa de piedra de Cotswold), una silla Windsor del siglo XIX y un sillón de jardinero con respaldo de mimbre. Unas puertas arqueadas de estilo francés dan paso a un jardín diseñado por el paisajista Tom Stuart-Smith, quien además supervisó las plantas de interior (palmeras kentia, helechos, narcisos, orquídeas y tulipanes), que Uniacke colocó en una serie de maceteros viejos de piedra y terracota. «Difuminar las líneas entre el interior y el exterior hace que el espacio resulte mágico y acogedor, tanto si estás dentro mirando hacia fuera, como fuera mirando hacia dentro», concluye.

BRIGETTE ROMANEK
CASA EN LAUREL CANYON
LAUREL CANYON, CALIFORNIA, EE. UU
2018

«Esta habitación es perfecta para los domingos por la mañana», afirma Brigette Romanek. «Un lugar ideal para pasar un rato con la familia, tomar el té, relajarte, leer el periódico, tocar música o, simplemente, estar». Así es como esta diseñadora afincada en Los Ángeles describe el soleado invernadero de su antigua casa en Laurel Canyon. «Tras estas puertas está el monte Olimpo», explica, refiriéndose al vecindario de moda, Hollywood Hills, antes de añadir, con una sonrisa: «¡No el griego, claro!». Romanek, cuya lista de clientes incluye a famosos como Gwyneth Paltrow, Demi Moore y Beyoncé, lanzó su firma en 2018. Fue más o menos ese año cuando diseñó su hogar como un escaparate en el que mostrar su virtuoso estilo, que mezcla lo *vintage* y lo contemporáneo con determinación. La naturaleza suele desempeñar un papel central en sus interiores. Aquí, las plantas de la habitación llegan hasta el techo. «No se me dan muy bien, pero me encantan», explica. «Busco especies resistentes que no sean demasiado delicadas. Esta habitación tiene muchísima luz, eso ayuda mucho». Las higueras de hoja de violín, el castaño de Guayana y los filodendros lo saben bien. Junto a la abundante vegetación hay muebles de Michael Boyd: una mesa de cristal y cuatro sillas de acero con tiras de vinilo cuyo tono combina con el verde de las paredes. Un piano Bechendorfer y una guitarra eléctrica rosa están siempre dispuestos para que Romanek o sus hijas pequeñas los toquen. La jardinera de gres de la izquierda es una pieza de la década de 1960 de David Cressey y la esbelta lámpara de triple cúpula, una pieza *vintage* italiana. «Es un espacio interior y exterior», concluye Romanek, que colocó un suelo de hormigón para que se pueda mojar o ensuciar sin problemas. El verde salvia de las paredes llega justo hasta por debajo de la parte superior de las ventanas y deja una brillante banda de color blanco donde la pared se junta con el techo. «Cuando miro esta habitación me relajo. No hay tensiones ni estrés, todo fluye».

COSTERO

La ubicación. La ubicación. ¡La ubicación! Este es el mantra que los agentes inmobiliarios del mundo entero repiten una y otra vez. Más aún cuando una vivienda tiene vistas al mar, ya se trate de una joya de estilo *Mid Century* enclavada en un promontorio sobre el Pacífico, de un elegante cubo encaramado a una ladera mediterránea o de una inmensa villa urbana que mira al puerto de Sídney. Lo cierto es que la ubicación es esencial para los diseñadores de interiores que desarrollan proyectos cerca de la costa, ya que se pueden inspirar en el paisaje. Los tonos de los afloramientos rocosos, la vegetación y la arena (también el agua, por supuesto) dan como resultado espacios bien armonizados. Los materiales orgánicos, como la madera, las cañas y la piedra, se ajustan perfectamente a esta paleta de colores y contribuyen a crear ese ambiente relajante y desenfadado que conlleva la vida junto al mar.

«Siempre orientamos las estancias principales en torno a las vistas y aprovechamos la luz natural para sacar el máximo partido del entorno», afirma el diseñador de interiores Greg Natale, de Sídney (Australia). «Trabajamos en muchas casas de la costa de Nueva Gales del Sur. En una de ellas, en Avoca, los clientes querían imprimirle el estilo costero clásico de los Hamptons (blanco con tonos azules, muebles de madera maciza y azulejos estampados), que encajaba muy bien con los colores de la zona. Para un ático en Tamarama, el cliente era un surfista enamorado de la estética de la década de 1970, por lo que empleamos verdes espuma de mar y tonos caramelo para transmitir ese aire de opulencia *vintage*». Natale explica que la casa de Mosman «tiene todo el aspecto de una villa, así que combinamos piedra natural y mármol con detalles en bronce para reproducir los colores de esa hora dorada en la que el sol se pone en la playa».

Jamie Bush, un diseñador de Los Ángeles, sabe bien cómo sacarle el máximo partido a las vistas. Cuando le encargaron reimaginar una emblemática casa de la década de 1950 en el enclave costero californiano de Carmel-by-the-Sea, «tomamos muestras de la costa para seleccionar la paleta de colores y materiales», explica. «Utilizamos un suelo de losa de cuarcita natural gris plateado para evocar las rocas de tonos grises y los afloramientos rocosos que perfilan las increíbles vistas de la costa del Pacífico» e instaló techos, armarios, paneles y suelos de teca cepillada «como respuesta a la madera de deriva que llega a la costa». Bush cuenta que la artesanía modernista y orgánica tiene una larga tradición en Carmel, por lo que recurrió a los fabricantes de muebles de la zona para seleccionar las piezas decorativas, centradas sobre todo en formas naturales de gran tamaño. «Todas aluden a las formas y patrones naturales e irregulares del paisaje que contemplamos desde los ventanales».

En Ibiza, las decoradoras Ali Pittam y Roberta Jurado han colaborado en diferentes proyectos, muchos de ellos para las casas de vacaciones de la isla. «Aquí se respira un ambiente relajado y un gusto por los interiores sin estridencias, lujosos pero cómodos», afirma Jurado. «Muchos diseñadores se inspiran en los colores del mar y del cielo», prosigue Pittam, pero para una casa contemporánea en la que trabajaron recientemente, estudiaron el terreno y extrajeron su paleta de los tonos dorados y terracota de la roca y la tierra. El clima también fue clave. «En verano, el sol brilla con mucha intensidad y el calor resulta abrasador», afirma Jurado. «Así que los detalles que aportan sombra, como las cortinas de lino vaporoso o las contraventanas de madera, proporcionan cierto alivio».

A veces, un simple gesto arquitectónico es capaz de definir un espacio. Para la arquitecta Stefania Stera, afincada en París, ese gesto se materializó en el comedor de una casa ubicada en la Costa Esmeralda, en Cerdeña, en forma de luminaria. La pieza, obra del diseñador de iluminación Davide Groppi, consiste en una enorme rama de enebro que se cableó para dar luz y supone una forma literal y metafórica de llevar el exterior al interior. Esta descomunal pieza de madera de deriva está suspendida, como detenida en plena caída, sobre la mesa del comedor, sujeta por unas cuerdas.

Janine Carendi MacMurray ideó una decoración igual de llamativa cuando un antiguo cliente le pidió que diera nueva vida a una casita de invitados en East Hampton con los muebles que ya tenía. La diseñadora neoyorquina optó por revitalizar la oscura madera del salón, típica de los cascos de los barcos, con un encalado ligero que dejaba entrever la veta natural. Los cojines y las cortinas unificaron el espacio en tonos azul hortensia, muy acordes con la zona. Lo más sorprendente, no obstante, fue la decisión de colocar en el techo un tiburón disecado de 140 kg de peso. «Los visitantes siempre se asustan cuando lo ven», comenta MacMurray.

«Villa S es el resultado de la fusión de conceptos», explica el diseñador Massimo Alvisi, afincado en Roma, al describir un proyecto realizado en 2023 en colaboración con Junko Kirimoto, su esposa, socia y también arquitecta. La naturaleza, la tradición y la artesanía fueron los motores del diseño de esta casa de vacaciones en la costa sarda. La finca, rodeada por exuberantes jardines, conecta el exterior con el interior mediante la vegetación del patio central. «Es el hilo conductor», afirma Alvisi. La paleta quedó restringida a los colores procedentes de la piedra natural, la arena o la madera, lo que hace que la casa esté inextricablemente ligada a su entorno. «En el salón hay vanos acristalados en ambos lados para que el interior sea visible desde el exterior y viceversa. Los marcos de latón bruñido de las ventanas hacen que los interiores parezcan expandirse hacia el mar».

AREA INTERIOR DESIGN
RETIRO EN EAST HAMPTON
EAST HAMPTON, NUEVA YORK, EE. UU.
2019

Janine Carendi MacMurray, de AREA Interior Design, estaba inmersa en una reforma en Manhattan cuando sus clientes le pidieron que les ayudara con su segunda residencia. Esta casa de vacaciones de estilo *shingle*, de la década de 1880, necesitaba una reforma completa y MacMurray acabó trabajando incluso en la casita de invitados. Esta diseñadora, que fundó su estudio en 2006, es una experta en llenar espacios con vivos colores y asombrosas formas contemporáneas. Pero conocer tus límites y tener en cuenta los muebles que posee tu cliente es otra cosa. Muchas de las piezas del salón de la casa de sus clientes en Manhattan se adaptaban perfectamente a la casita de invitados de East Hampton. MacMurray pensó que con algunos retoques y añadidos podría dotar al mobiliario y a las habitaciones del aire marino que ese espacio reclamaba. Primero encaló las paredes para crear un ambiente relajado. «Pintamos el techo del dormitorio de azul *haint*, siguiendo la tradición de los porches sureños, para permitir que el exterior se abriese paso hasta el interior». MacMurray explica que ese azul verdoso era típico de los techos y las puertas de los porches de las casas del sur de Estados Unidos, sobre todo en Georgia y Carolina del Sur, aunque hoy en día está presente en muchos hogares y no solo en el sur del país. El acogedor sofá de lino blanco combina con las butacas de terciopelo azul hortensia. Las cortinas romanas y los cojines tapizados con estampado Alcázar de inspiración provenzal de Christian Lacroix crean un hilo visual entre el salón y el dormitorio. MacMurray, en un guiño al cercano Atlántico, instaló dos apliques en forma de cola de ballena invertida. Un armario con espejo, de Mr. Brown London, refleja la luz y los colores del jardín. El sorprendente tiburón disecado que cuelga del techo añade un toque lúdico a la sala. «Una casa en la playa sirve para olvidar la rutina», sentencia MacMurray. «¿Qué hay de extraño en colgar un tiburón del techo?»

CAN CAN DESIGN
Y BOX3 INTERIORES
CAN FRUCTU
IBIZA, ESPAÑA
2019

A lo largo de sus respectivas carreras, las decoradoras Ali Pittam, de Can Can Design, y Roberta Jurado, de Box3 Interiores, afincadas en Ibiza, han colaborado en numerosos proyectos y es que ambas comparten un talento especial que les permite crear interiores alegres y contemporáneos, profundamente enraizados en su esencia mediterránea. En 2019 decoraron esta casa de vacaciones de nueva construcción en la costa noroeste de la isla. Los propietarios les dieron carta blanca para reformar por completo la vivienda, de una sola planta, diseñada por el arquitecto belga Bruno Erpicum. Tras aplicar un enlucido de yeso nacarado en paredes y suelos, buscaron muebles contemporáneos y *vintage* con los que esperaban transmitir la idea del paso del tiempo. Los tonos terracota, oliva y ocre los tomaron prestados directamente de las impresionantes vistas del salón sobre las colinas cubiertas de pinos que se extienden hacia el Mediterráneo. «Más que extraer las muestras de color del mar, pensamos que funcionaría mejor vincular la casa con el paisaje», explica Pittam. «La casa, elegante y de poca altura, nos permitió darle a los interiores una atmósfera ecléctica y un tanto retro». Las butacas Easy Chair de Warren Platner, situadas junto a la chimenea, están tapizadas con una tela de House of Hackney en tono siena y un estampado de grullas y sauces en alusión a los flamencos que acuden cada verano a los humedales ibicencos. «La mesa de centro de madera maciza supone un contrapunto rugoso frente al suelo y las paredes de microcemento liso y al enorme espacio que ocupan los ventanales de cristal», dice Jurado refiriéndose a la mesa de madera de panga de Patricia Urquiola, fabricada en Botsuana. En la pared, los pliegues de una obra psicodélica del artista escocés Jim Lambie, perteneciente a su serie «Metal Box», *Praga* (2018), de acero pulido y aluminio, captan el reflejo de la piscina exterior. Por su parte, la palmera escondida en un rincón contribuye a traer el aroma del mar a la vida diaria de la casa.

GREG NATALE
CASA EN MOSMAN
SÍDNEY, AUSTRALIA
2022

El diseñador australiano Greg Natale, que emprendió su negocio en 2001, es un maestro en la creación de interiores opulentos. Viajar suele ser una de sus fuentes de inspiración. De hecho, fue una visita a la emblemática Villa Necchi Campiglio en Milán, diseñada por Piero Portaluppi en 1935, lo que encendió la chispa para iniciar un proyecto en el exclusivo barrio de Mosman, en Sídney. En la obra maestra de Portaluppi abundan los materiales y acabados lujosos, como puertas metálicas hechas a medida, suelos de travertino y marquetería, así como una dinámica mezcla de mobiliario clásico, *art déco* y moderno. Natale tomó buena nota de todo esto. Así, para las puertas de la entrada principal, de bronce y cristal, se emplearon veintiocho variedades de piedra decorativa y el interior de la vivienda cuenta con una impresionante colección de muebles de estilo *art déco*, *Mid Century* y contemporáneo. En el salón, las losas de granito pulido enmarcan las increíbles vistas del puerto y su textura, de tonos grises y blancos, refleja los colores del agua y del cielo, en continuo cambio. «Las vistas marcan el tono del diseño», explica. El espacio para sentarse está delimitado por un suelo de roble rubio con un marcado patrón chevrón y los muebles forman un arco que remite al trazado natural del puerto deportivo. Mirando hacia el ventanal hay un sofá Daniels de Minotti y frente a él un sillón Little Petra de Viggo Boesen tapizado con piel de oveja. Tres de las joyas de esta estancia proceden de la Galerie Glustin de París: una butaca de latón con caras facetadas («una referencia al carácter brutalista del travertino y del mármol verde visibles a través de las puertas de cristal»); la mesa de centro de dos piezas, de latón patinado y ónice («el ónice enlaza con la piedra natural de la habitación»); y la araña de cristal y latón de la década de 1980, que flota sobre la estancia. Para preservar el espíritu de Villa Necchi, Natale apunta que «procede de un hotel italiano».

ALVISI KIRIMOTO
VILLA S
PORTO ROTONDO, ITALIA
2023

Massimo Alvisi y Junko Kirimoto abrieron su estudio de arquitectura en Roma en 2002 y desde entonces son conocidos por darle prioridad a la naturaleza. En 2023 la pareja dio los últimos retoques a Villa S, una casa situada en las colinas de Porto Rotondo, en la costa sarda. «Cuando fuimos por primera vez a visitar el lugar, nos impresionaron las fantásticas vistas sobre el golfo de Aranci, pero también la luz y la belleza de las rocas de granito que destacan con fuerza sobre el paisaje», comenta Alvisi. «Pensamos que el proyecto debía partir de esas ideas». La finca contaba con tres edificios ubicados en torno a un patio central. Desde las paredes acristaladas del salón se pueden contemplar la terraza y el mar por un lado y el patio por el otro. Kirimoto afirma que cada elemento fue diseñado «para conectar de manera indisoluble el interior con el exterior». Las paredes del salón las construyeron artesanos locales a partir de bloques de granito amarillo de San Giacomo, mientras que el suelo del salón y de la terraza se cubrió con baldosas de mármol de Orosei, según Kirimoto, «para difuminar el concepto de umbral». El techo de la estancia está ligeramente inclinado y combina vigas de madera de iroko colocadas de manera que recuerdan a la proa de un barco. El mobiliario es minimalista e incluye un sofá Flamingo de Zanotta, un sillón Embrace y una mesa de centro Hans Wegner CH008, estos dos últimos de Carl Hansen & Son. «Los colores neutros con matices cálidos aportan continuidad visual», explica Kirimoto sobre la paleta de tonos arenosos. «Todos los materiales, en especial las paredes al natural, poseen la rugosidad y el tono adecuados para conectar, tanto desde el punto de vista táctil como visual, con la naturaleza». El equipo diseñó una librería empotrada a medida, abierta por ambos lados, para conectar las vistas del exterior con las puertas de cristal. «La idea era contar con un elemento que permitiese la apertura visual al exterior. Los estantes de madera y metal son la combinación perfecta entre naturaleza y modernidad», concluye Kirimoto.

STERA ARCHITECTURES
VILLA GRINTOSA
CERDEÑA, ITALIA
2019

Stefania Stera nació en Roma, pero de niña visitó con frecuencia la Costa Esmeralda sarda (una zona muy popular en la década de 1960 gracias a Aga Khan), donde su familia poseía una cantera de granito. Hoy es arquitecta y reside en París, ciudad en la que en 1992 estableció su propia firma. Cuando recibió la propuesta de construir una casa de vacaciones junto al mar en Porto Cervo, en el corazón de la Costa Esmeralda, no se lo pensó dos veces. Su trabajo es una oda a los colores y paisajes de la costa tirrena. La casa, terminada en 2019, forma un cuerpo en forma de «U» cuyos volúmenes convergen en torno a un patio interior. El exterior de antracita confiere al edificio la apariencia de un granito cubierto de líquenes y lo camufla con el paisaje gris y rocoso, logrando que la transición entre los espacios exteriores e interiores sea aún más fluida. En el comedor, el suelo de madera clara combina con las paredes encaladas, el granito y la grava volcánica, creando un espacio abovedado que evoca el frescor de una cueva. Las formas arqueadas y los materiales granulados se han tomado prestados de la arquitectura tradicional sarda. Los muebles, una mesa de roble y unos bancos cuyas patas con arquillos remiten de manera sutil al contorno de la habitación, los hizo a medida el fabricante francés Les Ateliers Lebon y transmiten un aura casi monástica. El detalle más rotundo de la sala es, sin duda, la araña de madera de enebro, obra del diseñador italiano Davide Groppi. Las cuerdas rojas y blancas que la sostienen podrían haber pertenecido a uno de los pescadores locales, mientras que el cuerpo de la luminaria da la impresión de ser un trozo de madera de deriva encontrado en la playa.

JAMIE BUSH
CASA BUTTERFLY
CARMEL, CALIFORNIA, EE. UU.
2018

Se podría decir que la tarjeta de visita de Jamie Bush es su capacidad para dar nueva vida a las casas californianas de estilo *Mid Century*. Por suerte para él, abundan en esta escarpada costa. Desde que en 2002 pusiera en marcha su proyecto en Los Ángeles, ha sabido mezclar hábilmente materiales orgánicos vinculados al entorno inmediato con formas contemporáneas. Fue esta habilidad lo que hizo que los propietarios de la Casa Butterfly, un edificio emblemático de Carmel-by-the-Sea de 1951 diseñado por el arquitecto Frank Wynkoop, le pidieran ayuda para renovarlo. «Nuestro objetivo era conectar visualmente el espectacular paisaje con la casa, difuminando las líneas entre los espacios interiores y los exteriores», explica. Así, el revestimiento de teca cepillada con alambre elegido para los techos del salón se prolonga hacia el voladizo exterior del tejado y la valla. Según Bush, «se trata de una de las pocas maderas de exterior». De igual manera, el suelo de losa gris plateado se extiende desde el interior hasta la piscina y el camino de entrada. El mobiliario presenta formas orgánicas. Hay una mesa de centro Pedro Petry, de raíz de imbuia, un juego de mesas auxiliares Dan Pollock, una lámpara Scholar Rock turquesa del ceramista Peter Lane y una alfombra Tufenkian cuyo diseño imita los colores de las rocas cubiertas de líquenes que se ven por los ventanales. El juego de asientos incluye un sofá modular DS-600 «nonstop» de la firma De Sede, con piel personalizada en tonos que recuerdan a la piedra, un par de butacas Tonico de estilo *Mid Century* de Sergio Rodrigues y un sillón colgante de Blackman Cruz. Para el comedor, escogió una mesa Siglo Moderno de madera, sillas *vintage* Hans Wegner con cojines y un par de lámparas ramificadas Apparatus que armonizan muy bien con las vistas. «Antes incluso de que nos dieran el trabajo, lanzamos la idea de crear un interior cuya paleta orgánica fuera muy texturizada y se inspirara en la rocosa costa», explica Bush. «¡Mordieron el anzuelo! ¡Conseguimos el trabajo y nos pusimos manos a la obra!»

COLECCIONISTA

El coleccionismo no se ciñe a un único estilo, tema o tendencia. El resultado de estos espacios, que se construyen a lo largo del tiempo mediante una cuidadosa selección de materiales, acabados, tejidos y, por supuesto, muebles y piezas de arte, conforma una narrativa visual que revela información importante acerca del periplo vital de sus habitantes. En ellos, lo que verdaderamente despierta la curiosidad del visitante es la disposición de las colecciones personales.

Desde que visitase por primera vez Marrakech allá por 1985, Meryanne Loum-Martin se ha sentido atraída por la estética de esta ciudad marroquí. De padre diplomático y madre abogada, pasó su infancia viajando y vivió en ciudades tan dispares como Moscú, Londres o París. Loum-Martin tiene un don para capturar la esencia de un lugar y en Marrakech encontró una fuente inagotable de inspiración. Sus interiores están repletos de cojines, mantas y pequeñas colecciones de objetos exquisitos, como máscaras y esculturas, que ha ido adquiriendo a lo largo de los años. A veces coloca una alfombra encima de otra y forma ángulos que no guardan relación con las paredes o los muebles, o emplea su color y su textura para componer un lienzo. «Combino elementos de diferentes facetas de mi vida», explica, «de ahí que el resultado sea un espacio ecléctico y bohemio. Cuando recibimos visitas, todos hablan de su cosmopolitismo».

El diseñador sueco Lars Bolander, afincado en Florida, posee una casa de vacaciones en la isla de Öland (Suecia) y desde la ventana de la cocina puede ver Capellagården, la famosa escuela de diseño en la que estudió y donde imparte clases de vez en cuando. «Aquí empezó todo», afirma, quien, al igual que Loum-Martin, ha vivido en diferentes lugares. Bolander explica que su profesión le ha brindado la oportunidad de adquirir objetos maravillosos para sus casas. Sabía que con el tiempo sería capaz de encontrar el lugar adecuado para todos ellos. «Me resulta muy fácil combinar las pertenencias de mi antiguo piso de Londres con los artículos de las subastas o los cuadros modernos y las antigüedades. Las combinaciones y yuxtaposiciones aportan riqueza y calidad a una vivienda».

Sobre la cocina de una casa de estilo georgiano en los South Downs de Inglaterra, Henri Fitzwilliam-Lay comenta: «Pensé mucho en el diálogo que los objetos entablaban entre sí, que incluye agrupaciones inesperadas». A esta diseñadora londinense le gusta tomarse su tiempo para componer los espacios, pero la parte artística llega en la fase de revisión y refinamiento. «La composición, el equilibrio y la proporción son la base del diseño de interiores», sentencia. «La manera de utilizarlos depende de lo que se pretenda conseguir». Esto es lo que infunde carácter a un espacio: una serie de platos decorativos apilados sobre la mesa, unas estanterías llenas de libros, unas sillas de cocina de colores o una estufa sueca con azulejos brillantes dialogan entre sí mientras aluden a la esencia histórica del edificio.

Para diseñar una casa en Sevilla, el madrileño Amaro Sánchez de Moya recurrió al maestro del coleccionismo, el arquitecto británico de la época de la Regencia *sir* John Soane, conocido por su insaciable pasión por coleccionar todo lo coleccionable, desde antigüedades hasta libros. Inspirándose en la casa londinense de Soane, hoy convertida en museo, Sánchez de Moya transformó un patio interior en una galería en la que poder contemplar la colección de esculturas de su cliente. «Muchas de las piezas se inspiran en lugares asociados al *Grand Tour*, por lo que todas las ideas giraban en torno a cómo realzar ese dialogo a través de su disposición». Hubo también que «dejar espacio para futuras adquisiciones», apunta.

Móyòsóré «Móyò» Martins, nacido en Lagos (Nigeria), se mudó a Nueva York para dedicarse por completo al mundo del arte cuando estaba cerca de cumplir la treintena. La narrativa subyacente a sus pinturas a gran escala, de técnica mixta, suele aludir tanto a su pasado como a su presente y sus sueños para el futuro. Martins trabaja en un estudio tipo *loft* de más de 3000 m² en el Bronx, Nueva York, que está repleto de los objetos que más le gustan (afirma que tenerlos cerca le ayuda y le sirve de inspiración). Este lugar reúne cientos de figuras de colección de artistas como Ron English, Matt Gondek, KAWS, Takashi Murakami y Kenny Scharf. El resultado es un espacio colorido, con mucha personalidad y rebosante de creatividad, que es lo que más valora Martins: «Las figuras representan la infancia y evocan recuerdos nostálgicos». Durante la infancia, cuando las normas sociales aún no han dado forma a una narrativa, la libertad de expresión es total. A Martins le gusta tenerlo siempre presente en su lugar de trabajo.

El diseñador sudafricano Adam Court aspiraba a reflejar la personalidad de Reni Folawiyo, icono de la moda y el estilismo, cuando colaboró en el diseño de su residencia en Lagos (Nigeria). Su idea, explica, era mostrar «una África que mira al futuro, audaz, innovadora y segura de sí misma». En el salón, «los asientos reflejan una mezcla de estilos; hay piezas *Mid Century* y otras contemporáneas conectadas por maravillosas telas africanas o de inspiración africana, con colores atrevidos y motivos vibrantes». Las alfombras *vintage* marroquíes se combinan con obras del artista sudafricano Wim Botha, el beninés Dominique Zinkpè y los cojines de la diseñadora textil senegalesa Aïssa Dione. «Las obras hablan de los viajes y las pasiones de Folawiyo, pero también representan el pasado, presente y futuro del continente africano».

LARS BOLANDER
GRANJA SUECA
ÖLAND, SUECIA
2022

Lars Bolander ha regentado comercios en Nueva York, East Hampton, Palm Beach y Westport, Connecticut, pero es más conocido por su faceta como diseñador de interiores; en concreto, por haber introducido en Estados Unidos la estética gustaviana sueca. Las líneas refinadas y los tonos apagados de los muebles suecos del siglo XVIII suponen una discreta interpretación del estilo neoclásico francés. Bolander es un experto a la hora de colocar tesoros gustavianos junto a elementos arquitectónicos *vintage* de origen diverso, curiosidades y alguna que otra pieza moderna o contemporánea. «Disfruto mezclando cosas», afirma el diseñador sueco, que abrió su estudio en 1987. Aunque vive en Lake Worth Beach, Florida, regresa cada verano a la isla sueca de Öland, donde reconecta con sus raíces en una granja de principios del siglo XIX que supo anexar de manera ingeniosa a un granero adyacente. Para ello, eliminó un muro de cada una de las estructuras y cerró el espacio con un luminoso atrio desde el que se accede a una acogedora sala de estar. En esta, un par de columnas salomónicas de madera tallada de la década de 1780, procedentes de Alemania, sustituyen a la vieja pared de la granja. Entre ellas se ha colocado un sofá sueco del siglo XVIII, pero abundan los detalles decorativos por toda la estancia. «Cuando me gusta algo, lo compro porque sé que encajará en algún lugar», explica. Compró la colección de dibujos figurativos en una subasta, el busto femenino de cera lo encontró en Les Puces, el famoso mercadillo parisino, y el óleo con dos perros del artista estadounidense William Skilling fue una adquisición de Nadine Kalachnikoff, su esposa, en Nueva York. En la parte superior de un caballete, descansa un retrato de Pablo Picasso, obra de Salvador Dalí. Bajando las escaleras del atrio, a la derecha de un sillón gustaviano, cuelga un cuadro del siglo XIX de estilo popular sueco conocido como Dala. Y desde el dormitorio principal, en lo que antes era el granero, se abre un balconcillo. «Cuando mi mujer me llama, puedo oírla desde cualquier punto de la casa», concluye.

MÓYÒSÓRÉ «MÓYÒ» MARTINS
ESTUDIO DEL ARTISTA
NUEVA YORK, NUEVA YORK, EE. UU.
2022

Móyòsóré «Móyò» Martins es un polifacético artista de origen nigeriano a quien la inspiración le suele visitar de noche. Para él, la separación entre el espacio de trabajo y el espacio vital no está clara. Su estudio, ubicado en el último piso de una antigua fábrica de muebles del barrio de Mott Haven, en el Bronx, no es solo un lugar donde crea sus lienzos a gran escala o sus esculturas con objetos encontrados, es también un espacio de inspiración. Su colección de muebles inusuales, que no para de crecer, incluye un par de sillas de Alex Locadia que se utilizaron en el rodaje del *Batman* (1989) de Tim Burton y muchas figurillas. A Martins le atraen los personajes con expresiones faciales y formas exageradas porque le recuerdan a las figuras tradicionales yoruba de África Occidental, que le han influido enormemente en su trabajo. «[Las figurillas] están ordenadas según su creador y coloco sus libros cerca», explica, refiriéndose a las numerosas monografías sobre artistas como Ron English, Matt Gondek, KAWS, Takashi Murakami y Kenny Scharf apiladas en varias mesas bajas. «También me atraen ciertos artistas, con los que comparto su visión de "artista" y comprendo su proyección en términos de crecimiento y valor». Su obra de 2022, *Expansion II* (Expansión II), cuelga sobre un sofá de cuero negro de estilo *Mid Century*. En ella incorpora pequeñas imágenes de carácter iconográfico de animales y seres humanos que forman un patrón que, a modo de puzle, acaba componiendo la enorme silueta de un hombre que, de forma literal y figurada, nos revela sus pensamientos. A su izquierda se encuentra *Erin Aro (The Morning Laugh)* (La risa de la mañana), también de 2022. Aro sonríe y disfruta del colorido paisaje repleto de figuras. El sofá colocado delante de las ventanas está decorado con los personajes más emblemáticos del dibujante Charles Schulz (entre los que destacan Charlie Brown y Snoopy), pintados por el propio Martins.

OKHA
CASA EN IKOYI
LAGOS, NIGERIA
2014

Alára, la *concept store* de lujo fundada por la gurú Reni Folawiyo en Lagos (Nigeria), aglutina arte, diseño y moda de vanguardia. El dúplex de esta abogada reconvertida en empresaria situado en el barrio de Ikoyi de la capital refleja esa estética de alto voltaje, pero centrada en el arte. Con la ayuda del diseñador Adam Court (de la firma de diseño sudafricana OKHA) y del arquitecto Greg Truen (del estudio de arquitectura SAOTA, también sudafricano), Folawiyo pasó tres años haciendo de este amplio espacio un escaparate con el arte como protagonista. En el salón, los paneles de madera de origen local (Folawiyo es propietaria de la fábrica donde se cortaron) y un sencillo suelo de piedra aportan color y textura. «La zona para sentarse tenía que transmitir la sensación de haber surgido orgánicamente», explica Court. «Reni añade piezas a su colección constantemente, así que queríamos que pareciera una evolución de ese proceso, no algo premeditado o escenificado». La imponente escultura en bronce ennegrecido de un águila sin cabeza es obra del artista sudafricano Wim Botha. Posada sobre una estructura de madera en bruto, se contrapone a la imponente obra de color rojo de Dominique Zinkpè, un artista autodidacta nacido en Benín. Esta última pieza parece estar hecha con docenas de muñecas yoruba Ibeji, pero en realidad está tallada a mano a partir de una plancha de madera pintada. «Es mágica, como un tótem, y se eleva sobre el espacio a modo de guardián», afirma. Para «sostener y anclar el entorno», eligió un par de mesas de centro redondas de estilo industrial de Jérôme Abel Seguin, un artista afincado en Bali. Fabricadas con piezas de máquinas desechadas, las acanaladuras de sus bordes conectan directamente con el coloso de Zinkpè. Sobre la mesa situada más al fondo, un amasijo de hierros que representa un arbusto es obra del artista contemporáneo neerlandés Nacho Carbonell.

MERYANNE LOUM-MARTIN
CASA EN MARRAKECH
MARRAKECH, MARRUECOS
2020

Meryanne Loum-Martin no se cansa de combinar diseños inspirados en la ciudad marroquí de Marrakech. Esta diseñadora vive en un mundo donde los patrones tradicionales de los enrejados, las puertas arqueadas, los azulejos ornamentados y los tejidos y las alfombras de lujo se combinan con tonos tierra y azafrán para crear espacios de ensueño. Esta abogada reconvertida en diseñadora de interiores nació en Costa de Marfil y pasó su infancia en lugares tan dispares como Ghana, Moscú, Londres y París. En 1985, un viaje a Marrakech le cambió la vida y le permitió conectar con la vitalidad multicultural de esta ciudad. Jnane Tamsna, el elegante hotel *boutique* que construyó y que hoy regenta con su hija y su marido, un etnobotánico estadounidense, en el Palmeral, un espacio natural al norte de la ciudad, también es su hogar. Aquí, la luz posee una cualidad cobriza y luminosa que refleja los tonos tostados y siena inherentes a la región. En el salón, los rayos de sol tamizados crean juegos de sombras sobre las paredes estucadas a mano con *tadelakt*, un enlucido tradicional a base de cal, y aportan brillo a los suelos, también acabados en este material, en este caso encerado y pulido, y sobre el que se han realizado incisiones para simular baldosas. La luz penetra y esculpe los pesados pliegues de una gran pintura sobre tela del artista local Philippe Deltour (Loum-Martin posee tres obras suyas con figuras en posturas de oración). A sus pies, una colección de cabezas de bronce de Benín «han seguido mis pasos durante los últimos cuarenta años allá donde he ido», confiesa. «Siento un fuerte apego por ellas». Loum-Martin diseñó los sofás, la mesita metálica de tres niveles de la esquina (inspirada en una bandeja de pastas marroquí) y las lámparas con decoraciones de cuernos, mientras que los sillones los compró a un amigo, que a su vez los había adquirido en Casablanca. «Mi forma de trabajar es muy espontánea; enseguida imagino las piezas que me gustaría ver juntas. La riqueza cultural y artística de Marrakech siempre me inspira».

HENRI FITZWILLIAM-LAY
CASA EN LOS SOUTH DOWNS
SOUTH DOWNS, REINO UNIDO
2022

Henri Fitzwilliam-Lay, que fundó su firma de diseño de interiores homónima en Londres en 2004, se ha hecho famosa por su audaz mezcla de épocas, patrones y colores saturados. Buen ejemplo de ello es esta casa de estilo georgiano de la década de 1930 situada en los South Downs, en el sudeste de Inglaterra. Sus propietarios, una familia de cinco miembros, querían reformarla por completo. El resultado fue un interior cálido, elegante y muy original que no renuncia para nada a sus raíces históricas. Fitzwilliam-Lay explica que su enfoque consiste en «colocar juntas piezas de distintas épocas y estilos para subrayar sus similitudes o diferencias». En la cocina hay curvas sutiles por todas partes, desde el arco de las puertas Crittall recién instaladas y la estufa sueca de azulejos blancos hasta los ojos de buey de latón de las puertas de servicio que dan al comedor, incluso las piezas de cerámica de las paredes aportan un toque curvilíneo. «Me encanta crear agrupaciones inesperadas dentro de una estancia», comenta, «suelen ser una forma de entablar un diálogo». En esta vivienda abundan los colores saturados y las superficies brillantes. Cada una de las sillas de estilo rústico colocadas alrededor de la mesa de zinc son de un color diferente, mientras que los armarios hechos a medida están pintados de un brillante tono Apple Smiles de la casa inglesa Paint & Paper Library (una versión brillante de un color que se suele emplear en las verandas de los jardines). Las puertas de servicio están revestidas de negro satinado y los tiradores dorados son un guiño a las puertas de la estufa. El sillón *Mid Century*, tapizado con un espectacular estampado inspirado en la naturaleza de Josef Frank, aporta un toque *vintage* que contrasta con el suelo de caliza recién colocado, cuya seriedad georgiana remite a las raíces del edificio, la década de 1930.

AMARO SÁNCHEZ DE MOYA
CASA EN SEVILLA
SEVILLA, ESPAÑA
2018

Antes de que en 2007 abriese su estudio de arquitectura y decoración de interiores en Madrid, Amaro Sánchez de Moya había trabajado como pintor y muralista. Sánchez de Moya, que también tiene un máster en escenografía, domina la creación de interiores maximalistas de ensueño. Cuando una pareja de amantes del arte y el coleccionismo le pidió que fusionara dos edificios situados en el corazón del casco antiguo de Sevilla para dar cabida a su colección de antigüedades, el espectáculo estaba garantizado. Inspirándose en el museo del arquitecto del siglo XIX *sir* John Soane, donde los objetos están colocados en todas las superficies posibles de su antigua casa de Londres, convirtió el patio interior de la vivienda en un auténtico escenario. «Esta disposición crea una arquitectura dentro de la propia estructura arquitectónica y permite que cada pieza funcione como parte de un todo», afirma. Sánchez de Moya utilizó la parte superior de una gran mesa octogonal de piedra como mosaico central del patio. Desde un juego de muebles metálicos de jardín *vintage* de estilo francés se puede contemplar el busto de Menelao sobre la puerta, un gran medallón italiano de una Virgen con el Niño y una estatua también italiana del siglo XIX de un boxeador de tamaño casi natural. También al siglo XIX pertenecen los dos jarrones de bronce que colocó sobre un par de columnas que presentan un trampantojo de mármol rojo pintado a mano por un artista local.

CONTEMPORÁNEO

El estilo contemporáneo es una estética peculiar que suele tomar elementos prestados del pasado y mezclarlos con tendencias, colores y materiales modernos. Fue en la década de 1970 cuando el término «contemporáneo» arraigó en el diseño de interiores. Era una forma de distinguir los estilos moderno y posmoderno de lo que en esa época se consideraba simplemente «estiloso». Esos espacios «contemporáneos» combinaban a menudo las persistentes líneas geométricas del *art déco* con el impulso vanguardista del futurismo y el carácter lineal y funcional del arte moderno y posmoderno. En cuanto a la paleta de colores, dejaron atrás la psicodelia de la década precedente para dar paso a los colores típicos de la de 1970, como el aguacate, el mostaza y el dorado. Cincuenta años después, el estilo contemporáneo sigue adoptando tonos basados en la naturaleza, aunque prevalece una tendencia hacia el azul, el verde y el berenjena. Los tonos neutros más apacibles, como los blancos o grises, también abundan, probablemente porque así resulta más sencillo combinar diferentes estilos de mobiliario.

Para mantenerse a la vanguardia, muchos diseñadores optan por trabajar mano a mano con artesanos y brindar nuevas posibilidades al proceso creativo y al uso de materiales para el hogar. Uno de los vectores que impulsan el nuevo diseño contemporáneo es la sostenibilidad. El plástico reciclado, la madera recuperada o los materiales naturales como la arena, las conchas e incluso la sal se han hecho un hueco en este mundo. A lo que hay que sumar los avances técnicos que nos permiten controlar nuestros hogares desde aplicaciones, las llamadas casas «inteligentes». ¿Cabe la posibilidad de que el término «contemporáneo» acabe quedando anticuado? Lo más probable es que siga evolucionando y continúe reflejando el presente.

El diseñador neoyorquino Rodney Lawrence recurrió al artista Fernando Mastrangelo para diseñar un juego de cuatro mesas de centro para una biblioteca del sur de Florida. Hechas con cemento y roca de sal, dan la impresión de haberse extraído de la playa que vemos desde la habitación que decoran. «El clima del planeta parece estar amenazado, de modo que existe un deseo de capturar la naturaleza o, al menos, de reflejar en cierto sentido lo orgánico en el diseño actual. Esto es una constante en mi trabajo».

Para el diseño de un *loft* en Tribeca, Anishka Clarke y Niya Bascom, el dúo que conforma la firma neoyorquina Ishka Designs, se inspiraron en fuentes muy variadas, incluidos sus propios clientes. «Buena parte de los conceptos de este espacio surgieron de la primera toma de contacto con la clienta», explica Clarke. «A la hora de trabajar nos inspiramos en todos los aspectos relacionados con el proyecto y, en este caso, se trataba de elementos tan sencillos como su corte de pelo, su ropa y las vibraciones que nos transmitía. De ahí extrajimos un motivo angular con el que jugamos todo el tiempo». Los ángulos y las líneas dominan el salón y el comedor, así como el diseño de la pared de la chimenea, los peldaños flotantes de la escalera y muchos de los muebles.

Una de las características centrales del diseño contemporáneo actual es que los materiales se escogen con especial atención. Los interiores de una vivienda en Oporto (Portugal), diseñada por Jacques Bec y Artur Miranda, de Oitoemponto, presentan un aspecto pulido y resplandeciente. A estos diseñadores les fascinan los acabados brillantes, las chapas de maderas exóticas, el cristal y el mármol, como refleja el vestíbulo de esta vivienda y sus lujosos espacios interiores, donde convergen paredes lacadas con un juego de espejos gemelos, cerámica vidriada y paredes de cristal. «El vestíbulo siempre tiene que ser una afirmación del estilo», comenta Miranda. «Es el espacio que marca el tono del resto de la casa».

A veces, el estilo contemporáneo consiste simplemente en poner límites a los detalles de diseño y dejar que la selección de objetos marque la pauta. La arquitecta brasileña Juliana Lima Vasconcellos utilizó una paleta neutra para remarcar el nexo de unión entre los muebles y las piezas de arte de su apartamento en Río de Janeiro. En una esquina, junto al ventanal del salón, una escultura de un árbol de Hermes Ebanisteria entabla un diálogo con un disco de madera pintada de Estela Sokol a través de los tonos rojos que comparten; se trata de una conexión poética. A esto hay que añadir la alfombra de tonos azules, que evoca el color del agua y que nos habla del amor de esta arquitecta por la naturaleza. La sensibilidad orgánica ayuda a «contextualizar un proyecto en el momento actual».

De vuelta a Nueva York, Damon Liss, máximo defensor de la combinación de piezas *vintage* y modernas, muestra que nada hace que una estancia parezca más contemporánea que saber mezclar lo antiguo con lo nuevo. Para una residencia en Southampton, armonizó los marrones neutros y suaves con los azules pálidos que nos evocan las casas de la playa. También recurrió a un elegante sofá bajo de líneas rectas que nos habla de la estructura contemporánea de la casa y del estilo de vida relajado que va aparejado a la vida en la costa. «Mi intención es que el proyecto soporte el paso del tiempo», explica el diseñador en relación con la atención que pone en el equilibrio existente entre el estilo actual y su perdurabilidad.

Mafalda Muñoz y Gonzalo Machado, pareja en la vida y el trabajo, están detrás del estudio Casa Muñoz, ubicado en Madrid. Muñoz explica que «los valores estéticos actuales combinan lo clásico con las líneas limpias y la funcionalidad». Juntos diseñaron la biblioteca y el estudio del apartamento de la modelo Eugenia Silva en un edificio madrileño de la década de 1950, en el que buscaron «reflejar el *zeitgeist* actual a través de la sencillez y priorizar la comodidad y el bienestar. Esto se logró, en buena medida, gracias a una distribución sencilla y a la elección de materiales sostenibles y un mobiliario multifuncional», explica Machado. La pareja combinó muebles de diseño propio con toques artesanales, como una lámpara del diseñador contemporáneo Michael Anastassiades y una curiosa silla de la década de 1990, obra de Anacleto Spazzapan. Muñoz subraya que lo contemporáneo se vuelve atemporal si se fusiona con los valores tradicionales del diseño, como el equilibrio, la simetría y la proporción, y concluye que «añadir piezas de artesanía y materiales duraderos garantiza la longevidad a la vez que mantiene los espacios frescos y modernos».

OITOEMPONTO
CASA PARA UNA FAMILIA JOVEN
OPORTO, PORTUGAL
2015

La obra de Jacques Bec y Artur Miranda, de Oitoemponto, una firma creada conjuntamente en 1993 con sedes en Portugal y París (Francia), tiene como protagonista principal la luz y la energía que desprende conforme se va desplazando por el interior de una estancia a lo largo del día. El vestíbulo de una casa de Oporto que diseñaron para una joven familia en 2015 constituye un excelente ejemplo. «Controlar todo el proyecto hace que el proceso de diseño y el resultado final sean más fluidos. Cuando solo hay un interlocutor, la comunicación es mucho más clara y directa», explica Bec. Las paredes, lacadas en un color tabaco, combinan con el brillo de los espejos gemelos italianos de estilo *Mid Century* y con perfilería de latón. El aparador de roble, un mueble de estilo brutalista de la década de 1970 con una veta muy marcada, es obra de Paul Evans y sirve de nexo entre la pared y sus decoraciones. Una lámpara de mesa Toblerone diseñada por Oitoemponto, de color amarillo vivo y roble texturizado, aporta una viva pincelada de luz, cuyo contrapunto es un jarrón Bibliothèque de porcelana negra de L'Objet. «Siempre apostamos por las entradas y los pasillos» anota Miranda. «Es una manera de presentar el carácter de la casa». Los propietarios de esta villa de Oporto tienen una colección espléndida de arte contemporáneo. Bec y Miranda lo dejan de manifiesto nada más cruzar el umbral del vestíbulo. Una escalera con paredes de cristal permite disfrutar de amplias vistas, incluido un retrato de 2017 del artista contemporáneo británico Nick Gentry realizado con discos de ordenador viejos sobre madera. Una de estas paredes de cristal produce un maravilloso efecto óptico al reflejar el brillo azul verdoso de la piscina del exterior de la casa y proyectarlo hacia el techo.

DAMON LISS
CASA DE PLAYA EN SOUTHAMPTON
SOUTHAMPTON, NUEVA YORK, EE. UU.
2021

«A la hora de afrontar un proyecto, nuestro objetivo es que el resultado sea igual de fresco y vitalista para las generaciones venideras», afirma Damon Liss. Desde que en 2003 abriera su oficina en Tribeca, Nueva York, Liss ha diseñado espacios muy cuidados con materiales llamativos, a menudo inesperados. En 2019 realizó un proyecto en una vivienda moderna, una casa de fin de semana en Southampton para una familia de Manhattan de cuatro miembros. La vivienda cuenta con techos de roble de casi 3 m de altura y paredes y puertas acristaladas con vistas al estanque de Wickapogue, que bordea el jardín trasero de la propiedad. «El proyecto fue una colaboración con los arquitectos de Stelle Lomont Rouhani», explica. «Teníamos que encontrar el equilibrio perfecto entre el gusto del marido por el minimalismo y el deseo de ella de crear un hogar cálido y acogedor. Buscamos tonalidades típicas de una casa de playa, pero también optamos por piezas más estructuradas, de líneas limpias, en sintonía con el carácter sencillo y moderno de la fachada». El color arena plateada del sofá Lucrezia de Antonio Citterio de la sala de estar marca el tono. Se trata de un sofá bajo y elegante que invita a relajarse después de un paseo por la playa. El patrón del tapizado de las otomanas hechas a medida nos habla del pasado del diseñador. Su padre, modisto, atendió a personalidades tan famosas como Marilyn Monroe o Jacqueline Kennedy Onassis en su tienda de la Avenida Madison, de modo que es un experto en tejidos. Este diseño en rejilla también se refleja en las tejas y en el brillante adoquinado del díptico del fotógrafo brasileño Eliseu Cavalcante que cuelga encima del sofá. Finalmente, para alejarse de la racionalidad del diseño, las patas de las mesas auxiliares de acero ennegrecido de Jake Szymanski presentan una especie de orbes que parecen percebes.

JULIANA LIMA VASCONCELLOS
CASA DE LA DISEÑADORA
RÍO DE JANEIRO, BRASIL
2021

Los interiores de Juliana Lima Vasconcellos se caracterizan por el equilibrio de los opuestos. «Busco piezas con peso histórico o artístico y trato de equilibrar su sobriedad con algo más informal», explica esta arquitecta y diseñadora brasileña que creó su firma de diseño homónima en 2008 (y un estudio centrado en el mobiliario el año 2016). Un magnífico ejemplo de esa tensión es el salón de su *pied-à-terre* familiar en un edificio *art déco* de piedra caliza de la década de 1940, ubicado en el barrio Flamengo de Río. El salón, que conserva sus suelos originales de espiga en tono roble miel, está organizado alrededor de dos butacas tapizadas en blanco y un sofá del portugués Joaquim Tenreiro, pionero del movimiento moderno. «Fueron uno de mis grandes objetos de deseo durante muchos años», confiesa acerca del emblemático diseño en forma de concha. «Para equilibrar su austeridad, coloqué piezas más lúdicas de otras épocas». Entre estas hay dos sillas en acrílico de la década de 1970, que encontró en París, y una mesa de centro Brasilia de los hermanos Campana, que eligió por sus cualidades reflectantes, junto con un grupo de mesas auxiliares de mármol de Carrara diseñadas por ella misma. El toque contemporáneo procede de una escultura de un árbol de color rojo del artista Hermes Ebanisteria que parece inclinarse hacia el resplandor luminoso del disco de madera pintada de Estela Sokol. Los motivos azulados de la alfombra proporcionan una base para estos elementos y aluden, además, a las aguas de la bahía de Guanabara, situada justo al otro lado de las ventanas. «Río es una ciudad alegre y vibrante que palpita relajadamente», apunta. «Mi estilo decorativo es más enérgico, así que opté por emplear colores vivos y superficies brillantes para equilibrar esos aspectos». En relación con la tensión visual que le gusta infundir a sus diseños, concluye: «La idea era crear una atmósfera que fuera ligera, fresca, artística y reflexiva a la vez; todo al mismo tiempo».

GÊNESIS

RODNEY LAWRENCE
VILLA FRENTE AL MAR
SUR DE FLORIDA, EE. UU.
2022

Crear espacios brillantes, aptos para la vida moderna, es una especie de vocación para Rodney Lawrence. «Componer un buen diseño es como dirigir una orquesta: puede que algunas piezas tengan un papel secundario, pero todas son imprescindibles», afirma este diseñador, que nació en Trinidad y abrió su estudio en Nueva York en 2006. Para un proyecto reciente frente al mar, en el sur de Florida, un antiguo cliente le pidió que transformara su casa en un hogar sofisticado. «Nuestro objetivo era mostrar algunos elementos de la costa de forma subliminal», comenta, «pero sin caer en lugares comunes» La primera adquisición para el proyecto fue una lámpara de sobremesa Water Lily de Tiffany, una pieza rara de Louis Comfort de principios del siglo xx. Se colocó en un rincón de la biblioteca y fue el punto de partida para las posteriores decisiones de diseño. «Mientras decidíamos la paleta de colores siempre la tenía en mente y no solo para esta habitación, sino para toda la casa, ya que quería que el conjunto fuese coherente», afirma. El papel pintado a mano, jaspeado y con tonos bígaro envuelve la habitación de un aura resplandeciente y translúcida que recuerda a un estanque al amanecer. Las cuatro mesas de centro, de cemento y piedra de sal gris y blanca, las hizo a medida y las tiñó a mano el artista neoyorquino Fernando Mastrangelo para reflejar las fluctuaciones de la marea sobre la arena. En la pared, un espejo *Constellation* de estilo tríptico y hecho a mano, obra del artista contemporáneo británico Tom Palmer, evoca el cielo, el mar y los tonos moteados de la magnífica pieza de Louis Comfort Tiffany.

ISHKA DESIGNS
ÁTICO EN TRIBECA
NUEVA YORK, NUEVA YORK, EE. UU.
2021

Anishka Clarke y Niya Bascom, de Ishka Designs, con sede en Brooklyn, son conocidos por sus espacios elegantes, de líneas refinadas, y por el toque artístico de sus cuidados diseños. Esta dinámica pareja fundó su estudio en 2006, donde comparten su aventura profesional y personal. Una década después, recibieron una solicitud para diseñar un ático en un antiguo edificio industrial en el barrio neoyorquino de Tribeca. «Cuando lo visitamos, no había nada», cuenta Clarke, «de hecho, accedimos al apartamento a través de lo que ahora es la chimenea». Buena parte del desarrollo del diseño se inspiró en sus clientes. «Eran dos personalidades muy opuestas, el día y la noche», explica Clarke. Para reflejar este contraste, «trabajamos con una amplia gama de materiales (metal, hormigón, seda, lana y madera), en tonos blancos y negros, para añadir profundidad, textura y movimiento, evitando las complejidades del uso del color». Para el comedor, nos basamos en la intersección de ángulos y planos. «Existe mucha complejidad lineal, desde las líneas de la chimenea hasta la escalera y el mobiliario», dice Bascom. Una mesa de comedor de hormigón y latón de Eric Slayton, con la parte superior blanca, y un juego de sillas de comedor de roble y cuero diseñadas por Angelo Mangiarotti para Agapecasa sirven de nexo del diseño. Encima, la lámpara de araña Astral Agnes de Lindsey Adelman da la impresión de ser una veleta futurista que apunta en todas las direcciones. Una obra con *durag* y acrílico del artista nigeriano-estadounidense Anthony Olubunmi Akinbola aporta un toque de color, mientras que la madera de la butaca Kangaroo de Pierre Jeanneret junto a la chimenea añade calidez.

CASA MUÑOZ
APARTAMENTO INFORMAL
MADRID, ESPAÑA
2015

Cuando la supermodelo española Eugenia Silva decidió decorar su apartamento en un edificio de la década de 1950 ubicado cerca del Parque del Oeste de Madrid, pensó en Casa Muñoz, el estudio de interiorismo que Mafalda Muñoz y Gonzalo Machado fundaron en 2014. A esta pareja el buen gusto y la elegancia les viene de lejos. La madre de Muñoz es una influyente decoradora y su padre, Francisco Muñoz Cabrero, un arquitecto que cambió el panorama del diseño de interiores y de muebles en España con un estilo cálido pero moderno. Machado inició su andadura profesional como asistente del fotógrafo de moda Mario Testino antes de emprender su carrera en solitario. La habilidad de la pareja para crear interiores que transitan entre el diseño clásico y el vanguardista queda patente en la biblioteca de Silva, en las paredes enlucidas a mano de color rosa pálido, los suelos de espiga, la chimenea de latón y los muebles, a los que les han dado espacio para que respiren y se aprecien sus seductoras siluetas. «Al equilibrar elementos clásicos con contemporáneos, conseguimos mezclar tradición e innovación». Ambos diseñaron la mesa de centro de mármol verde y el diván. Sobre este último, explican que buscaban «una estética centrada en la década de 1930. Optamos por líneas rectas y una sólida estructura de madera de nogal para crear un diseño que se integrase bien en una atmósfera contemporánea». La silla de aluminio y madera de Anacleto Spazzapan de la década de 1990, el óleo de Antonio Saura y la lámpara colgante de Michael Anastassiades aportan más energía aún a una estancia elegante y austera. El estudio de Silva pone de relieve que el equilibrio entre pasado y presente es todo un arte, como se aprecia en la lámpara Calder, obra de Enric Franch para Metalarte que data de la década de 1980 y reposa sobre el escritorio. Al escritorio de palisandro de la década de 1950 le han añadido unas estanterías donde se exponen los *books* de la modelo. Un jarrón del ceramista conquense Fernando Alcalde completa la estudiada composición de la sala.

ARTÍSTICO

Saber diseñar estancias en torno a grandes obras de arte y muebles de coleccionista es un reto a la vez que una fuente de inspiración para los diseñadores. Para dar a estas piezas el lugar que merecen, sin olvidar que en última instancia se trata de espacios domésticos, se necesita tener decisión, buen ojo y grandes dosis de flexibilidad. «Trabajo en estrecha colaboración con mis clientes para evaluar dónde instalamos sus obras», explica Kelly Behun, afincada en Nueva York. «Más allá de consideraciones prácticas como el tamaño, la escala o la iluminación, hay cientos de elementos que se deben tener en cuenta». Behun es plenamente consciente de las emociones que estas piezas suscitan en sus clientes. «Para mí no se trata de si un cliente colecciona obras de artistas reputados o si solo tiene unas cuantas piezas de artistas menos conocidos o emergentes; se trata de entender el papel que el arte desempeña en su hogar». Behun explica que trabajar en la casa californiana de Swizz Beatz y Alicia Keys, diseñada en 2007 por Wallace E. Cunningham, fue un privilegio. «Es tan emblemática que se puede considerar una obra de arte en sí misma, una escultura magnífica. En un principio pensé que eso podría suponer una barrera, pero lo cierto es que fue todo lo contrario. La arquitectura muestra tantísima seguridad, se presenta tan natural, que para mí fue una colaboradora más».

Los coleccionistas Pamela Joyner y Alfred Giuffrida no están dispuestos a permitir que la arquitectura se interponga entre ellos y su arte. Su colección de piezas afroamericanas y de artistas de la diáspora africana (una de las colecciones privadas más relevantes del mundo) es fruto de más de dos décadas de coleccionismo. Con ellas han hecho de su casa en Reno, Nevada, algo así como una casa museo. En su comedor podemos encontrar obras del artista conceptual Charles Gaines, del artista multimedia Mark Bradford y de los pintores abstractos William T. Williams y Jack Whitten. «Eliminamos ventanas y puertas en toda la casa para ganar espacio», explica el diseñador Louis Polidori, encargado del proyecto de reforma junto con Noel Fedosh, su socio en Luno Design Studio, con sede en Los Ángeles. Luno construyó un espacio a modo de galería para que fuese posible rotar las obras de arte. Hubo que reforzar todas las paredes y en el techo del comedor se instaló un sistema de poleas que permitiese izar grandes obras. «No solemos trabajar nunca así», reconoce Fedosh. «Todos los aspectos del diseño y de las instalaciones del hogar, es decir, de la vida diaria, giraron en torno al arte; todo se diseñó en función de esa idea».

Cuando el galerista neoyorquino de muebles de lujo Hugues Magen empezó a diseñar su vivienda en el centro de la ciudad, su prioridad fue estudiar la armonía y las resonancias entre las piezas. «No es tan esotérico como parece», explica. «Las formas, los tejidos y los colores se van integrando y establecen una dinámica compartida. Cuando se llega al tono adecuado y las combinaciones entre las piezas de alta gama son las correctas, se crea una sensación de paz». La diseñadora de interiores parisina Gabriella Asfar entendió perfectamente la sensibilidad de su cliente hacia los objetos grandes y pequeños y le aconsejó elegir un fondo neutro para que las formas pudieran destacar. (Sobre la mesa del salón Charlotte Perriand, una pieza única, hay obras del siglo xx tan variadas como un busto Idoma de Nigeria, una máscara Baule de Costa de Marfil y una vasija de cerámica del colectivo ceramista francés La Borne.) Vivir con estos objetos le ha permitido a Magen entablar conversaciones y, cuando baraja la posibilidad de realizar una nueva adquisición, admite que «empieza pensando en la forma en que esa pieza puede contribuir al diálogo».

Beth Rudin DeWoody posee más de diez mil piezas de artistas emergentes y consagrados y su rango de intereses parece no conocer límites. El *pied-à-terre* de Los Ángeles que ella y su marido, el fotógrafo Firooz Zahedi, construyeron en tres apartamentos de un edificio de corte moderno de 1958 diseñado por Victor Gruen está repleto de piezas. «Queríamos preservar el aire *Mid Century* del edificio, con suelos de terrazo y paredes blancas», explica DeWoody. En el salón del espacio que utilizan como apartamento de invitados cuelgan obras de estilo *Mid Century* y contemporáneas en deslumbrantes tonos rojos, azules y amarillos.

Para el diseñador neoyorquino Shawn Henderson, profundizar en los gustos de sus clientes es fundamental. Cuando un cliente que tiene una colección importante acude a mí «me tomo el tiempo necesario para hablar sobre arte y entender su perspectiva estética. Me interesa saber porqué ha escogido una pieza con la que está dispuesto a convivir y eso me lleva a pensar en cómo puedo crear un entorno para exhibir dicha pieza y reflejar sus intereses». Según Henderson, este enfoque se adapta fácilmente a los interiores que diseña para aquellos clientes que necesitan ayuda a la hora de adquirir sus primeras piezas. «Disfruto mucho ese momento. En esos casos, el arte se selecciona para reforzar el diseño y no al revés».

Edmar Pinto Costa sabe que poder poseer y vivir junto a su vasta colección de arte africano y brasileño es un privilegio. No guarda nada en ningún almacén. «Mi vida gira en torno a estas piezas», afirma Costa, que contó con la ayuda de Federico Concilio, de Studio Gaibola de São Paulo, para diseñar un espacio que albergase su colección, compuesta por cientos de tallas de madera, tapices y pinturas. «En cada esquina de la casa hay arte. Cada día me tomo el tiempo de contemplar las piezas, o al menos lo intento». Costa, cuyas ansias de aprender son aparentemente insaciables, busca ampliar la visibilidad de los artistas que colecciona (muchos de ellos de origen indígena y autodidactas), de ahí que siga adquiriendo obras de arte. «Vivir con ellas te brinda la oportunidad de apreciar los detalles, de comprobar si es posible percibir algo nuevo cada día. Las mejores piezas son aquellas que, a pesar del paso de los años, me siguen sorprendiendo».

EDMAR PINTO COSTA
APARTAMENTO EN ANGÉLICA
SÃO PAULO, BRASIL
2022

«Quienes visitan mi casa por primera vez, se sorprenden. Les cuesta entender que viva aquí. Solo hay arte, libros y utensilios». En este apartamento de São Paulo, ubicado en un edificio de arquitectura moderna de la década de 1960 diseñado por Giancarlo Palanti, se exponen las más de 600 obras de artistas brasileños que posee este ávido coleccionista. «Cada día contemplo todas las piezas. De eso se trata, de mirar y aprender». Con la ayuda de Federico Concilio, de Studio Gaibola, remodeló el apartamento para mostrar todos sus fondos, que van desde tallas locales hasta obras textiles y pinturas. «No hay caras "B"», explica Concilio. «El apartamento está construido en torno al eje central del edifico, de modo que la colección se puede ver mientras das una vuelta completa a la casa». Grandes ventanales, paredes blancas y suelos relucientes de resina aportan una luz nítida al salón. «Para los cristales empleamos filtros de luz como los que se emplean en los museos, mientras que las cortinas son opacas», dice Costa. «Siempre tengo la precaución de tenerlas cerradas, a no ser que vengan visitas». En un rincón, un sofá Millor de Sergio Rodrigues y una silla Paulistano de Paulo Mendes da Rocha sirven de compañía a varias esculturas de madera de la artista indígena del siglo XX, Conceição dos Bugres. «Su trabajo se centra en figuras que representan a indígenas como ella, con la cabeza plana, el pelo liso y los brazos junto al cuerpo», explica Costa sobre esta artista, que vivió y trabajó en Campo Grande, donde él nació. «Son audaces y serenas al mismo tiempo». Las paredes del salón está cubiertas por tapices de lana de la artista autodidacta Madalena dos Santos Reinbolt y muestran vívidas escenas de su infancia en la Bahía rural. «Sus bordados son muy alegres», afirma. Las paredes de la cocina no tienen armarios; en su lugar se colocaron paneles esculpidos por el artista Paulo Orlando da Silva. «Para elaborarlos empleó maderas duras de desecho, de puertas y ventanas», apunta Costa. «No suelo cocinar, pero cuando lo hago, son una buena compañía».

SHAWN HENDERSON
ADOSADO EN EL BARRIO FRANCÉS
NUEVA ORLEANS, LUISIANA, EE. UU.
2021

No sería raro que un día cualquiera una banda de música desfilase bajo las ventanas de este adosado de estilo criollo de mediados del siglo XIX situado en el barrio francés de Nueva Orleans. Esa es la clase de energía que el diseñador neoyorquino Shawn Henderson, que fundó su estudio en 2002, esperaba encontrar cuando comenzó a trabajar en el diseño de los interiores de esta casa. Era su tercer trabajo para una pareja que tenía una marcada predilección por las casas antiguas y el arte contemporáneo. «He podido comprender su perspectiva estética y entender el porqué de sus elecciones», afirma Henderson. «Esto me ha servido de estímulo para crear espacios fluidos capaces de mostrar sus piezas y permitir que la colección evolucione con el tiempo». El amplio salón de la segunda planta era perfecto para que Henderson dispusiera las piezas del mobiliario: un sofá de tres metros de color caléndula que diseñó basándose en un modelo de Maison Jansen, dos delicadas mesitas auxiliares con superficie de cristal de Maison Baguès y cuatro sillones Brisée del dúo de diseñadores parisino Garouste & Bonetti, seleccionados por lo llamativo de las curvas doradas de sus brazos. Como nexo del grupo hay una mesa de centro de resina, diseñada por los artistas Nikolai y Simon Haas para soportar un ejemplar de la edición limitada de *Rihanna*, de Phaidon. (En su lugar colocó una enorme piedra de color gris.) Un lienzo abstracto del artista afincado en Brooklyn Ángel Otero cuelga a la izquierda junto a *Open Circle* (Círculo abierto), obra de 2019 del artista de Los Ángeles Evan Holloway. Se trata de un círculo con cabezas de maniquí color arco iris y bombillas a modo de nariz. Encender la luz aquí es todo un espectáculo.

**PAMELA JOYNER
Y LUNO DESIGN STUDIO
RESIDENCIA ROUGE
RENO, NEVADA, EE. UU.
2021**

«Aprendimos mucho de Pamela», confiesa Noel Fedosh. «Era casi como si estuviéramos diseñando nuestro primer museo». Fedosh y Louis Polidori son los socios de Luno Design Studio, un estudio de arquitectura y diseño fundado en 2019 con sede en Los Ángeles. La clienta a la que se refiere es la empresaria y filántropa Pamela Joyner, quien junto con su marido, Alfred Giuffrida, les encargó diseñar su nuevo hogar en Reno, Nevada. La única condición era que resultara igual de acogedor para ellos que para su colección de arte. Joyner y Giuffrida llevan desde finales de la década de 1990 poniendo en valor obras de artistas afroamericanos o de la diáspora africana de la década de 1940 en adelante. Joyner especificó que las paredes tenían que ser blancas y los suelos claros (de ahí que se utilizara roble encalado) y que la iluminación no debía deslumbrar para que cada estancia fuese como un recipiente impoluto en el que colocar sus obras de arte. En el comedor, «creamos una estructura dentro de la propia estructura capaz de proporcionar el soporte necesario a las piezas», explica Fedosh, que señala que algunos de los tesoros de la pareja eran muy grandes y pesados. La obra que pende del techo, una pieza en técnica mixta de Mark Bradford, *Private Stranger Thinking about His Needs* (Un extraño privado pensando en sus necesidades) (2016), fue todo un desafío. «Tuvimos que idear un sistema para bajarla y subirla dentro de la casa», añade. La mesa de comedor a medida (cada cuarto puede duplicar su tamaño) está rodeada por un conjunto de sillas Washington Skeleton de aluminio chapado en cobre, obra de David Adjaye para Knoll. «Pamela no piensa en cenas íntimas para seis», confiesa Polidori, «sino en abrir la mesa y organizar un banquete para cuarenta invitados ubicados alrededor de las obras de arte. Básicamente, concibe este espacio como el comedor del restaurante de un museo». La colección cambia constantemente, pero las obras de arte y la comida se pueden saborear desde cualquier asiento.

HUGUES MAGEN
LOFT EN TRIBECA
NUEVA YORK, NUEVA YORK, EE. UU.
2022

El galerista Hugues Magen, nacido en París, tiene muy buen ojo para reconocer la belleza. Magen, la fuerza creativa detrás de la neoyorquina Magen H Gallery, llegó a Nueva York en 1980 para dedicarse a la danza (formó parte de las compañías del Alvin Ailey American Dance Theater y del Dance Theatre of Harlem) hasta que en 1999, tras dejar los escenarios, pasó a dedicarse al diseño. La habilidad de Magen para localizar muebles y objetos excepcionales del siglo xx ha hecho de su galería en Greenwich Village, fundada con su exesposa, April Magen, una visita obligada para los amantes del diseño. En su apartamento de Tribeca, trabajó con Gabriella Asfar, una diseñadora de interiores afincada en París. Allí, las piezas que se niega a vender, cobran todo el protagonismo. Para que los muebles y los objetos destacasen, Asfar le aconsejó emplear una paleta minimalista en blancos, grises y negros. «Hay armonía entre las piezas», explica Magen sobre la disposición del salón, que incluye una mesa de comedor Charlotte Perriand de casi tres metros de largo, con una excepcional pátina en bruto, un sofá Boomerang de Pierre Székely de 1956, un sillón Kangourou de Jean Prouvé de la década de 1950 y una mesa de centro de cristal de estilo *Mid Century* del escultor francés Berto Lardera. «La mayoría de estas piezas comparten su dinámica, hay algo en su modo de vibrar que las hace resonar en un mismo nivel», explica Magen. Las pinturas son un añadido posterior. «He tenido la suerte de encontrar algunos cuadros realmente intensos, como *Garbage Drawing* (Dibujo de basura), de Mike Kelley, que cuelga encima del sofá», subraya. «Esta obra me atrajo inmediatamente, como todo lo que hay en esta sala. Cuando convives con ciertos objetos, se puede disfrutar del efecto conciliador que tienen unos sobre otros».

PIERRE SABATIER
ANASTASSIEVITCH

BETH RUDIN DEWOODY
APARTAMENTO DE INVITADOS EN LOS ÁNGELES
LOS ÁNGELES, CALIFORNIA, EE. UU.
2015

Beth Rudin DeWoody es una coleccionista con tendencia hacia el maximalismo. Heredera de una fortuna de una inmobiliaria neoyorquina, ha contado con los medios y la tenacidad necesarios para reunir una asombrosa colección de obras de arte. Todo comenzó con la adquisición de un dibujo de Benny Andrews en 1969, que aún posee. Su colección se distribuye entre algunas de sus casas y un almacén en West Palm Beach que hace las veces de galería, ya que en ocasiones se puede visitar, y que se conoce popularmente como The Bunker (El búnker). En Los Ángeles, ella y su marido, el fotógrafo Firooz Zahedi, construyeron una vivienda en tres apartamentos de un edificio de 1958, obra del arquitecto de origen vienés Victor Gruen. «Utilizamos suelos de terrazo y muebles de estilo *Mid Century* para mantenernos fieles a las raíces del edificio», explica DeWoody acerca del luminoso salón blanco de su apartamento de invitados. La habilidad de DeWoody para establecer vínculos entre épocas, estilos y medios queda manifiesta en la llamativa combinación de muebles y obras de arte de la estancia. Una mesa *vintage* de Piero Fornasetti con tablero de mármol y patas de bambú de imitación se combina con una emblemática silla Hand, color plata, de la década de 1960, obra del escultor surrealista Pedro Friedeberg. Su posición a los pies del cuadro de una vaca que saca la lengua, obra del artista y activista contra el sida David Wojnarowicz, evoca una cierta idea de súplica, de oración. En la pared del fondo, sobre los sofás de fibra de vidrio de Warren Platner de la década de 1960, dos piezas de la década de 1980 del artista conceptual James Lee Byars parecen imitar los colores y el tamaño de los sofás. Detrás, un par de torres de plástico y madera de Victor Vasarely flanquean una consola, pero sus colores (negros, rojos y lavandas) están en sintonía con *Swing 64*, el lienzo de Sam Gilliam de la derecha, una de las piezas favoritas de DeWoody.

KELLY BEHUN
RAZOR HOUSE
LA JOLLA, CALIFORNIA, EE. UU.
2021

Cuando Kelly Behun concibe un diseño siempre deja espacio para la contemplación. Nacido en Pittsburgh, Pensilvania, se graduó en la escuela de negocios Wharton y empezó su carrera como diseñadora para el hotelero Ian Schrager hasta que en 2001 fundó su estudio homónimo en Nueva York. En 2019 recibió un mensaje a través de Instagram del productor musical Kasseem Dean (más conocido como Swizz Beatz) y su esposa, Alicia Keys, ganadora de un Grammy, en el que le pedían que diseñara su recién adquirida vivienda en La Jolla, California, una casa construida en 2007 por el arquitecto estadounidense Wallace E. Cunningham y conocida como Razor House. Se trata de una estructura moderna curvada, de hormigón y cristal, desde la que prácticamente todas las habitaciones tienen unas vistas increíbles de la costa del Pacífico. Behun se fijó en los colores naturales de la arena y la piedra de la zona para desarrollar una paleta neutra que realzase la notable colección de obras de arte africano y afroamericano de la pareja. «Para mí, el arte crea su propio espacio», explica. «Si tienes piezas buenas, buscamos el lugar adecuado para instalarlas; el resto viene después». En el comedor, la pintura multipanel *Floater 74* (Flotador 74) (2018), de Derrick Adams, sirvió de guía para la mesa a medida de roble ebonizado que Behun combinó con las sillas de perfil curvo África de Afra y Tobia Scarpa de la década de 1970. «Tienes la sensación de flotar junto a los protagonistas de la pintura», comenta; «es estimulante e íntimo». A la derecha hay una máscara ghanesa Baga Nimba de principios del siglo XX. Este tipo de máscaras de hombro se utilizaban en las danzas ceremoniales. Al colocarse sobre los hombros de unos de los participantes, la figura parecía bailar sobre las cabezas de los demás danzantes. Al fondo, el sofá modular acolchado de Todd Merrill Studio permite sentarse y apreciar obras de Jordan Casteel, Nick Cave y otros artistas.

INSPIRACIÓN ART DÉCO

Probablemente, el *art déco* sea el estilo más glamuroso del siglo XX. De alguna manera, nos remite a épocas pasadas en las que los materiales lujosos y la artesanía fina eran lo más importante. Sin embargo, nos habla de un modo de vida más moderno y racional. Son precisamente estas cualidades las que lo han hecho atemporal y han permitido que su popularidad haya llegado intacta al primer cuarto del siglo XXI.

El *art déco* vivió su apogeo entre las décadas de 1920 a 1940. Fue una forma de celebrar la edad moderna a través de la idea de que todos los objetos podían, y debían, ser elegantes: rascacielos, transatlánticos, muebles, menajería, mecheros y transistores, todo era susceptible de convertirse en arte. El reconocimiento le llegó en 1925 durante la Exposición Internacional de Artes Decorativas e Industrias Modernas celebrada en París. Fue allí donde recibió su nombre y el prestigio necesario para convertirse en un estilo por derecho propio. El objetivo de la muestra era dejar a un lado los recargados diseños del pasado e introducir un vocabulario estético nuevo. El resultado, fácilmente identificable, se caracterizaba por sus líneas limpias, sus superficies brillantes y lacadas y sus patrones geométricos. También introdujo versiones actualizadas de decoraciones de columnas, jarrones y cortinas. Otra de sus características fue el uso de líneas curvas, que buscaban imitar el flujo de aire y transmitían una sensación de energía, de un futuro prometedor. De este modo, la iconografía del *art déco* quedó enseguida vinculada a las ideas del glamur, el lujo, la velocidad y la vida urbana.

Hoy, después de casi un siglo, sigue influyendo en los diseñadores de todo el mundo. El interiorista Eoin Lyons, cofundador de LyonsKelly en Dublín junto con el arquitecto John Kelly, afirma que se «inspira mucho en este periodo». Y prosigue: «Fueron años de experimentación y de comprensión de lo clásico. Como diseñadores, somos como las urracas: tomamos elementos de aquí y de allá, de todas las épocas, y los mezclamos, tanto en la arquitectura como en los interiores. El *art déco* sigue vigente porque posee la elegancia de la arquitectura clásica (orden, simetría y solidez), pero puede ser extravagante o frívolo si es necesario». Encontramos un excelente ejemplo de este equilibrio en el salón de una casa dublinesa de la década de 1930 en la que se combinaron detalles como paneles de arce ojo de pájaro (al estilo de Jean-Michel Frank) con sillones de Christian Liaigre con respaldo de ébano de Macassar (que recuerdan al icono del *art decó* francés, Émile-Jacques Ruhlmann) y cuadros con pan de oro.

Para llevar a cabo una reforma integral en un apartamento del emblemático edificio Palmolive de Chicago (1929), el diseñador neoyorquino Steven Gambrel trabajó mano a mano con el arquitecto de Chicago Phillip Liederbach, de Liederbach & Graham. «Phil y yo teníamos mucho interés en aludir al *art déco* del edificio», explica Gambrel, pero lo hicieron «de manera muy suave para que las referencias históricas no fueran excesivas». Detalles como los suelos de roble ahumado, las paredes de estuco veneciano encerado y pulido, los muebles con perfiles de palisandro y las puertas enmarcadas con pilastras de ébano de Macassar, aportan un toque de lujo inequívoco, inspirado en el *art déco*.

Un cliente con una considerable colección de muebles y objetos *art déco* le pidió a Nina Farmer que decorara una casa del siglo XIX de estilo neocolonial en Cambridge, Massachusetts. A la diseñadora, conocida por su capacidad para crear interiores en los que pasado y presente conviven con cierta tensión, le entusiasmó la idea de combinar los muebles con la arquitectura. Empleó tonos intensos de chocolate, rosa empolvado y dorado para tejer de manera sutil un hilo estilístico dentro de ese espacio. «Las piezas de *art decó* encajan bien en casi cualquier interior», afirma Farmer. «En ese sentido, son muy maleables. Creo que se debe al juego de la geometría y la repetición de elementos. También existe una belleza inherente al valor de los materiales».

El extenso paisaje urbano que reluce como una joya tras los grandes ventanales de un apartamento ubicado en un rascacielos de Manhattan, le animó al diseñador neoyorquino Alexander Doherty a querer trasladar esa energía al interior. El mobiliario, los acabados y los colores del *art déco* fueron el hilo conductor perfecto, ya que el dinamismo urbano es uno de los temas que más vivamente expresa. Entre los innumerables ajustes y detalles cabe destacar la decisión de Doherty de colocar los conductos a un lado para crear un espacio abovedado que forró con pan de oro de 24 quilates.

Jessica Lagrange, afincada en Chicago, al hablar sobre un apartamento que diseñó en el distrito Gold Coast de la ciudad, comentó: «Nuestros clientes apreciaban las formas simétricas y geométricas del *art déco*». Lagrange adoptó esas ideas con entusiasmo y las reflejó en el suelo de terrazo del vestíbulo del apartamento, al que añadió unos estilizados rayos de latón, una solución que transmite el optimismo, el glamur y la fantasía del *art déco*.

Sopesar lo que un cliente quiere frente a las limitaciones de un espacio es clave en cualquier proyecto de interiorismo, afirma el diseñador neoyorquino Ernest de la Torre. Ambos factores desempeñaron un papel clave a la hora de diseñar un apartamento en el Upper East Side, que De la Torre supo imbuir de la energía de la era del *jazz*. «Me encanta mezclar muebles de forma ecléctica, pero me suelo decantar por el *art déco* por la manera en que estiliza los estilos tradicionales y por su forma moderna de celebrar la artesanía», concluye. Unas bajantes que no se podían mover de sitio le sirvieron de inspiración para una de sus ideas centrales: una serie de luminarias a medida de Ayala Serfaty que parecen flotar, acompañadas de un par de excepcionales sillones de Émile-Jacques Ruhlmann. Ernest de la Torre afirma que, al igual que el *art déco*, «han sabido resistir el paso del tiempo».

STEVEN GAMBREL
APARTAMENTO ART DÉCO
CHICAGO, ILLINOIS, EE. UU.
2017

A la hora de describir su colaboración con el arquitecto Phillip Liederbach en la remodelación de un apartamento del emblemático edificio Palmolive de Chicago (1929), Steven Gambrel afirma que su objetivo era crear un espacio con una ligera reminiscencia a su arquitectura original *art déco*. Y explica que es una manera de «crear un vocabulario estético nuevo que trae el diseño al presente». Una de las habilidades de este diseñador, afincado en Nueva York, que fundó su firma, S. R. Gambrel, en 1996, es mezclar piezas de distintas épocas y lograr que hablen el mismo idioma. «La proporción y la forma siempre han sido dos de mis obsesiones», afirma. «Cuando existe claridad formal en cada una de las piezas, aunque pertenezcan a épocas diferentes, la mirada no se deja seducir por la decoración, es decir, se percibe como algo moderno». En este caso, en el pasillo entre el salón y la salita de estar, revestido de un parqué de roble ahumado, «encontramos esos tonos suaves que llamamos *greige*, o gris Chicago», explica. «Me gusta trabajar con una paleta relativamente neutra para que sea el propio material, la madera, el metal o el cristal, el que aporte calidez, más que los colores en sí mismos». Los marcos de las puertas son de ébano de Macassar con reborde dorado, que realza el ambiente *art decó*. La laca brillante del techo refleja y amplifica la luz de la lámpara de araña de Fontana Arte de 1955, que a su vez se dirige a la lámpara de araña Dahlia de la década de 1950, obra de Max Ingrand para Fontana Arte, colocada sobre la mesa central, ribeteada con madera de palisandro, y al espejo Venini de la década de 1960. A Gambrel no le asusta añadir destellos de color, como el aparador francés lacado en naranja y forrado de cuero *shagreen* de la década de 1930 que domina la pared del salón. El diseñador afirma que el proyecto, en su conjunto, presenta «una versión esbelta de lo que el edificio probablemente podría haber albergado o soportado».

LYONSKELLY
CASA WISLEY
DUBLÍN, IRLANDA
2019

El arquitecto John Kelly y el diseñador Eoin Lyons se han labrado un nombre gracias a sus cuidados interiores. Su trabajo respeta la tradición, pero no resulta conservador ni aburrido. «A nuestros clientes les gusta lo clásico, pero no lo recargado, y la comodidad conjugada con el diseño contemporáneo», señala Lyons sobre su trabajo en LyonsKelly, el estudio que fundó en 2013 con sede en Dublín. Un magnífico ejemplo es el salón de una casa de ladrillo de tres plantas de la década de 1930 que rediseñaron con una precisión elegante y estilizada. «Nos inspiramos en el Palacio de Eltham de Londres, una de las cimas del diseño de interiores del *art déco*», explica Lyons, citando una antigua residencia real ubicada en el sudeste de Londres, deslumbrantemente reimaginada por los filántropos Stephen y Virginia Courtauld en 1933. «Trabajamos la arquitectura y el diseño de interiores de manera conjunta. No hay una ruptura obvia en cuanto a dónde termina uno y comienza el otro». Este espacio tiene vistas al jardín y posee una sutil armonía. Los tonos negros, grises y beis se entremezclan con fluidez, mientras que el mobiliario de líneas rectas está en sintonía con el carácter robusto de la casa, como apunta Lyons. Los dos sillones de Christian Liaigre, de perfil curvado e inspiración *art déco*, tienen respaldos de madera de ébano de Macassar y resaltan sutilmente el color y la forma del grabado en carborundo y pan de oro del artista irlandés Patrick Scott que cuelga en la pared del fondo. Como broche final, las ramas de un espejo contemporáneo *girandole* se extienden por la pared. (Es obra de Hervé Van der Straeten, que empezó su carrera como diseñador de joyas antes de dedicarse al mobiliario y los objetos decorativos.) El revestimiento de la pared derecha «es un guiño a Jean-Michel Frank», confiesa, «aunque en este caso se ha realizado en chapa de arce ojo de pájaro en lugar de pergamino».

ERNEST DE LA TORRE
RESIDENCIA EN MANHATTAN
NUEVA YORK, NUEVA YORK, EE. UU.
2009

A veces, resolver un problema es la mejor inspiración. Así sucedió cuando el diseñador neoyorquino Ernest de la Torre recibió una solicitud para crear un dúplex a partir de dos apartamentos ubicados en un prestigioso edificio del arquitecto Rosario Candela de la década de 1920 en la Quinta Avenida. El problema era que no se podía modificar el trazado de algunas de las bajantes que atravesaban parte de lo que iba a ser el salón. Los propietarios, una pareja adinerada de la industria del entretenimiento, querían que su casa reflejara la esencia *art déco* del edificio y recurrieron a De la Torre por su capacidad para actualizar el diseño clásico con elegancia. De la Torre, que lleva trabajando como diseñador de interiores desde 2001, resolvió el problema con unas luminarias que aportaron un aire romántico y etéreo en clara sintonía con el estilo *art déco* del edificio. «Barajamos muchas ideas; camuflarlas con una escultura nos pareció la mejor solución», explica. Las lámparas son obra de la diseñadora israelí Ayala Serfaty, que las concibió como un trío de figuras que flotan en el espacio como si fueran criaturas marinas. «Su luz difusa y apagada le confiere a la estancia un aura etérea», afirma la diseñadora. También son el complemento perfecto a la luminosa paleta de tonos ciruela, azules y grises de la habitación. Dos sillones de Émile-Jacques Ruhlmann de 1925 subrayan la atmósfera *art déco* y combinan con un oscuro juego de mesas de centro de bronce y piedra de la década de 1980 del londinense Mark Brazier-Jones. Dos mesitas auxiliares de vidrio fundido y bronce color lavanda completan el conjunto. Hubo más problemas que resolver: la monumental obra de arte contemporáneo de Zhang Huan, de su serie «Memory Door» (Puerta de la memoria), una escena con campesinos y militares chinos tallada en un portal antiguo, se tuvo que izar con una grúa, mientras que el amplio sofá empenachado, con cojines en un histórico patrón de Ruhlmann, se tuvo que fabricar *in situ*. «Es como hacer malabares. Pero cuando funciona, ¡funciona!», comenta De la Torre sobre su profesión.

PICASSO
PICASSO BLACK WHITE
In Wonderland

NINA FARMER
CASA NEOCOLONIAL EN CAMBRIDGE
CAMBRIDGE, MASSACHUSETTS, EE. UU.
2023

«El pasado siempre está presente en una casa histórica», afirma Nina Farmer, una diseñadora de Boston, Massachusetts, conocida por la finura con la que logra que un edificio histórico resulte moderno. Farmer, que abrió su estudio en 2008, suele recibir encargos para darles nueva vida a casas que hoy son parte del patrimonio arquitectónico de Boston y abarcan diferentes estilos: federal, victoriano o *arts and crafts*. Ese fue el caso de un cliente que poseía una considerable colección de muebles *art déco* originales y que le pidió que reformara una casa neocolonial de 1863 que había adquirido recientemente en Cambridge. Farmer, una enamorada de este estilo y de su elegante forma de difuminar las líneas entre lo moderno y lo antiguo, se puso manos a la obra sin dudarlo. «Los materiales del *art déco* poseen una belleza inherente», explica, «son atemporales y cualquiera se puede identificar con ellos». Para darle un toque acogedor a la casa, diseñó un telón de fondo oscuro con paredes lacadas en marrón chocolate a juego con una alfombra hecha a medida, que diseñó ella misma inspirándose en una pieza de la década de 1920 del diseñador francés Émile-Jacques Ruhlmann. «La repetición de elementos en el *art déco* lo hace muy versátil», comenta acerca del motivo curvado de la alfombra y de la geometría de las lámparas de cristal de Murano que flanquean el sofá. Farmer agrupó piezas de la colección personal de su cliente, incluidos un sofá de terciopelo rosa palo, un color muy habitual en espacios de inspiración *art déco*, y una consola de estilo Vittorio Dassi en la pared del fondo; el brillo de la mesa de centro, una pieza contemporánea de nogal lacado, le da vida al conjunto. En la pared, sobre la consola, se encuentra un póster de 1928 de A. M. Cassandre del buque insignia de la Holland-America Line, el New Statendam (el único que contaba con piscina interior fija). La imagen consiste en unas chimeneas de líneas suaves y tonos dorados y verdes junto al eslogan de la compañía: «For Real Comfort» (Confort de verdad).

**JESSICA LAGRANGE
PIED-À-TERRE EN GOLD COAST
CHICAGO, ILLINOIS, EE. UU.
2020**

El atractivo de los glamurosos interiores de Jessica Lagrange procede del dinamismo y la energía que percibe allí donde trabaja. «Me gusta emplear estilos que sean fieles al contexto», afirma esta creativa afincada en Chicago, que fundó su estudio en 1998. «Sin embargo, es importante utilizar piezas contemporáneas para que los espacios no pierdan su frescura». Ese fue el caso de un *pied-à-terre* ubicado en uno de los pisos superiores de un edificio de la década de 1920 en Gold Coast, el distrito histórico de Chicago. Cuando Lagrange visitó el apartamento por primera vez, las habitaciones estaban forradas de *chintz* en tonos polvorientos de melocotón y azul, y daba la sensación de ser un espacio desconectado de las amplias vistas del lago Michigan. Lagrange buscó inspiración en el pasado *art déco* del edificio. Para el vestíbulo encargó un diseño en forma de estrella de terrazo y latón que trasmite un aire antiguo y moderno a la vez. La disposición de las piezas de latón es una invitación a franquear la entrada arqueada del salón, donde un sillón Jean de Merry Lora, tapizado en un terciopelo púrpura pálido, y un sofá Vladimir Kagan aguardan. Esta brillante estrella también nos dirige la mirada hacia *The Long Goodbye to the Solar System* (El largo adiós al sistema solar) (2017), una obra del artista neoyorquino Jacob Hashimoto. Compuesta con miles de cometas japonesas de papel de arroz de vivos colores, desdibuja las fronteras entre la pintura y la escultura. El aplique de bronce y latón martillado que cuelga cerca encapsula perfectamente tanto la amplitud del arco como el brillo de las incrustaciones del suelo, en forma de concha.

ALEXANDER DOHERTY
ÁTICO EN NUEVA YORK
NUEVA YORK, NUEVA YORK, EE. UU.
2021

«El *art déco* funciona muy bien en las construcciones de cristal», afirma Alexander Doherty. «Las geometrías fuertes, estructuradas en capas, aspiraban a evocar el futuro y el paisaje urbano, por lo que encajaban en estos espacios». Este diseñador, de origen británico pero afincado en Nueva York, habla de un amplio apartamento en uno de los pisos superiores de un rascacielos en pleno corazón de Manhattan. «El cliente quería borrar el diseño del promotor y empezar de cero», explica Doherty, que abrió su estudio en 2007. Con la ayuda de la arquitecta Danielle Albert, lo consiguió. Para ganar altura reubicó los conductos en el perímetro del techo y creó un espacio abovedado en el salón, que recubrió con pan de oro de 24 quilates. «El techo dorado es una reminiscencia del lustre del *art déco*. Aporta un brillo intenso y cálido a la estancia». Los paneles de roble cerúleo de las paredes reafirman el espíritu retro y lujoso, al igual que el manto de Chesneys de la chimenea decorativa, en cuyo interior instaló un par de morillos con dos cobras enroscadas, obra del herrero francés Edgar Brandt. Frente al hogar colocó dos taburetes Louis Süe de madera lacada en negro y terciopelo de *mohair*. Cerca de las ventanas hay un par de lámparas de antorcha de T. H. Robsjohn-Gibbings, de 1939, que parecen imitar las siluetas de los edificios de fuera. Como nexo para la zona de asientos dispuso una alfombra francesa de la década de 1930 y una mesa de centro de nogal con tablero de cristal, obra del famoso diseñador Jacques Adnet. En el salón colocó tres óleos abstractos, entre ellos una obra de la década de 1950 de John McLaughlin y otra de la de 1960 de Norman Bluhm. Los colores del dormitorio se inspiran en los tonos del horizonte, mientras que la narrativa *art déco* prosigue en los muebles de André Arbus: una mesita, dos sillones (solo se ve uno) y una *chaise longue*. La pantalla de seda de una luminaria sueca de la década de 1950 conduce la mirada hacia las extraordinarias vistas de la obra maestra del *art déco* de la década de 1930: el Empire State Building de Shreve, Lamb & Harmon.

FLORAL

Las flores son un elemento decorativo desde hace miles de años. Se han encontrado flores de loto pintadas en las paredes de una tumba egipcia en Luxor y frescos con rosas, amapolas, hiedra y caléndulas en la Casa del Brazalete de Oro de Pompeya. También adornan telas como el *chintz*, un tejido liso de algodón que se solía utilizar para elaborar colchas, cortinas o tapizados con estampados xilografiados de temática pastoral o botánica en vivos colores. El *chintz* surgió en el siglo XVI en Golconda (India) y se introdujo en el mercado europeo en el siglo XVII a través del comercio. Unos siglos después, en 1839, la empresa de impresión de algodón Potters & Ross, con sede en Lancashire (Inglaterra), diseñó una imprenta de papel pintado de gran formato y la decoración de las paredes se abarató. Desde entonces, la introducción del jardín en el hogar ha sido uno de los recursos por excelencia en la decoración.

«Los motivos florales nunca pierden su atractivo porque consiguen relacionar una estancia con la naturaleza que hay al otro lado de las ventanas o las puertas», afirma el arquitecto y diseñador británico Ben Pentreath, cuya práctica de diseño con raíces históricas le ha granjeado clientes como el rey Carlos III, gran amante de los jardines y la naturaleza. «Es un lenguaje que resuena a través de la historia y está presente en la decoración histórica medieval, en las pinturas murales o en los tapizados de flores». Para Pentreath, el imaginario de las flores y los árboles nos permite «introducir en nuestros hogares los impulsos más primigenios de la humanidad y la belleza». En comparación, «hay muy pocos papeles pintados con imágenes de verduras, aunque siempre me ha encantado el "Haymarket" de Twigs».

«Las cosas más bellas las produce la naturaleza. Y punto», asegura Rodman Primack, del estudio de diseño neoyorquino RP Miller. «En la naturaleza existen los colores más sorprendentes, las combinaciones más extraordinarias de elementos». Cuando diseñó una casa a las afueras de Louisville, Kentucky, se inspiró en Charleston, el que fuera el hogar de Vanessa Bell (hermana de Virginia Woolf), Duncan Grant y otros miembros del grupo de Bloomsbury en East Sussex. «Todas las superficies de la casa estaban pintadas, empapeladas o decoradas con algún tipo de patrón», explica. Primack utilizó un despliegue de motivos florales similar en una casa de Kentucky, hasta el punto de que las flores se volvieron elementos casi neutros en el diseño. Además, menciona a algunos diseñadores inspiradores del siglo XX, como los británicos Robert Kime y David Hicks. Kime era conocido por sus ingeniosas combinaciones de flores, mientras que Hicks se caracterizaba por sus estampados gráficos y colores vivos. «Mi patrón floral favorito de todos los tiempos es un *chintz* abstracto, ahora descatalogado, que Hicks supuestamente diseñó con papel de colores rasgado», añade Primack. También elogia los diseños botánicos de Josef Frank, alegres y ensoñadores, para la tienda sueca de interiorismo Svenskt Tenn, la mayoría de los cuales siguen produciéndose hoy en día. El diseñador estadounidense Mario Buatta se labró un nombre diseñando interiores estampados que parecen adornar los espacios con verdaderas rosas de Provenza, un vestigio de la enorme influencia que tuvieron en él Nancy Lancaster y John Fowler, los inventores del estilo de casa de campo inglesa. «Puedes amarlo u odiarlo, pero Buatta era el príncipe del *chintz*», concluye.

La diseñadora Heidi Caillier, afincada en Seattle, Washington, añade a sus interiores elementos florales que transmiten una pizca de nostalgia y modernidad. «Estamos rodeados de naturaleza; así trasladamos un poco a nuestros hogares», afirma al explicar el imperecedero atractivo de los elementos botánicos. Su especialidad son los papeles pintados florales, que exudan tradición e historia. Su sensibilidad se plasma en un rincón tranquilo de una casa de Bellevue, Washington, donde entretejió tonos oscuros y patrones boscosos. «Los motivos foliados y florales pueden aportar mucho movimiento y delicadeza a una estancia, ya que rebosan energía y vitalidad», apunta.

Nathalie Farman-Farma, diseñadora textil, aborda los motivos florales con la mirada de una historiadora. Cuando desarrolla los tejidos para su línea textil, Décors Barbares, se inspira en las tradiciones folclóricas de Europa del Este, Asia Central y Rusia, así como en la fantasiosa idea del bosque de los cuentos de hadas. Farman-Farma cita el trabajo de la difunta anticuaria y diseñadora parisina Madeleine Castaing, cuya tienda decorada con *chintz* en la rue Jacob visitaba con frecuencia cuando vivía en París durante la década de 1990 y le influyó profundamente. «Las habitaciones de Castaing nos inspiran porque consiguen evocar una vida interior. Son románticas, literarias y un poco surrealistas», dice Farman-Farma.

Carlos Mota recurrió a otro tipo de inspiración a la hora de diseñar su propio dormitorio en Nueva York, pero el resultado es igual de fantástico y sereno. Pretendía ser una combinación del apartamento neoyorquino de Diana Vreeland y el dormitorio de invitados de Hubert de Givenchy en Le Jonchet, a las afueras de París, tantas veces fotografiado. «Me gusta que un dormitorio sea un refugio, como una crisálida, que todos los días tengas la sensación de despertarte en un hermoso jardín salpicado de flores». Mota incluso tomó dos trozos de papel pintado con estampado de *chinoiserie* y los enmarcó para realzar su cualidad artística. «Un motivo floral puede resultar fresco y hermoso o, por el contrario, recordarnos a la casa de una señora mayor», bromea, «¡yo lo recomiendo sin lugar a dudas!».

Cuando la diseñadora neoyorquina Courtney McLeod, de Right Meets Left Interior Design, se dispuso a diseñar un *loft* en Tribeca para una joven pareja, se inclinó por un concepto botánico a gran escala y recurrió a un evocador papel pintado de *chinoiserie* floral de Voutsa con el que revistió toda una pared de nueve metros. «A los clientes les encantaron el color y el estampado», indica la diseñadora sobre las flores rosas y los serpenteantes árboles azules. «Esto me permitió diseñar un espacio extremadamente personal». McLeod diseña interiores con la única premisa de hacer felices a sus habitantes y tiene claro qué es lo más importante: «Hacerlos sonreír».

COURTNEY MCLEOD
APARTAMENTO EN NOLITA
NUEVA YORK, NUEVA YORK, EE. UU.
2020

«Cuando diseño un espacio, quiero que inspire alegría y bienestar», afirma Courtney McLeod. «Para mí, el color es la manera natural de lograrlo». McLeod comenzó su carrera en el sector financiero, pero en 2012 decidió abrir su estudio Right Meets Left Interior Design en Nueva York (el nombre es un guiño a los dos hemisferios cerebrales, el creativo y el analítico). Desde entonces, se dedica al diseño de interiores marcados por el uso de colores saturados. En un *loft* del barrio neoyorquino de Nolita, trató de simular un jardín soleado. Para ello, unió los espacios del salón y el comedor con «una versión moderna de un papel pintado de estilo *chinoiserie* que rezuma carácter y alma». Esta decisión hizo que adaptara «la paleta y el aire optimista del papel al resto del diseño». Este papel *Menagerie* (Casa de fieras), de Vousta, incluye troncos de árboles azules, mariposas de diversos colores, flores naranjas y rosas, un mono con la cola enroscada y hasta un pavo real. «A los clientes y a mí nos encantó esa revisión irreverente de un diseño clásico», confiesa. «Es atrevido y poco común, pero muy agradable, y así es exactamente como describiría la habitación». El mobiliario y la decoración están en sintonía con los detalles botánicos. Hay un sofá azul eléctrico, una alfombra verde *ombré* sobre la que se ha colocado otra redonda, más pequeña, de color fucsia, un *tête-à-tête* de ultrasuede color caléndula donde se puede charlar cómodamente, un par de butacas con exquisitos bordados abstractos que muestran un paisaje con estanques y una mesita auxiliar *vintage*, cuya base tiene forma de lirio y alude al diseño del papel pintado. «El papel pintado es un punto de partida maravilloso para fijar el tono del diseño», afirma McLeod. «Es difícil no estar de buen humor en un lugar como este». En el comedor, una lámpara de araña Blossom de Hudson Valley Lighting pende sobre una mesa ovalada y sillas de Ballard Designs. Para rematar este fantástico diseño, McLeod colocó en la pared cuatro platos de Hunt Slonem con un diseño de conejitos.

CARLOS MOTA
APARTAMENTO DEL DISEÑADOR
NUEVA YORK, NUEVA YORK, EE. UU.
2016

Carlos Mota tiene las ideas claras sobre qué es un hogar. «Pasamos la mayor parte de nuestra vida en el dormitorio o el cuarto de baño, así que deben ser hermosos». También cree que la naturaleza es la mejor diseñadora y tiene una firme opinión sobre los diseños florales: «¡Nunca son suficientes!». Y sabe de lo que habla. Lleva décadas decorando habitaciones para sesiones de fotos, diseñando interiores, escribiendo libros y desarrollando una línea textil propia. Nació en Venezuela, pero vive a caballo entre Nueva York, Lisboa y la República Dominicana. El dormitorio de su apartamento neoyorquino es exuberante y refleja una estética desbocada que evoca un exquisito recuerdo: el dormitorio de invitados de la famosa finca Le Jonchet de Hubert de Givenchy, en París. Lo menciona como fuente de inspiración, junto con el apartamento neoyorquino de Diana Vreeland, al que ella misma se refería como «un jardín en el infierno». Givenchy empapeló su habitación con una tela estampada de la colección Braquenié *Le grand génois* (este patrón, conocido como el «Árbol de la vida», se empleó por primera vez en el siglo XVIII y hoy lo sigue fabricando Pierre Frey). Las paredes y el techo están revestidas con telas que encontró en un mercadillo de París y que, según él, se basaban en una antigua tela de Le Manach. El diseño es un jardín de trepadoras verdes, rosas de Provenza de color rojo oscuro y abejas revoloteando. El efecto es envolvente, como si fuese una cama con dosel pero sin postes ni cortinas. Las almohadas y las sábanas también replican el estampado, mientras que el cabecero está recubierto de suave terciopelo verde, su color favorito. La butaca con estampado de leopardo, situada junto a un pequeño armario chino de dos puertas decorado con motivos florales, le debe más al espíritu de Vreeland. Por último, el tono herbáceo de la alfombra, las lámparas *vintage* de porcelana china azul y blanca en forma de jarrón y las imágenes de pájaros, que según Mota son «las criaturas más bellas del reino animal», nos transportan a un jardín celestial.

HEIDI CAILLIER
CASA EN BELLEVUE
BELLEVUE, WASHINGTON, EE. UU.
2022

Los interiores de Heidi Caillier dan la sensación de haber existido toda la vida. A través de su negocio, con sede en Seattle, Washington, que fundó en 2014, esta diseñadora autodidacta superpone patrones y combina muebles *vintage* y modernos con encanto y frescura. «Los motivos florales pueden ser a la vez actuales y tradicionales; me resulta fascinante», afirma Caillier sobre un elemento que se ha convertido ya en el sello de su trabajo. «Son una forma de llevar la naturaleza que nos rodea a nuestros hogares». Este tranquilo rincón en el dormitorio de una residencia de Bellevue, Washington, presenta la oscura paleta de tonos gris humo y verde a la que Caillier tiene acostumbrados a sus clientes. El clima local es más bien gris y se parece bastante al del Reino Unido, dice la diseñadora, de ahí que los tonos del diseño tradicional británico encajen tan bien en el noroeste del Pacífico estadounidense. En esta ocasión, Caillier utilizó un papel pintado boscoso (*Raphael*, de Sandberg) sobre un fondo beis y árboles en un verde rústico. La combinación se invierte en la colcha de *matelassé*, donde el verde musgo se vuelve el tono dominante y se adereza con discretas flores blancas y rojas. «Utilizar los motivos a gran y pequeña escala de manera consciente puede aportar equilibrio a un espacio», añade. Las rayas marrones y blancas del somier tapizado Waterloo, de la empresa británica Original Bed Company, parecen neutras a primera vista, pero subrayan sutilmente las líneas de la mesita de bambú de Jefferson Green y los tonos tierra de la alfombra *vintage* de Old New House. Además, estas rayas aterciopeladas también amplifican la verticalidad del dosel arqueado de la cama que, sobre el suelo floral, recuerda a las ramas de un árbol.

RODMAN PRIMACK
GRANJA EN KENTUCKY
CONDADO DE HENRY, KENTUCKY, EE. UU.
2014

«¿Hay algo más hermoso que las flores?», se pregunta Rodman Primack. «Han evolucionado para ser bellas. Me encanta que la estética sea importante en el mundo natural». Para Primack, que en 2004 abrió RP Miller, su estudio de diseño en Nueva York, «un estampado puede ser tan neutro como la pintura plana. La ausencia de motivo y color me parece tan estridente como su presencia». En una antigua explotación tabacalera de estilo *arts and crafts* a las afueras de Louisville, Kentucky, Primack revistió el salón con papel estampado a mano de la diseñadora británica Marthe Armitage. «Me fascina el grabado, sobre todo la obra de los artistas ingleses de la preguerra y la posguerra, como Edward Bawden y Eric Ravilious», comenta. «Y las creaciones de Marthe parecen estar conectadas con las de aquellos artistas». Las hojas azul grisáceo del papel pintado coinciden con tonos similares en las barras sincopadas de la alfombra. En la pared, las flores de color cereza de los platos de cerámica de Birger Kaipiainen (una leyenda dentro del movimiento *arts and crafts* finlandés) resaltan sobre el fondo carmín del papel pintado. Primack, que pintó acuarelas durante casi toda su vida, observa: «Los colores vibran a diferentes frecuencias cuando están cerca, así que mi trabajo [como decorador] es encontrar las frecuencias adecuadas». En esta línea, anodizó los marcos cromados de las sillas Cesca de Marcel Breuer porque el tono más oscuro se adaptaba mejor a este espacio hogareño, mientras que las cálidas pantallas de latón del par de lámparas Paavo Tynell, que cuelgan sobre una mesa de madera del artista Jonathan Muecke, están perfectamente pulidas.

BEN PENTREATH
CASA DE VACACIONES EN CORNUALLES
CORNUALLES, REINO UNIDO
2020

Ser el diseñador de interiores de algunos de los miembros de la familia real británica es una excelente manera de consolidarse como epítome del buen gusto británico. El diseñador Ben Pentreath, afincado en Londres, fundó su firma de diseño en 2004, con la que crea desde entonces estancias complejas, cultas y atemporales. Una buena muestra es el dormitorio de invitados de una casa de campo en la costa de Cornualles que rediseñó para una familia en 2020. Cuesta creer que el edificio fuera en su día un granero destartalado y toscamente reformado en la década de 1970. Pentreath cambió las ventanas y los suelos, y configuró un diseño con ingredientes clásicos y frescos al mismo tiempo. «El dormitorio está pensado para transmitir sosiego y sencillez», explica Pentreath, que eligió un papel pintado de color oliva pálido con motivos de sauce y cortinas marrón claro con estampado de madreselva y tulipanes. Son dos de los icónicos diseños del siglo XIX de William Morris, a los que Pentreath recurre una y otra vez porque «el equilibrio entre la escala, la hoja, la forma y la repetición desprende serenidad». Ambos combinan fácilmente con otro de sus florales favoritos: el *suzani* con estampado rojo y azul de Robert Kime que reviste el sofá Chesterfield. La mesita auxiliar de color caoba y patas torneadas y el kilim de Anatolia colocado sobre la moqueta jaspeada contribuyen a crear una sensación acogedora y cálida. El ambiente hogareño de la habitación solo se ve interrumpido por un toque de extravagancia: el trío de grabados de rinocerontes a punta seca de William Kentridge, de la colección propia del cliente. El ingrediente central de la habitación, dice Pentreath con su característica modestia, es «el ramo de caléndulas del jardín que luce en un jarrón. ¡Ellas son las que realmente dan sentido al conjunto!».

NATHALIE FARMAN-FARMA
CASA DE LA DISEÑADORA
LONDRES, REINO UNIDO
2020

Las estancias de la diseñadora textil franco-estadounidense Nathalie Farman-Farma tienen su propia arqueología, como una sucesión de capas por desenterrar e historias por desentrañar. Desde que en 2010 abrió su propio estudio, Décors Barbares, se ha labrado una reputación entre los amantes de lo chic por sus tejidos de algodón y lino serigrafiados con estampados que fusionan la iconografía oriental y occidental. Esta fusión de influencias y tradiciones se plasma en la casa de principios de la época georgiana en la que vivió con su familia, en el barrio londinense de Chelsea. Aunque la superposición de motivos y texturas resulta asombrosa, son las flores las que acaparan toda la atención. En el dormitorio principal, las paredes están revestidas de un enorme tejido clásico de Madeleine Castaing con pinos grises y blancos llamado *Branches de Pin* (Ramas de pino). Un par de mesas auxiliares eduardianas, coronadas por antiguas lámparas de aceite Argand de plata, flanquean el cabecero. Este último está revestido de *Dans la Forêt* (En el bosque), un tejido de algodón de la propia línea de Farman-Farma estampado con ramas de árboles en flor en azul y rojo. «El bosque es el escenario de los cuentos de hadas, así que quizá fue lo que me llevó a este diseño. Lo botánico adquiere un significado fantástico cuando lo transfieres al textil». La diseñadora forró las paredes del comedor con una tela de Braquenié, el mismo tejido que se utiliza en las cortinas; al correrlas, los comensales se sienten inmersos en un maravilloso jardín. Encima de las flores rojas se han colgado muestras enmarcadas de bordados rusos antiguos, un efecto del que se hacen eco el par de espejos de suelo del siglo XIX que reposan a ambos lados de la ventana. La repisa de la chimenea y la moldura de la pared está pintada en un rojo similar al de las flores de la pared. Sobre la chimenea cuelga un cuadro de paisaje del siglo XIX del artista polaco-ruso Stanislas Shukovsky. Debajo hay un conjunto de porcelana rusa y, a los lados, dos candelabros de cristal tallado del siglo XIX procedentes de Irán, con imágenes de un rey kayar.

MAXIMALISTA

Los espacios maximalistas tienen una energía especial, una fuerza que despierta de golpe y acelera el pulso de cualquiera que los visita por primera vez; una mezcla de asombro, perplejidad y desconcierto. El maximalismo es un derroche de creatividad e imaginación, pero también de confianza y control. Cuando los colores, las texturas, los estampados y las siluetas se combinan al margen de los protocolos estilísticos habituales, hace falta una mano segura y firme para crear coherencia en lugar de caos.

«El estilo maximalista supone abrazar la diversidad y la individualidad. Se trata de contar historias a través del diseño», afirma el diseñador Sig Bergamin, afincado en São Paulo. «Diseñar lo exuberante no es tan sencillo como parece. Existe un equilibrio delicado entre el exceso y la armonía. Si te pasas, corres el riesgo de caer en lo chabacano. Me encanta asumir riesgos y atreverme, ¡está en mi naturaleza!». Bergamin dice de su propia casa en São Paulo que es «un lugar de creación». Su visión global del diseño le permite combinar mobiliario francés, *chinoiserie*, cristal de Murano y sofás hechos a medida salpicados de cojines asiáticos con estampado *ikat*. «Me empapo de referencias antes de empezar un proyecto. No es un proceso obvio ni muy rápido, pero me encanta», explica, para luego añadir que la belleza «reside en la diversidad y la libertad de expresión».

El salón de la segunda residencia que Martin Brudnizki comparte con su pareja, Jonathan Brook, en Sussex (Inglaterra), impresiona tanto por sus dimensiones como por su personalidad. «Es una sala grande, así que había que llenarla», explica con naturalidad. «No se puede diseñar una habitación así sobre el plano: siempre habrá cosas que añadir y cambiar». Brudnizki se recrea en los detalles. No solo añadió pantallas de seda plisada a todas las bombillas de la historiada araña de cristal de Murano, sino que las diseñó por dentro y por fuera para que puedan disfrutarse desde la otomana de *mohair* rosa («¡está ahí por algo!»). Brudnizki y Brook también instalaron pequeñas colecciones de cuadros, piezas de porcelana y esculturas agrupadas por tema o contexto. «El objetivo era construir una narrativa, una historia visual, a través de los objetos», resume Brudnizki. «Queríamos que la habitación reflejara la historia de la zona y mostrara nuestros gustos».

En esta misma línea, el diseñador Vincent Darré, afincado en París, también refleja sus gustos en su casa, aunque sus elecciones no guardan tanta relación con la historia local, sino con el paisaje de su imaginación desbordante. En una recreación reciente de su salón parisino, diseñó un *tête-à-tête* rojo tomate cuya silueta recuerda a dos personas hablando. Para Darré, en cierto modo, el término «maximalismo» se adapta mejor a su planteamiento que a su resultado. Combina multitud de colores y formas, pero hay una frescura y una precisión indiscutibles en sus elecciones, incluido el gigantesco saltamontes de latón que reposa sobre el marco de una puerta. «Abordo cada uno de mis proyectos como un guion cinematográfico en el que los clientes son los actores e imagino un interior que exprese su manera de vivir la vida», afirma. Cuando se le pide que describa el aspecto lúdico de su propio salón, responde: «¡A mí me parece bastante refinado!».

El diseñador Adam Charlap Hyman coincide con Darré en que el maximalismo y el refinamiento deben ir de la mano. Según él, los mejores maximalistas son también los editores más inteligentes. «Siempre estamos intentando refinar las colecciones y los interiores para encontrar su esencia», explica acerca de la estrategia de diseño de Charlap Hyman & Herrero, el estudio de diseño que fundó con Andre Herrero, con sedes en Nueva York y Los Ángeles. Sin excepción, este proceso de descubrimiento conduce a interiores cargados de profundidad, narrativa y humor, elaborados con exactitud y rigurosidad. Para una casa en Los Ángeles, desarrollaron una estrategia de diseño en torno al tema del paisaje y así crearon diferentes habitaciones, que representaban conceptos como el agua, el bosque, la montaña y el cielo. La sala de estar, inspirada en el agua, presenta tonos azules y superficies facetadas y relucientes que imitan con nitidez la ondeante piscina que hay justo al otro lado de las puertas escamoteables.

En el otro extremo del mundo, Srila Chatterjee quiso reflejar las corrientes creativas de su ciudad en la casa de su familia. «Bombay reúne a gente de toda la India que trae consigo conocimientos, tradiciones e innovación y crean una historia nueva y original», apunta. «El maximalismo es el arte de romper y recrear las reglas en cada momento. Celebra la abundancia y la individualidad». A Chatterjee le resulta fácil mezclar estampados, colores y objetos, y afirma que nunca piensa demasiado sus adquisiciones. «Me horroriza la idea de crear un hogar simplemente con objetos comprados. Normalmente decido primero dónde quiero que vaya el elemento principal y construyo el resto a partir de ahí», aclara. En su salón de Bombay, ese punto de partida resultó ser el suelo de baldosas. Toda la casa, explica, «tiene un aire *wabi-sabi* y no es para nada perfecta».

Por su parte, el diseñador Patrick Mele disfruta del reto que supone combinar colores madera con formas llamativas y estampados de animales. Su premisa es dejarse llevar por la inspiración. Esta confianza nace de su deseo no solo de satisfacer las pasiones de sus clientes, sino de superarlas para ofrecerles un lugar aún más innovador y fascinante de lo que imaginaban. Ese fue el caso de un apartamento en la Quinta Avenida de Nueva York. Tras haber trabajado estrechamente con Mele en el diseño de su casa londinense, una pareja deseaba reflejar esa misma vitalidad y dinamismo en su residencia estadounidense, así que Mele la pobló de color, estampados y superficies saturadas. «Equiparo los diseños maximalistas con la libertad de pensamiento y la espontaneidad, algo que considero muy adecuado en los tiempos que corren», afirma. «No me rijo por unas reglas concretas, pero creo que tener una mente abierta es la clave para vivir una vida más plena y feliz (y para la práctica del diseño)».

MARTIN BRUDNIZKI
RETIRO EN LA CAMPIÑA BRITÁNICA
WEST SUSSEX, REINO UNIDO
2020

El diseñador Martin Brudnizki, nacido en Suecia y afincado en Londres y Nueva York, es el artífice de proyectos como Annabel's, un club social de Londres, o Soho Beach House, en Miami, Florida. Desde que abrió su estudio en 2000, se ha especializado en el diseño de interiores de establecimientos hoteleros, lo que no le impidió poner su sello a una sublime casa de campo inglesa. En 2019 compró un apartamento de dos dormitorios en Sussex con el consultor de arte Jonathan Brook, su pareja y socio. Situado en la planta baja de una finca de 1677, Binderton, incluye el salón original de la vivienda. «Es un espacio grande, así que había que llenarlo. Lo diseñamos pensando en nuestros invitados». Pintaron las paredes de un cálido tono azafrán (amarillo Nápoles de Edward Bulmer) y los detalles decorativos de un resplandeciente dorado. «La belleza de esta paleta te reconforta los días nublados o lluviosos». Él mismo diseñó los sillones Wickham, revestidos con Cecelia Toile de Jean Monro. Una lámpara de araña *vintage* de cristal veneciano blanco y rosa, con pantallas en cada bombilla, cuelga sobre una enorme otomana rosa, tapizada en *mohair* de Pierre Frey. El diván a rayas, un hallazgo en una tienda de segunda mano, se tapizó con un Colbert Stripe estampado a mano de Pukka Print. Brudnizki y Brook crearon un trasfondo visual con una serie de cuadros que hacen referencia a sus intereses y a la historia local de Sussex. También plasmaron en la sala su amor por Italia al añadir el retrato de un prelado católico rodeado de una colección de banderas de armas italianas de marco redondo. Entre los retratos de perros se incluye uno de Zenon, el galgo inglés de la pareja, obra del artista James Hayes. Sobre la licorera hay una copia del siglo XIX de un retrato de Carlos II realizado por *sir* Peter Lely. «Se le conocía como el "rey de las bacanales"», explica Brudnizki y apunta que el monarca pasó por Sussex en 1651 al huir hacia Francia. «Cuando te rodeas de cosas bellas que tienen relación con tu vida, creas un hogar maravilloso», concluye.

VINCENT DARRÉ
APARTAMENTO DEL DISEÑADOR
PARÍS, FRANCIA
2016

«La exuberancia es como el mal gusto, no hay que tenerle miedo», afirma Vincent Darré, un diseñador de interiores con una estética muy particular que transita por los márgenes de la realidad. «No me privo de nada. Todo es posible siempre y cuando conozcas las referencias clásicas». Darré ha convertido su apartamento parisino en un laboratorio de diseño, un espacio en el que estudia cómo interactúan los objetos con el mobiliario. El resultado de algunos de sus experimentos se puede contemplar en la Maison Darré, la galería que abrió en 2008 en la rue du Mont Thabor. Su receta mezcla el surrealismo con un toque de dadaísmo, algún que otro esqueleto y un saltamontes. «Mis decisiones siempre reflejan mis sueños de infancia. Desde muy joven tuve muy claro mi vocación artística. Me costó mucho hacerlo realidad, pero ahora mi universo se parece a mí. Juntos formamos un todo». Y continúa: «Siempre dibujo mis proyectos en acuarela y pretendo que el resultado sea idéntico». Su salón luce las paredes de azul cobalto y lavanda y los muebles reflejan su inagotable inventiva. Como contrapunto a un sofá rojo, cuyo respaldo lo conforman dos siluetas que parecen conversar y que nos recuerda a una obra de Salvador Dalí, hay una versión en color blanco, con una sola silueta, que se puede contemplar a través de una abertura en la estancia anexa, debajo de un candelabro con forma de pulpo de color blanco que parece trepar por la *boiserie*. A esto hay que añadir otras exquisiteces, como una mesa de centro lacada, cuyo diseño superior parece inspirado en la obra de Alexander Calder, un espejo azul Fontana Arte de la década de 1960, una llamativa lámpara con forma de sol de la década de 1970 y un asombroso saltamontes de latón sobre el marco de la puerta, de la misma época. Su diseño es tan atrevido como el impulso que en 2016 le llevó a vender todas las piezas de esta versión maximalista de su hogar. «Karl Lagerfeld cambiaba con frecuencia sus decoraciones. De él aprendí que hay que reinventarse y no quedarse anclado en el pasado».

PATRICK MELE
APARTAMENTO EN LA MILLA DE LOS MUSEOS
NUEVA YORK, NUEVA YORK, EE. UU.
2022

A Patrick Mele nada le gusta más que crear interiores dinámicos con colores intensos y patrones caleidoscópicos. Este diseñador, que abrió su firma homónima en 2011 en Nueva York, también gestiona un espacio comercial en Greenwich, Conneticut. Su magistral habilidad para mezclar elementos hizo que unos antiguos clientes, para los que ya había decorado su casa de Londres, contactaran con él para darle a su bonito apartamento de la Quinta Avenida de Nueva York un aire más actual. Mele aceptó el reto y tejió un arcoíris de colores y patrones que se recrea en los contrastes y da vida a cada forma. Es un proceso que compara con la cocina: «Al igual que una comida, una habitación bien diseñada es una mezcla de contrastes: salado y dulce, delicado y contundente, picante y refrescante, grandioso y humilde, extraordinario y cotidiano». Esta disparidad se hace patente en este salón, cuya receta tenía una base clara: las paredes y las vigas del techo, de negro regaliz. Un par de espléndidas butacas francesas de la década de 1930 lucen una estructura rojo cereza, un estampado de leopardo y unas patas talladas en forma de cuerda y terminadas en borlas. Lejos de competir con ellas, un sofá Vladimir Kagan de R & Company tapizado en *mohair* azul eléctrico y adornado de un cojín de *patchwork vintage* las acompaña. Sobre él, en la pared, cuelga una enorme obra de tinta sobre papel de la artista turca Selma Gürbüz. Una mesita de centro de cristal negro medianoche de Sam Orlando Miller sirve de anclaje central para todo el conjunto, incluido el dibujo multicolor del *kilim* turco que recubre el suelo y que se refleja en su superficie poliédrica. Cerca de las ventanas y de la escalera de la estantería colocó una lámpara de pie hecha con una rama de árbol, diseñada por él mismo, que ofrece una respuesta orgánica a la arquitectura lineal de la estantería. Las cortinas de seda, con bloques de color en una combinación de exquisitos tonos («inspiradas en la obra de Sean Scully, un artista irlandés contemporáneo al que admiro», explica Mele), separan la quietud del apartamento del bullicio de la ciudad.

LANDSCAPES
I WILL SURVIVE
ESPACES PHYSIQUES ET VIRTUELS
WOMEN IN ABSTRACTION

SRILA CHATTERJEE Y MAHESH MATHAI
RESIDENCIA CHATTERJEE-MATHAI
BOMBAY, INDIA
2019

Srila Chatterjee, productora cinematográfica reconvertida en diseñadora de interiores tiene una regla de oro: si algo no le llama la atención a la primera, no lo compra. Fue así, por una corazonada, como ella y su marido, el cineasta Mahesh Mathai, adquirieron un ático en un edificio centenario para convertirlo en su hogar. Lo primero que hicieron fue derribar los muros y arreglar las goteras. Con un dormitorio abuhardillado en un altillo, esta casa es digna de una película. «Me gusta seleccionar un elemento y construir todo a partir de ahí», dice Chatterjee, que también dirige Baro Market, una tienda *online* de arte, mobiliario y artículos para el hogar confeccionados en la India. El punto de partida del salón fueron los azulejos Morvi *vintage*, fabricados a mano en un intenso tono oliva y ámbar, que tratan de simular una moqueta. «Cuando fuimos a elegirlo, nos enseñaron una baldosa metida en una caja con espejos por tres lados para que nos hiciéramos una idea de cómo quedaría el suelo entero». Para las paredes, enlucidas a mano, seleccionó un intenso morado amatista y un vívido naranja, una combinación alegre y acogedora. «Como la propia Bombay, la sala es un encuentro de dialectos, tradiciones y conocimientos de toda la India». El sofá Parlour de color coral es un diseño de Baro Market tapizado con un algodón Anokhi de Russell Street; la otomana redonda de dos metros recubierta de polipiel metálica fue fabricada *in situ* por el *sofawala* (el fabricante de sofás) de Chatterjee; el *Tree of Life* (Árbol de la vida) de bronce es obra de Jaidev Baghel, un maestro del Gadwakam (el antiguo arte indio de la fundición de metales), y data de 2012; y el tigre centenario tallado en madera procede de Kerala. «Una casa debe contar las historias de las personas que viven en ella», dice de su deslumbrante apartamento urbano donde el color, la textura y la artesanía local se dan la mano con entusiasmo y rigor. No es de extrañar que haya concedido un lugar de honor al cuadro de Rekha Rodwittiya de una mujer sobre un fondo rojo, que lleva por título *Once Upon a Time* (Érase una vez) (2006).

CHARLAP HYMAN & HERRERO
CASA EN ANGELINO HEIGHTS
LOS ÁNGELES, CALIFORNIA, EE. UU.
2020

En 2011 Adam Charlap Hyman contrató a Andre Herrero, por entonces estudiante de arquitectura, para que fotografiara su habitación. Ambos estudiaban en la Escuela de Diseño de Rhode Island y se hicieron amigos rápidamente. Cuatro años después habían abierto su propio estudio de arquitectura y diseño, Charlap Hyman & Herrero, que enseguida se labró un nombre por sus interiores deslumbrantes y fuera de lo común. Su *modus operandi* pasa por elegir un hilo conductor que esté presente en todo un proyecto. En esta casa de 1907 de estilo *craftsman* ubicada en Los Ángeles, el tema es el paisaje y cada habitación representa un concepto distinto: el agua, el bosque, la montaña, el cielo... La moqueta azul cobalto del salón anuncia el elemento protagonista, el agua, y vincula visualmente el espacio interior con la superficie titilante de la piscina exterior. «Nos encantó la idea de continuar la piscina en el interior con este suelo azul y nos pareció que el sofá modular de De Sede evocaba las montañas que surgen del mar. Todo lo que se decidió después siguió alimentando la idea de que la habitación era una especie de paisaje acuático», explica Charlap Hyman. También recuerda al mundo submarino la colcha que cuelga de la pared, de la artista local Anne Libby, cuya naturaleza fracturada evoca quizá el fondo del mar visto a través de unas gafas de buceo. En la pared de enfrente hay un cuadro de Ariana Papademetropoulos, también afincada en Los Ángeles, que capta el brillo iridiscente de una pompa de jabón sobre una traslúcida aguada de color lila. Las mesas-gnomo y los tocones de árbol de Philippe Starck añaden un toque psicodélico, mientras que una lámpara de pie modelo Eye de Nicola L. observa la escena con intensidad surrealista y periscópica. El par de altavoces D-12 de Design Acoustics, dos dodecaedros de la década de 1970 que cuelgan del techo, ya pertenecían al cliente antes de la reforma. Herrero dice que son su detalle favorito.

SIG BERGAMIN
CASA DEL DISEÑADOR
SÃO PAULO, BRASIL
2012

«El maximalismo consiste en abrazar la diversidad y la individualidad, en contar historias a través del diseño», afirma el arquitecto y diseñador brasileño Sig Bergamin. «Es un estilo que celebra la vida, el color y la alegría». Bergamin, que abrió su estudio en 1982, goza de una excelente reputación en todo el mundo por su agudeza estética. A principios de los 2000 se construyó una casa en su São Paulo natal, que se suma a sus otras residencias en París y Nueva York. El salón presenta una colorida mezcla de paredes verde espuma de mar, diáfanas cortinas naranjas, un par de sofás de un granate intenso (con flecos de terciopelo) y varias capas de cojines con estampados *paisley* e *ikat*. La repisa de la chimenea es toda una declaración de intenciones. «La diseñé con un mosaico de cuadros que compré en Marruecos. Es historia y tradición, con un toque personal. Me encanta», afirma. Sobre la repisa cuelga una colorida fotografía de 2006 del artista brasileño Vik Muniz y a los lados se erigen estanterías hasta el techo repletas de piezas antiguas de cristal de Murano que lleva años coleccionando. Abundan las superficies reflectantes que activan y refractan el color en todas las direcciones, como el enorme espejo situado en la pared del fondo, la mesa de centro diseñada por él mismo o los taburetes. En otro rincón de la sala, las obras de Alexander Calder, Andy Warhol y Joan Miró se entremezclan con otras más extravagantes, como una pieza naif de un unicornio de la artista Carla Barth, del sur de Brasil. El contraste, de corte más tradicional, viene en forma de unas butacas bajas de estilo *chinoiserie* cubiertas de terciopelo burdeos y un *gueridón* francés (una mesita circular) de caoba. «Casi todos los objetos y muebles de esta sala proceden de mis viajes. No solo dan vida a la habitación, sino que hablan de mis intereses», concluye. «Nuestros espacios personales deberían reflejar quienes somos».

MEDITERRÁNEO

Hay algo un poco más tradicional en el estilo mediterráneo que en el costero, a pesar de que ambos coincidan en sus paletas y se empapen de la serenidad propia de la vida junto al mar. Aunque la cuenca del Mediterráneo abarca veintidós países, algunos de los elementos centrales de su estilo homónimo (piedra natural, estuco, terracota, madera vista y azulejos decorativos) se suelen asociar a la estética del sur de Europa, como Grecia, Italia, España y Francia. Lo cierto es que, aunque el nombre evoca un lugar frente a la playa, también puede encajar perfectamente con una casa en el interior, o incluso en otro continente, donde el olor a sal no llegue más que a través de alguna ráfaga de viento perdida.

El diseñador Patrick Frey, heredero de la empresa de tejidos de decoración que lleva su nombre, pasa los veranos en una granja provenzal del siglo XVIII cerca de Aviñón que pertenece a la familia de su esposa, Lorraine, desde hace varias generaciones, una estructura de piedra enclavada en un olivar con vistas al macizo del Luberon. En los antiguos establos, la parte más antigua de la casa, se encuentra la sala de estar. «Su diseño tenía dos requisitos: nada que fuera demasiado lujoso ni que rompiera la armonía del arco de piedra original», que domina un lado de la estancia. «Todo es natural. Nos encanta la modestia en este tipo de casas. Queríamos conservar el espíritu de la casa original y añadir nuestro toque a lo que ya había», afirma.

Tyson Strang y Tatiana Baibabaeva, la pareja que conforma el estudio español Terra Coll Home, emplearon una moderación similar a la hora de renovar una finca de más de trescientos años ubicada en las colinas de Mallorca que han convertido hoy en su hogar. Estos creativos artistas vieron poesía en las líneas inclinadas de madera y piedra del edificio y restaurarlo se convirtió en una obra de amor. En el gran salón de la casa, por ejemplo, reacondicionaron ciertos elementos, como la chimenea de piedra, construyeron dos bancos de piedra, terracota y yeso a mano y aplicaron a las paredes un revestimiento novedoso de cal en un tono que simulaba el del duro paisaje. «Queríamos mantener la idea de una granja construida por necesidad a partir de los elementos de la campiña circundante», explica Strang sobre su trabajo.

Andrew Sheinman, del estudio neoyorquino de diseño interior Pembrooke & Ives, también tuvo la suerte de dar con una casa en la isla griega de Serifos, en el mar Egeo. En el salón, su idea era aprovechar la paleta de colores del entorno, así que encalaron las paredes y forraron la habitación con bancos tapizados en azul. «Es muy luminoso, nos encanta estar ahí», dice sobre su refugio familiar. «Es hipnótico ver a los ferris y los barcos pasar frente a la ventana a lo largo del día».

El arquitecto Manuel Villanueva y el diseñador Oro del Negro, del estudio Moredesign, también se inspiraron en el paisaje para diseñar una casa de vacaciones en Mallorca, en la que aprovecharon los tonos arena y ámbar del suelo y la piedra de la isla. «Siempre tratamos de entablar un diálogo entre la naturaleza y los espacios que habitamos», explica Tille del Negro, que dirige More Decor, el equipo de interiores independiente de la empresa. El encanto del resultado, añade, reside en «utilizar materias primas naturales de la isla y aceptar las imperfecciones propias de la artesanía». El conjunto también se caracteriza por su atemporalidad. «Nos centramos en materiales que envejecen bien», concluye. Eso suponía utilizar piedra local de Binissalem, un pigmento texturizado conocido como «pintura de tierra» de la empresa española Fetdeterra y apliques de luz fabricados con cerámica adquirida en el mercadillo local de los domingos.

Por su parte, cuando el arquitecto napolitano Giuliano Andrea dell'Uva se dispuso a rediseñar el interior de una casa de campo en Marina Grande, cerca del puerto de Capri, se basó en la «memoria estética» de la propia estructura. «Todo el proyecto se inspira en las vistas al mar y en la vitalidad del puerto», explica. «Incluso con mal tiempo, las vistas son espectaculares». Dell'Uva se decantó por los colores fuertes, como el azul marino, el verde agua y el blanco, y los utilizó en bloques planos para resaltar ciertos elementos. «Estos tonos armonizan con el entorno y sacan partido de la inconfundible luz mediterránea», afirma. Las superficies brillantes, como el cristal, el metal y la cerámica, dan todavía más vida a la estancia, a la vez que remiten al resplandor del mar que entra por las ventanas.

Durante el *boom* urbanístico de Los Ángeles de la primera mitad del siglo XX, ciertos estilos, como los inspirados en el Mediterráneo, se pusieron de moda. «Como Los Ángeles es un lugar soleado junto al océano, es inevitable que tenga un cierto aire mediterráneo», apunta el diseñador neoyorquino Billy Cotton. Por eso recurrió a estas influencias para rediseñar una casa de 1927. «Teníamos en mente un estilo de vida mediterráneo, pero más urbano», explica. «La tela del sofá es de Mallorca y la alfombra marroquí, pero también hay elementos y toques italianos», añade. La ventaja del estilo mediterráneo «es que proporciona el lienzo perfecto para casi cualquier cosa: admite una amalgama increíble de formas de diseño».

BILLY COTTON
CASA EN BEVERLY HILLS
LOS ÁNGELES, CALIFORNIA, EE. UU.
2020

La flexibilidad es el ingrediente clave en los interiores del diseñador afincado en Manhattan Billy Cotton, que tan pronto rozan lo clásico y lo formal como se vuelven divertidos e idiosincrásicos. Esta versatilidad no solo lo ha convertido en una figura imprescindible para los entendidos del mundo del arte, incluida la artista Cindy Sherman, sino que lo colocó durante un tiempo al frente de Ralph Lauren Home. Cuando una pareja de productores de cine le pidieron que rediseñara su casa de estilo colonial español de 1927 en Beverly Hills, buscaban la enorme recursividad de su abanico estético, caracterizado por el respeto por el pasado y su mezcla con la chispa del momento. Con idea de refrescar el aspecto sobrio y oscuro del salón, «lo pintamos de blanco para refractar la luz y aportar luminosidad a la habitación, y recurrimos a las influencias mediterráneas». Después añadió una gruesa alfombra marroquí con motivos geométricos, que le permitió crear un fondo neutro que pone de relieve los muebles y accesorios. Entre ellos, se incluye un conjunto de sofás modulares Camaleonda de terciopelo amarillo, diseño de Mario Bellini, y un par de tumbonas P3 de ratán de la década de 1960, de Tito Agnoli. Las delicadas sillas de jardín Gio Ponti de metal pintado de blanco, ubicadas cerca de la mesa de *backgammon*, reverberan la estructura metálica de la lámpara de araña de estilo Jean Royère que pende en el centro. Originalmente, la pared del fondo tenía una estantería empotrada, dice Cotton, «que estorbaba visualmente cuando los visitantes entraban en la habitación». Quitó las estanterías y dejó un amplio espacio para poder exhibir obras de arte. Un cuadro de Laura Owens y una escultura de neón de Tracey Emin aportan un toque de frescura, pero la verdadera esencia mediterránea emana de la tela mallorquina y el banco repleto de cojines del fondo, muy setentero, cuya estética recuerda a la casa de Yves Saint Laurent en Tánger.

PATRICK FREY
CASA FAMILIAR JOIE DE VIVRE
LUBERON, FRANCIA
2012

Cuando uno forma parte de un negocio familiar dedicado al textil desde hace generaciones, cabe esperar que los tejidos coloridos y táctiles desempeñen un papel crucial en su hogar. Pero para Patrick Frey, heredero de la legendaria casa francesa de tejidos Pierre Frey, que su padre fundó en 1935, una tapicería exquisita es solo uno de los muchos detalles que destacan en la bastida de piedra del siglo XVIII donde pasa el verano. La finca, que pertenece la familia de su esposa, Lorraine, desde hace varias generaciones, está enclavada en las colinas de la región francesa del Luberon. El salón se encuentra «donde originalmente se guardaban los animales», explica Frey, actual director de Pierre Frey, donde empezó a trabajar como director artístico en 1969 y que hoy en día comercializa también papel pintado y muebles. «El suelo era de tierra y la puerta daba al campo. Los propietarios dormían en un desván arriba, al calor de los animales que descansaban debajo». En la actualidad, el característico techo abovedado no alberga ganado, sino piezas tan chic y confortables como un sofá diseñado especialmente para este espacio y un par de sillas Litho de Guillaume Delvigne, ambas recubiertas de tela jaspeada de Pierre Frey. «Tapizamos las sillas de dos colores diferentes para darle un toque más interesante al espacio», dice Frey de los tonos arena y beis que parecen interpelar al arco de piedra que las enmarca. «La mesa de centro del siglo XVIII es de los padres de Lorraine y tiene un precioso tablero de madera de parqué de Versalles», añade. Las piezas decorativas del aparador Julie Prisca situado al fondo, seleccionadas por su belleza y naturaleza artesanal, incluyen una lanza de hierro forjado de la República Democrática del Congo y un tocado de plumas de Papúa Nueva Guinea. Las madejas de cordel natural encontradas en los mercadillos locales de antigüedades a lo largo de los años forman un bodegón sobre la mesa de centro, un poético recordatorio de las raíces textiles de la familia Frey y de los sencillos placeres que pueblan un valle no muy alejado del mar.

TERRA COLL HOME
FINCA EN MALLORCA
MALLORCA, ESPAÑA
2022

Superficies envejecidas, texturizadas, orgánicas y sin tratar: estas pocas palabras condensan la estética de Tyson Strang y Tatiana Baibabaeva, la creativa pareja que compone el estudio Terra Coll Home. En 2022 se trasladaron de Nueva York a la isla de Mallorca, donde se han construido una vida de cuento de hadas en una finca de más de 300 años que reformaron con mucho amor. Después de eliminar todo lo que no parecía natural, sellaron las paredes con *tadelakt*, un revestimiento decorativo de cal típico de Marruecos con un acabado brillante impermeable. Los suelos se diseñaron con piedras de río incrustadas en una mezcla de cemento y arena local para reflejar los colores de la ladera mallorquina. En el dormitorio, en su día un pajar, la luz entra a raudales por una ventana doble, acentuando los remolinos del empedrado y la celosía que decora la plataforma de obra sobre la que reposa la cama. Los apliques de la puerta y de la cama se hicieron, respectivamente, con una cesta y una teja vieja. «Las cosas son básicas, naturales, antiguas y desgastadas», dice Strang. En el salón, «construimos los bancos nosotros mismos. Tradicionalmente, la zona del hogar tenía un fuego abierto para que las familias se sentaran a su alrededor las tardes de invierno. Queríamos que este espacio siguiera cumpliendo esa misma función», continúa. «La luz del Mediterráneo, la antigüedad y la pátina de la madera curtida por el humo y los materiales cálidos y naturales contribuyen a generar la sensación de entrar en una casa antigua». La mesa de trabajo y el lavamanos de piedra tallada a mano, colocados cerca de la ventana, son originales. Este proceso transformativo no solo culminó en un hogar de ensueño para esta pareja, sino para los dos hijos que han llegado para ampliar la familia.

MORE DECOR
CASA EN MALLORCA
MALLORCA, ESPAÑA
2017

El arquitecto Manuel Villanueva y el diseñador Oro del Negro, el reflexivo dúo que lidera el estudio mallorquín Moredesign, han hecho suyas las técnicas artesanales de las islas Baleares y las han actualizado. Desde que abrieron su estudio en 2011, han ido perfeccionando una estética tradicional abierta a la modernidad que combina las curvas suaves y los materiales naturales con una sobriedad minimalista. Tille del Negro, la esposa de Oro, dirige More Decor, la división de interiores de la empresa que se encarga de trasladar su estética fresca al mobiliario y la decoración de los proyectos. Esta sinergia creativa queda patente en la casa de vacaciones que construyeron en Deià, un pueblo de montaña situado en la costa noroeste de Mallorca. «Siempre intento proponer una relación metafórica con el entorno», explica Tille sobre el enfoque del estudio. «Mi idea es conectar los elementos (la tierra, las montañas, el paisaje marino y la luz) con la paleta de colores y la elección de los materiales. Al introducir la naturaleza en los espacios, creamos un sentimiento de pertenencia». El tono avena de los muros exteriores de piedra combina a la perfección con la falda de la montaña. Las vigas del techo recuperadas y las grandes losas de origen local completan las pinceladas de rusticidad y sofisticación. La pintura de las paredes «incluye componentes de tierra natural que imitan las construcciones vernáculas en piedra», añade. «La mesita de centro y la del comedor están hechas de nuestra piedra local favorita, de Binissalem, y las lámparas y la escultura son de cerámica reutilizada». En relación con la esencia de los espacios, señala también: «Nuestros hogares son a menudo lugares de evasión, donde nos juntamos para conectar con el mundo natural. Y es que estamos "buscando siempre la soledad, el paraíso"».

GIULIANO ANDREA DELL'UVA
CASA EN CAPRI
CAPRI, ITALIA
2018

El contexto lo es todo para Giuliano Andrea dell'Uva, un destacado arquitecto napolitano que, desde que abrió su estudio en 2004, ha perfeccionado el arte de combinar pasado y presente en sus interiores. Antes de intervenir en un espacio, sopesa la historia, la estructura arquitectónica y el entorno natural de cada edificio o, como él lo llama, su «memoria estética». Un claro ejemplo es esta casa de campo en la localidad costera de Marina Grande, en la isla de Capri, «totalmente proyectada y orientada hacia el mar». El arquitecto rediseñó los interiores sin perder de vista su sencillez original, pero refundió las paredes encaladas del interior al añadir una franja azul marino, un toque contemporáneo inspirado en las tradicionales molduras de pared. «La franja azul se inspiró en las antiguas casas de los campesinos, donde había *lambris* [estrechos paneles de madera] en las paredes». La paleta de colores subraya las impresionantes vistas del mar Tirreno, al igual que los azulejos cerámicos de color aguamarina de Vietri (un material habitual en las casas de Capri desde la década de 1950) que recubren la campana. «Todo está perfectamente equilibrado», señala dell'Uva refiriéndose a la interacción de luz y color en la habitación». Un sofá Ghost blanco de Paola Navone, una butaca Hang azul marino de Chris L. Halstrøm y un reluciente trío de mesas de cristal hechas a medida acentúan el ambiente marino, mientras que una lámpara de suspensión VV Cinquanta de Vittoriano Viganò y otra de pie de hierro y cuerda diseñada por el propio dell'Uva le confieren un toque minimalista. En la pared, sobre el sofá, cuelga un letrero de neón, *Soleil* (Sol), de Umberto Pintore, un homenaje al elemento que contribuye a la luminosidad de la estancia: el sol.

PEMBROOKE & IVES
VILLA CICLÁDICA
ISLAS CÍCLADAS, GRECIA
2018

A Andrew Sheinman le gusta decir que un diseño es la suma de sus detalles. Desde que en 1987 abrió su estudio en Manhattan, Pembrooke & Ives ha diseñado muchos espacios: desde clubes de campo en Palm Beach hasta proyectos residenciales en Nueva York o viviendas privadas en Aspen, el Caribe, los Hamptons, Miami o Grecia. En cuanto al grado de intervención, lo tiene claro: está dispuesto a diseñar hasta los cubiertos. Por eso no es ninguna sorpresa que, cuando diseñó su retiro familiar en la isla egea de Serifos, su obsesión por el detalle fuera de nuevo su motor. Se trataba de una robusta estructura de piedra situada en un risco de piedra muy cerca de la playa. Cambió las ventanas, puso suelos de hormigón y escalonó el jardín, donde crecen limoneros, higueras y olivos. «El clima es muy duro, entre los fuertes vientos y el calor abrasador; había que tenerlo en cuenta en el diseño», advierte. «El salón, con ventanas en tres lados, facilita mucho la ventilación, y los nuevos suelos de hormigón también ayudan a mantener fresco el ambiente». Los sofás bajos, hechos a medida y tapizados en un algodón azul egeo con un alegre ribete blanco, bordean las paredes encaladas y sin desbastar. «Los muros originales eran de piedra local vista de color natural, pero nos pareció que oscurecían la estancia y la asemejaban a una cueva». Encalar las paredes aportó luminosidad y «ayudó a vincular la habitación con la clásica paleta azul y blanca de las islas Cícladas». Entre las piezas de mobiliario y los objetos más emblemáticos hay una butaca *vintage* Grand Repos de Guillerme et Chambron, una lámpara Marseille de Le Corbusier y, en un guiño a sus raíces inglesas, una copia del retrato de la reina Isabel II de Andy Warhol, cuyo sereno semblante resulta casi tan hipnótico como el horizonte. Una hilera de apliques Marseille de Le Corbusier bordea el pasillo que conduce al comedor, donde aguarda unas sillas de comedor Guillerme et Chambron. Un par de bancos de acero soldado del metalúrgico Doug Meyer ofrecen espacio en la parte inferior para guardar los zapatos, llenos de arena, al entrar.

MINIMALISTA

«Siempre me han atraído los espacios despejados, esos que puedes recorrer con la mirada sin interrupciones», explica John Pawson, el arquitecto británico que desde la década de 1980 ha contribuido a situar el minimalismo en el mapa. «Me reconfortan los ambientes en los que todo gira en torno a la luz, las proporciones, las superficies y la atmósfera. Si esto está en equilibrio, no hace falta nada más».

En Occidente, el minimalismo existe desde los comienzos de la era moderna, cuando una nueva generación de creadores abandonó la exageración y la frivolidad de la ornamentación para inclinarse por una expresión más pura de la estructura y el espacio. «Menos es más», la famosa máxima de Mies van der Rohe, se materializó en la elegante sobriedad de sus diseños para el Pabellón Alemán de Barcelona, la Casa Farnsworth de Chicago y el edificio Seagram de Nueva York, entre otros.

Van der Rohe tuvo muchos discípulos tanto a nivel estilístico como intelectual a finales del siglo xx; Pawson es uno de los más destacados. «Cuando diseño, nunca me pregunto qué más puedo añadir, sino qué margen tengo para quitar», expone. «Para mí, la tranquilidad y el bienestar emanan de la sencillez y la claridad».

El arquitecto Iker Ochotorena, desde Madrid, defiende el razonamiento teórico que subyace detrás de esta tendencia. «Ponemos el vacío en valor. El vacío entendido como la atención a su proporción con respecto a la masa», explica. Y señala que en una sala de estar madrileña colgó solo un cuadro (que él mismo había pintado) a un lado de la pared y no en el centro, como es habitual. No es una incongruencia, apunta. A su juicio, las ventanas tienen el mismo valor que el arte, por lo que la disposición de los elementos le resulta equilibrada. De este modo, el vacío se convierte en un punto intermedio, un lugar de reposo entre los distintos estímulos visuales. «En eso consiste el control del vacío», concluye.

La estética japonesa tiene desde hace tiempo una esencia minimalista que se hace patente en multitud de espacios tradicionales, como los tatamis y los jardines de arena. Una de las grandes abanderadas de este estilo es Mariko Mori, cuya casa en la isla japonesa de Miyako es un ejemplo de pureza. «Quería crear un entorno diáfano y despejado que dejara espacio para la vida interior y la contemplación», explica. «Cuando meditas, el espacio interior es tan vasto como varios universos. Se expande hasta el infinito. Quería que mi hogar fuera justo así: un lugar sin límites».

Para Axel Vervoordt, los espacios adquieren un peso espiritual cuando se limita su contenido y su paleta de colores. Este diseñador belga fue uno de los primeros en llevar a la práctica el concepto del *wabi-sabi* en Occidente, la búsqueda de la belleza en lo incompleto. En el salón de una granja belga, señala, «los muebles se diseñaron para que fueran cómodos y se camuflaran discretamente entre las paredes. Nuestro estilo se ajusta a nuestra filosofía, a nuestra manera de ver la vida y no tanto a las modas. Esta filosofía incluye la búsqueda del espíritu universal». Vervoordt cree que el arte de verdad es atemporal y que es importante rodearse de obras y objetos que no solo condensen la esencia de la época en la que se crearon, sino que trasciendan el tiempo. En este sentido, afirma que «sus proyectos destilan respeto por la armonía y el equilibrio dentro del arte, la arquitectura y la naturaleza».

The New York Times se refirió en una ocasión a la obra de Deborah Berke, arquitecta neoyorquina y decana de la Escuela de Arquitectura de Yale, como «minimalismo con inteligencia emocional».[1] Como explica la propia Berke, «el minimalismo con inteligencia emocional no solo interpela a la mente, que busca rigor y claridad, sino al corazón, que busca rigor y claridad impregnados de alma, sentimiento, atención y calidez. Intentamos plasmar esta sensibilidad en todos nuestros proyectos». En relación con una casa en Indianápolis que diseñó con su firma, TenBerke, añade: «Se percibe sobre todo en la naturaleza y la calidez de los paneles de madera que rodean la cocina y que conservan todas las marcas del paso del tiempo. Los entornos cuidados que no plantean retos ni generan inquietud, sino que simplemente relajan, proporcionan una sensación de paz».

El arquitecto noruego Espen Surnevik observa que, en ocasiones, lo que podría percibirse como minimalista no lo es en absoluto. Cuando instaló una casa contemporánea sobre los cimientos de un cobertizo para barcas que tenía unos doscientos años, quería que la conexión entre los siglos resultara «lógica, incluso para un niño». Lo paradójico es que, según cuenta, ese espacio tan sencillo necesitó muchas soluciones ingeniosas para dotarlo de las comodidades de la vida moderna. «La casa parece sencilla a primera vista, pero entraña una enorme complejidad».

1 Lasky, Julia. «Modernist Magic in Indiana». *The New York Times*, 5 de octubre de 2017.

MARIKO MORI
CASA DE LA ARTISTA
MIYAKO, OKINAWA, JAPÓN
2021

El feminismo, el ritual, la ciencia y la naturaleza son temas esenciales en la obra de la artista multidisciplinar japonesa Mariko Mori. La casa que ha construido en la isla japonesa de Miyako parece una extensión de su práctica artística. La vivienda se encuentra en un risco sobre una cala de arena con vistas al mar de la China Meridional y recibe el nombre de Yuputira en honor a un dios local del sol. Su diseño se inspira en las formas del coral blanqueado por el sol que el mar arrastra a la orilla. «Quería dejar espacio para la contemplación, representar un espacio sin límites», comenta. Desde la década de 1990, la artista viste únicamente de blanco y ha revestido su casa con una paleta similar. A pesar de su funcionalidad intrínseca, la cocina parece sacada de otro mundo, con sus suelos cubiertos de un luminoso vinilo blanco, un disco retroiluminado suspendido en la pared y una línea de LED que da luz al arco del techo como si de una corriente eléctrica se tratara. Los armarios blancos resultarían casi imperceptibles de no ser por sus discretos apliques de acero inoxidable. Una solitaria ventana de ojo de buey convierte las vistas del exterior en un paisaje extraterrestre, completamente ajeno al espacio, a la vez que dibuja un haz de luz circular en el suelo. «Aquí me siento segura y protegida», explica Mori de su morada isleña. «Es algo muy primario. Por la noche, la iluminación me hace sentir como si estuviera en una nave espacial».

AXEL VERVOORDT
CASA GRANERO EN EL FUERTE DE SAN FELIPE
FUERTE DE SAN FELIPE, BÉLGICA
2010

Hace tiempo que el nombre de Axel Vervoordt resuena con admiración entre los expertos en diseño. Este empresario, galerista y diseñador de interiores belga inició su carrera como anticuario: en 1969 vendía muebles y obras arte desde su casa de Amberes. No fue solo su extraordinaria intuición para los objetos lo que le granjeó admiración inmediata, sino la elegancia con la que presentaba sus hallazgos como bodegones minimalistas y su capacidad para transformar creaciones milenarias en obras de arte contemporáneas. Su predilección por rodear los objetos de espacio y dejar que respiren se ha trasladado con facilidad al diseño de interiores. Buen ejemplo de ello lo encontramos en el salón de visitas de un antiguo fuerte belga del siglo XVII cerca de Brujas. «Se trata de una casa granero tradicional instalada en el paisaje flamenco, suave y llano», explica. «En el suelo instalamos tablas de roble lustrado y en las paredes aplicamos cal pura con un rodillo, lo que genera un juego de luces muy artístico y especial en ambas superficies». Al reducir el espacio a sus formas geométricas más elementales, el color acentúa la sucesión de las vigas del techo y la silueta invertida de los peldaños en un extremo. La tapicería blanca parece convertir los muebles en esculturas. Un par de sillones *os de mouton* franceses del siglo XVIII están tapizados en lino del siglo posterior. El sofá Brian Max, enfundado, los sillones Mary y la mesita auxiliar, a juego con un tablero de madera del siglo XVIII con armazón de hierro contemporáneo, son todos diseño de Vervoordt. Incluso los cuadros de la sala, *Lichtsirene* (Sirena de luz) (1959-1960) de Otto Piene a la derecha y *Superficie Bianca* (1967) de Enrico Castellani a la izquierda, consolidan el diseño minimalista de Vervoordt con sus paletas monocromáticas.

JOHN PAWSON
CASA EN UNA GRANJA
COTSWOLDS, REINO UNIDO
2019

«Observar el impacto de la luz en el espacio arquitectónico es una de las grandes satisfacciones de la vida», afirma John Pawson, arquitecto y diseñador británico venerado entre los aficionados al arte de la sobriedad. Pawson lleva practicando el minimalismo desde que fundó su firma londinense en 1981. Pasó cinco años remodelando una serie de viejas estructuras de piedra y madera, algunas de principios del siglo XVII, para convertirlas en un hogar para su familia en una finca de casi diez hectáreas en los Cotswolds. La directriz de este diseño es el efecto de la luz natural dentro de los edificios, fuera de ellos y en sus superficies. Primero amplió el edificio principal, que llegó casi a duplicar al conectarlo con un segundo granero, y luego optimizó el interior. El gran salón actúa como «una caja de luz, enorme y relajante, cuya esencia cambia con las horas del día, el tiempo y la época del año». El arquitecto puso suelos de terrazo de hormigón gris. También se las ingenió para dar con una madera de olmo similar a la original de la casa y revistió las paredes con un enlucido de cal blanca que refleja la luz moteada que se filtra a través de las puertas de cristal. Como a él y a su mujer, Catherine, les encanta cocinar, hay una cocina en cada extremo de la casa, una cerca de un huerto que les provee de productos frescos en verano. El mobiliario de la sala incluye una mesa de comedor, un trío de lámparas Sleeve, diseñadas por él mismo, unas sillas Wishbone de Hans Wegner y tres sillas 84 de Donald Judd, quien también destacó por su sobriedad. Una sala adyacente, destinada en su día a separar el grano, tiene una cama de día de abeto de Douglas de 1979, de Judd, una silla 512 plegable de Wegner y una mesa de centro Span con superficie de mármol de que él diseñó. En la cocina pequeña, una mesa diseñada también por él y cuatro sillas Church que Kaare Klint diseñó para Fritz Hansen se camuflan con el revestimiento de olmo. En un estante reposan la vajilla y los utensilios básicos para cubrir las necesidades diarias.

TENBERKE
CASA EN NORTH PENN
INDIANÁPOLIS, INDIANA, EE. UU.
2016

Además de ser la decana de la Escuela de Arquitectura de Yale, Deborah Berke es la fundadora de TenBerke, una firma conocida por sus interiores minimalistas, apacibles y serenos. Los diseños de la firma se caracterizan por su materialidad y su profunda conexión con el lugar, como muestra una construcción de 2016 en la que Berke y su equipo trabajaron en Indianápolis, Indiana. La estructura de acero, zinc y caoba, de una sola planta, está situada en una finca arbolada de casi cinco hectáreas que desciende hacia un prado. En el comedor, los paneles de madera de pino reutilizada revisten algunas de las paredes en un guiño al paisaje exterior. «Está perfectamente cortada, fresada e instalada», dice Berke de la madera, rescatada de un antiguo árbol de la zona. «Pero también evidencia sus defectos: sus nudos, sus manchas y el rastro de los años que se ha usado». En la cocina instaló una pared de azulejos azul celeste detrás del fregadero y la zona de fuegos. «El esmalte azul presenta variaciones y muchos de los azulejos tienen una ligera curva o doblez», detalla. «La cerámica atrapa la luz y parece que la pared brilla. Así, al igual que con los paneles de madera, ponemos de relieve la belleza de las imperfecciones». Un conjunto de sillas de comedor giratorias Koi K2 rodean la mesa, que pertenecía al cliente, y crean una danza de discretas curvas. Un torrente de luz entra por las amplias correderas de cristal y rebota en el suelo tostado de piedra caliza de Indiana, disparándola hacia el interior blanco y agudizando el contraste de las líneas y los ángulos depurados. En el techo, una sencilla araña de latón y porcelana Branching Disc de Lindsey Adelman alude discretamente al entorno boscoso de la casa.

OOAA ARQUITECTURA
CASA SALUD
MADRID, ESPAÑA
2020

Iker Ochotorena no se considera minimalista, sino un «creador de vacíos y volúmenes cuidadosamente tallados», en sus propias palabras. «El vacío es la esencia del espacio arquitectónico, lo habitable», explica. «No habitamos la pared ni el sofá; habitamos continuamente el vacío, lo que queda en medio». Ochotorena comenzó a asumir proyectos cuando aún estudiaba en Madrid y abrió OOAA Arquitectura nada más graduarse, en 2011. Su objetivo es «resaltar el valor del vacío mediante un cuidadoso equilibrio con las partes llenas. Una vez que he conseguido crear vacíos interesantes con proporciones cuidadas, paro. No sigo añadiendo cosas». El salón de un piso situado cerca de la Gran Vía madrileña da buena cuenta de la rigurosa metodología de este arquitecto. Su aspecto monocromo de color hueso aporta paz visual y oculta la complejidad del diseño. Los acabados artesanales de cal utilizados en los techos y las paredes son habituales en muchos de sus proyectos. Por otra parte, el revestimiento de las paredes con paneles de lino crea la ilusión de una cornisa clásica cuando se juntan con el techo. En los suelos, utilizó un microcemento fino que imita la tactilidad de las paredes y da sentido al diseño en su conjunto. El escaso mobiliario de la habitación incluye un sofá forrado de lino, un sillón redondo y una otomana al estilo de Christophe Delcourt, así como una lámpara Daphine de metal negro de la década de 1970, obra de Tommaso Cimini. El propio Ochotorena diseñó la mesa de centro de piedra negra y la alfombra de lana, y también pintó la única obra de arte de la habitación, cuyo tema es el vacío.

ESPEN SURNEVIK
CASETA PARA EMBARCACIONES EN NORUEGA
ISLA DE SOKN, NORUEGA
2020

Espen Surnevik es un experto en configurar espacios sobrios con originales formas geométricas en perfecta conexión con el entorno. «El minimalismo tiene la capacidad de crear espacios en los que la vista y el cerebro se pueden relajar», explica este arquitecto noruego, que abrió su firma en 2011 en la capital noruega, donde es profesor de la Escuela de Arquitectura y Diseño. «La ausencia de elementos nos invita a contemplar y asimilar mensajes importantes a partir de unas pocas soluciones bien desarrolladas». Esta filosofía se plasma con claridad en el diseño de esta pequeña casa de vacaciones, construida sobre los cimientos de un antiguo cobertizo para guardar botes de pesca en la isla noruega de Sokn. «Es una zona que se remonta a la época vikinga», añade, y describe los numerosos muros de morrena de la isla como «las huellas dactilares del paisaje». Conservó la base original de morrena de la antigua estructura y construyó sobre ella un armazón de zinc oxidado con puertas correderas de cristal y tejas de zinc negro para respetar la silueta de otros cobertizos cercanos. Los interiores son de pino «porque era casi la única madera que se usaba aquí antes de 1850», explica. «Un edificio nuevo levantado con materiales tradicionales crea un vínculo extraordinario con el pasado». Una única habitación sirve de cocina, comedor y sala de estar. El espacio tiene un diseño tan depurado que los pocos electrodomésticos modernos que incluye pasan casi desapercibidos. Una cuadrícula de absorbentes acústicos en el techo garantiza que incluso el ambiente sonoro del interior, por completo de madera, resulte tranquilo y reconfortante. Una puerta de pino camufla el frigorífico y un par de paneles negros ocultan el televisor. Survenik diseñó un único mueble multiusos para que sirviera de anclaje central de la sala. El respaldo de la amplia tumbona de madera se desploma hacia abajo y se convierte en el asiento de una mesa adosada al otro lado. El mismo concepto minimalista preside el diseño de la pared de cristal de la habitación que mira al agua, que ofrece unas vistas apacibles desde el interior.

MODERNO

El estilo moderno (tal como se entiende en España el término «moderno», puesto que en Latinoamérica y los países anglosajones se conoce como modernismo) sigue profundamente arraigado en el movimiento que surgió durante las primeras décadas del siglo XX, cuando el auge de la industrialización y la tecnología cambiaron la forma de ver nuestros hogares y los objetos que contenían. Atrás quedaba la ornamentación victoriana del siglo XIX, sustituida ahora por espacios depurados y funcionales, basados en materiales como el acero, la madera contrachapada y el plástico, que hacían los diseños más ligeros, elegantes y sencillos. Según la corriente moderna, era posible construir una vida mejor a través de un mejor diseño. Las décadas posteriores, los primeros dictados modernos se volvieron menos rígidos, más flexibles y democratizados. En algunos casos, como en el diseño escandinavo, se adoptaron materiales orgánicos, como la madera, la piedra y el cuero, para rebajar la crudeza de los espacios. En lugar de paredes, los planos diáfanos utilizaban muebles para separar las zonas y permitir que los espacios se inundaran de luz y de aire. En cuanto al color, se favoreció una paleta neutra o restringida de blancos, beis y negros que confería protagonismo al mobiliario.

«El diseño de mediados de siglo sigue siendo arquetípico debido a su estética atemporal, su versatilidad y su compromiso inquebrantable con la funcionalidad», afirma el diseñador Giampiero Tagliaferri, cuya casa de Silver Lake está repleta de tesoros vanguardistas. «La calidad y la delicadeza de las piezas fabricadas a mediados de siglo subrayan su longevidad y se hacen eco de la idea contemporánea de la sostenibilidad». Para Tagliaferri, estos diseños despiertan una sensación de «nostalgia y aprecio por lo retro» que interpela a los coleccionistas, entre los que se incluye. Lo chic y lo pragmático son inherentes al estilo *Mid Century*, a caballo entre la historia y la modernidad, una esencia que encaja a la perfección en «el tapiz del ecléctico panorama del diseño actual».

Pamela Shamshiri también valora la vigencia de este estilo en el diseño presente. «Sigue teniendo sentido porque hace hincapié en la experiencia individual», afirma la diseñadora. «Es un homenaje a la humanidad, ya que su principio más básico es la libertad: la libertad de desmarcarse de los valores tradicionales». Cuando habla de su antiguo salón, en una casa diseñada por Rudolph Schindler en 1948, dice: «Celebra la frugalidad, la geometría y la intimidad mediante el empleo de materiales sencillos, como la madera contrachapada y el acero inoxidable, para vertebrar una cómoda cueva a escala humana desde la que contemplar la naturaleza circundante». Shamshiri conservó gran parte del diseño original de Schindler y mantuvo algunos detalles, como la pared de la chimenea revestida de acero inoxidable. «Siempre nos inspiramos en el pasado del lugar, en las imágenes y prácticas del ayer y miramos al mañana con ojos nuevos. Es a la vez un guiño a la historia y una visión romántica de la vida contemporánea».

Algunas tendencias modernas de la actualidad guardan un enorme parecido con el espíritu original. Cuando los arquitectos noruegos Frank Trømborg Bjørnsen y su esposa, Gøril Joakimsen, compraron una casa de ladrillo de la década de 1960 en la ciudad portuaria de Drammen, a menos de una hora en coche al sudoeste de Oslo, estaban decididos a respetar su pasado. Además de arquitectos, son abnegados coleccionistas de mobiliario moderno de mediados de siglo, de modo que se produjo la sinergia perfecta entre las personas y la estructura. «Los diseños modernos son atemporales y a menudo resultan más vanguardistas que los interiores contemporáneos», asegura Bjørnsen. «La calidad de los materiales y de la construcción, combinada con la funcionalidad y la belleza pura, despierta sensaciones primarias. La simplicidad del diseño moderno se adapta a cualquier espacio y época».

El diseñador neoyorquino Andre Mellone no podría estar más de acuerdo. «Creo que, en general, la gente se siente atraída por la sencillez de las formas y el sentido común. Mi proceso no es tan meditado. No me preocupa tanto hacer algo moderno como crear una composición que resulte armoniosa». Eso es lo que hizo con la casa de una familia en São Paulo y lo que él denomina su «colección escaparate» de iconos del diseño del siglo XX. Mellone explica que todas las habitaciones tenían un gran valor sentimental para la familia. Solo el salón presenta un impresionante conjunto de piezas de diseñadores modernos, como Pierre Jeanneret, Joaquim Tenreiro, Frank Lloyd Wright, Adolf Loos y Jean Royère.

La carrera de la galerista Cristina Grajales ha gravitado en torno a los diseñadores de mediados de siglo y sus discípulos contemporáneos. «El estilo moderno ha seguido vigente por sus líneas depuradas y la sencillez de sus piezas. Es accesible y fácil de entender. Los diseños modernos se caracterizan por su serenidad, por dejar espacio para pensar y crecer». Su segunda residencia, en el norte del estado de Nueva York (una caja de cristal diseñada por Thomas Phifer e inspirada en las de Mies van der Rohe y Le Corbusier) alberga, entre otras joyas, un juego de sillas de comedor Revolt de finales de la década de 1960 del diseñador holandés Friso Kramer. Este último llevó la máxima de Sullivan un paso más allá y señaló que «si la forma no contribuye a la función, no necesita existir».

Para el diseño de su casa de Tokio, el arquitecto japonés Naoki Terada recurrió a una época muy concreta del diseño moderno. «Quería transmitir alegría a mi familia y a mis invitados, así que recurrí al optimismo y a las formas de la década de 1960». Desplegó atrevidos y brillantes tonos rojos, naranjas y amarillos en la casa, que comparte con su mujer, su hija y sus padres. Para Terada, el color es un material, igual que el hormigón, la madera o el mármol. «El color es un elemento estructural; lo elegí a la vez que diseñaba los sistemas estructurales y los espacios». El resultado de su proyecto es un hogar de ambiente festivo e inspirador, un excelente reflejo del poder que tiene el diseño para dar vida a los espacios.

NAOKI TERADA
CASA DEL DISEÑADOR
TOKIO, JAPÓN
2021

«Quería construir un hogar feliz», dice Naoki Terada. «Esa era mi prioridad. Me gustan los años sesenta: el Apolo llegó a la Luna, los Juegos Olímpicos se celebraron en Tokio y la gente todavía creía que la tecnología ayudaría a resolver los problemas del mundo». Este arquitecto y diseñador japonés, que abrió su estudio en 2003, habla de su casa de Tokio de 2021 como un santuario que comparte con su mujer, su hija y sus padres. El interior, de un blanco brillante y salpicado de alegres pinceladas de rojo, naranja y amarillo, ofrece un efecto brillante y futurista, propio de mediados de siglo. Para Terada, «el color es un elemento estructural, un material de pleno derecho, como el hormigón, la madera y el mármol». El salón principal cuenta con varios de los diseños Tulip del arquitecto finlandés-estadounidense Eero Saarinen, incluida la mesa de comedor con tablero de mármol, las sillas y la mesita de centro. No es una coincidencia, las emblemáticas piezas de este arquitecto fueron producidas a finales de la década de 1950 por Knoll Furniture, cuyas operaciones en Japón supervisa hoy la empresa de Terada. A Saarinen se unen personalidades tan destacadas como Tom Dixon (con una reluciente lámpara colgante Mirror Ball), Ron Arad (la alfombra Do-Lo-Rez para Nanimarquina), Ettore Sottsass (la máquina de escribir Olivetti de color rojo fuego) y Terada (el sofá modular Miffy de múltiples colores). Una cómoda de almacenaje USM Haller naranja sirve como encimera de la cocina, mientras que el mismo modelo en gris, a mano derecha, alberga una colección de juguetes blancos de su hija. La pieza más exultante de la sala podría ser la Living Tower de rojo tomate diseñada por Verner Panton en 1969, colocada contra la vibrante pared amarilla del rellano de arriba. Este asiento convertible pensado para la interacción, nos invita a subirnos encima o a desmontarlo. «Es una pieza que solo se suele contemplar en un museo», dice, «pero creo que es genial poder convivir con ella y usarla. Mi familia y yo la disfrutamos mucho».

ANDRE MELLONE
CASA FAMILIAR
SÃO PAULO, BRASIL
2017

«Busco crear composiciones que resulten armoniosas, tanto si sigo un único estilo como si combino varios», afirma Andre Mellone, un diseñador de origen brasileño conocido por sus interiores depurados y contundentes y por su profundo conocimiento de los iconos del diseño del siglo XX. El diseño de esta luminosa casa de São Paulo es especialmente armónico. «Los propietarios son coleccionistas, por lo que el espacio debía incluir y dar protagonismo a algunas de sus piezas», explica. Mellone colocó estratégicamente diversos grupos de muebles y los utilizó para dividir el amplio salón de la casa en zonas de estar más pequeñas, impregnando toda la escena de suaves tonos nogal, marrón topo y caoba. El espacio incluye un conjunto de piezas dignas de un museo, como un escritorio de Frank Lloyd Wright a juego con una silla de Pierre Jeanneret, un sofá cama de metal y caña de Mathieu Matégot, un taburete de tres patas de Adolf Loos, un taburete Curule de Pierre Chareau (de la propia colección de la familia Chareau), un biombo de palisandro de Charles y Ray Eames y un sillón Ox *vintage* de Hans Wegner. «Los propietarios tienen una conexión profunda con cada pieza de la casa», dice Mellone, «por lo que, aunque los objetos de la habitación son sorprendentemente grandes, nada parece forzado». A estos objetos de arte se unen muebles diseñados por el propio Mellone, es el caso de un ingenioso sofá doble unido por un único respaldo, que ocupa el centro de la sala, un cuarteto de mesas de centro inspiradas en Mies van der Rohe a la derecha y una alfombra de estilo Marion Dorn que aporta un hilo conductor a la sala a través de sus líneas suaves y colores relajantes. Las paredes, que terminan antes de la rejilla del techo de vidrio (y la pantalla que filtra la luz que se encuentra debajo de ella), no estarían fuera de lugar en una sala de un museo, lo que solo hace que aumentar la sensación de excepcionalidad que emana de los muebles del interior.

GIAMPIERO TAGLIAFERRI
CASA DEL DISEÑADOR
LOS ÁNGELES, CALIFORNIA, EE. UU.
2022

Hace solo unos años que Giampiero Tagliaferri ha empezado a cautivar a medio mundo con sus interiores cálidos y urbanos, impregnados de un estilo *Mid Century* chic moderno. Nacido en Bérgamo (Italia), se trasladó a Los Ángeles en 2016 para ocupar el puesto de director creativo de la marca de gafas Oliver Peoples. Supervisar el diseño de los espacios comerciales de la empresa le hizo darse cuenta de que tenía un don para los interiores, y una pasión, y en 2022 abrió su propio negocio. Su casa, ubicada en el barrio de Silver Lake, es una vivienda de techos bajos construida en 1939 por el arquitecto E. Richard Lind para su propio uso. Los paneles originales de madera de nogal del salón constituyen el telón de fondo perfecto para la amplia colección de muebles y arte *vintage* de Tagliaferri. «Me parece esencial introducir capas de forma coherente y evitar limitarme demasiado a un periodo de tiempo concreto en mis decisiones de diseño», afirma. «La mezcla de piezas y la tensión intencionada que se produce al combinarlas infunden misterio, frescura, modernidad y relevancia a un espacio». El sillón Elda de la década de 1960 de Joe Colombo, aquí en blanco, fue el primero en tener brazos de plástico moldeado. Cohabitan con él un par de sillas giratorias Anel con forma de rueda de Ricardo Fasanello, una fría mesita de mármol Jumbo Carrara de Gae Aulenti y cinco asientos modulares Orbis del diseñador industrial alemán Luigi Colani, con cojines de *mohair* color mostaza encastrados en bastidores blancos de madera contrachapada. La geometría de los muebles se replica en las jardineras de hormigón Saturn (izquierda) y Orion (derecha) de Adam Sirak, situadas cerca de las ventanas. «Me gusta la forma en que el arte y las macetas escultóricas entablan un diálogo con el resto de los muebles, y cómo la escultura *vintage* de madera de la tribu *senufo* se ilumina con el cálido resplandor que entra por la ventana, de color ámbar». Un cuadro azul cobalto de Cesare Berlingeri aporta luminosidad, mientras que un *collage* fotográfico de John Baldessari pone el broche de oro al espléndido montaje de Tagliaferri.

CRISTINA GRAJALES
CASA EN EL VALLE DEL RÍO HUDSON
SALT POINT, NUEVA YORK, EE. UU.
2007

No es de extrañar que cuando la visionaria galerista Cristina Grajales decidió construirse una casa de vacaciones esta fuera una obra de arte. Grajales, de origen colombiano y afincada en Nueva York, posee un ojo infalible en lo que a las obras maestras del siglo XX y el talento contemporáneo se refiere. En 2005 pidió al arquitecto del movimiento moderno Thomas Phifer que diseñara una casa en Salt Point, Nueva York, para ella y su esposa, la abogada Isabelle Kirshner. Esta estructura rectangular, situada en una cañada boscosa cerca de un estanque y una cascada, está revestida de paneles plateados de acero inoxidable perforado y en ambos extremos tiene paredes de cristal, así como claraboyas a lo largo de la línea del tejado. En el interior, la luz natural se convierte en un habitante más que se desplaza por la casa a lo largo del día y da vida a las paredes de madera de arce del salón, desde el que se ve el estanque. «Pensé mucho en los muebles de esta estancia», reconoce Grajales. «Quería un sofá de respaldo bajo que no obstruyera las vistas al agua y una mesa de comedor redonda para romper con la naturaleza rectilínea de la sala». La mesa que eligió es una pieza estadounidense de la década de 1960 con tablero de madera y base de metal inspirada en Eero Saarinen. A su alrededor, colocó un juego de sillas de comedor Revolt de 1968 del diseñador industrial holandés Friso Kramer. Hay también un par de antiguas butacas Saarinen cerca de la estufa de leña («en invierno, nunca me canso de mirar las llamas», dice Grajales) y una mesa de centro Ortofrutta de aluminio recubierto en bronce del escultor italiano Andrea Salvetti, que imita un frutero volcado. Como nexo entre el interior y el exterior hay un acogedor porche cerrado, ideal para cualquier estación.

FRANK TRØMBORG BJØRNSEN
Y GØRIL JOAKIMSEN
VILLA KARLSEN
DRAMMEN, NORUEGA
2023

Cuando se terminó de construir Villa Karlsen en 1961, se la consideró la casa más moderna de Noruega. Construida por el arquitecto Håkon Mjelva, esta casa de ladrillo con tejado plano y forma de ángulo recto está enclavada en una ladera con vistas a la ciudad portuaria de Drammen. En 2021, cuando se puso en venta, los arquitectos Frank Trømborg Bjørnsen y Gøril Joakimsen no dudaron en mudarse (junto con sus tres hijos adolescentes y sus dos gatos). La pareja colecciona muebles escandinavos y estadounidenses de lo que Bjørnsen llama «la época dorada de los años cincuenta y sesenta. Como arquitectos, es un periodo muy importante y una gran fuente de inspiración. La casa había pertenecido a la misma familia desde su construcción y la habían cuidado meticulosamente. «La arquitectura de este período es realmente audaz e individual», dice Bjørnsen, «sesenta años después, todavía parece moderna». Entre las piezas estrella del salón de Villa Karlsen hay un par de sofás Airport de Arne Jacobsen de color azul regio diseñados en 1960 para el hotel SAS Royal de Copenhague. Comparten la escena con un carro de té diseñado por Alvar Aalto, un par de butacas Safari de Børge Mogensen, una mesa de centro con tablero de madera de Charles y Ray Eames con taburetes a juego escondidos debajo y un emblemático reloj George Nelson Spindle / Spool, que se asegura de que esta familia, a la que le encanta mirar al pasado, no pierda de vista el presente. Bjørnsen y Joakimsen no se andan con miramientos a la hora de aprovechar el espacio. «No vivimos en un museo. Todos nuestros muebles y objetos están ahí para utilizarse», explica Bjørnsen, «¡pero eso no significa que los chicos puedan hacer *parkour* por los sofás!».

STUDIO SHAMSHIRI
CASA LECHNER
LOS ÁNGELES, CALIFORNIA, EE. UU.
2016

Cuando Pamela Shamshiri decidió comprar la Casa Lechner como vivienda familiar, sabía que tenía un gran reto por delante. Sin duda, la estructura de esta casa de 1948, diseñada por el legendario arquitecto californiano Rudolph Schindler y construida sobre una estructura de cristal y madera en la pared rocosa de Laurel Canyon, no estaba pasando por su mejor momento. Su diseño original se había inspirado en las cuevas de adobe de los pueblos ancestrales del sudoeste americano. Como explica esta diseñadora, que fue socia fundadora de Commune Design, con sede en Los Ángeles, antes de lanzar Studio Shamshiri en 2016, «cuando se trata de una propiedad histórica, la dificultad reside en cómo hacerla tuya y, a la vez, conservar la visión y la intención originales». La idea de Schindler, casi inapreciable ya, era construir una estructura atrevida y vanguardista con materiales humildes. «Los paneles de madera originales se habían cubierto con paneles de yeso», explica. «Hasta la chimenea de acero inoxidable se había ocultado con mármol y granito». Shamshiri sacó a la luz todos esos elementos y reconstruyó el mobiliario original, incluidos los sofás de la chimenea, que revistió de un suave *mohair* Lee Jofa de color miel. «Son más estrechos por el extremo más cercano a la chimenea para que te puedas sentar y hablar, pero más anchos hacia el otro lado para poder descansar», añade. «Utilizamos dibujos de archivo para recrear el par de carritos de té de cristal y madera diseñados por Schindler con ruedas de plexiglás». Aunque Schindler proponía instalar moqueta por todo el suelo, Shamshiri optó por el roble blanco blanqueado, más adecuado para una zona muy transitada entre el interior y el exterior. Colocó alfombras Khotan de la década de 1920 en el suelo e instaló un par de sillones Transat de Eileen Gray con un puf Dosa de cuero gris. Una silla de tablones perforados de Michael Boyd pintada de rojo añade un destello de color al fondo, mientras que la escultura de gres que se erige junto a la ventana es obra de uno de sus amigos, el conocido ceramista de Los Ángeles Adam Silverman.

Isamu Noguchi
czech cubism
DOUG AITKEN
100 YRS
Lalannes

MONOCROMÁTICO

Las habitaciones monocromáticas son toda una declaración de intenciones porque apuestan sin complejos por un único color y dejan que la intriga aflore en las texturas, el tono y los acabados. La teoría del color sugiere que cada tonalidad despierta unos sentimientos o estados de ánimo determinados: los azules y verdes tranquilizan y calman; los rojos y amarillos aportan vigor; los grises invitan a la contemplación y los blancos se asocian con la claridad y la esperanza. A la hora de trabajar con una paleta basada en un único color, la clave es el uso de capas, que transitan de las tonalidades más oscuras a las más claras, creando profundidad e interés visual. Los colores más oscuros aportan solidez a los espacios, mientras que los más claros añaden impacto visual. Por su parte, la textura influye en nuestra manera de percibir el color, porque las superficies reaccionan a la luz de forma diferente. La madera y los tejidos, como la lana o el lino, absorben la luz y le confieren un aspecto más cálido. Por el contrario, los tejidos con brillo, como la seda o el terciopelo, y las superficies lisas, como el cristal, la piedra y el plástico, reflejan la luz hacia el interior de la habitación y crean una sensación de ligereza.

La diseñadora londinense Clare Gaskin llenó de un azul rotundo el salón de una vivienda en Londres que antes era totalmente blanco. «Era una habitación fría, oscura y un poco desangelada». Sabía que optar por un tono más oscuro y muy saturado daría significado y calidez a la habitación. «Es un azul marino elegante, lleno de profundidad y riqueza». El color de la sala puso de relieve la extraordinaria suavidad de la madera que recubría la mitad inferior de la sala. En la parte superior, optó por empapelar las paredes con una fina tela de un tono similar y una textura que recuerda a una pradera marina. «La superposición de texturas interactúa a la perfección con la luz natural y artificial de la habitación», explica sobre la forma en que el color se transforma al pasar de la superficie pintada a la tela y, luego, al mobiliario, en su mayoría tapizado en lino y terciopelo.

Cuando Nicole Hollis decidió bañar de azul cobalto un comedor de San Francisco, lo convirtió en un universo paralelo que parece sacado de *Alicia en el país de las maravillas*. La sala presenta un espectacular conjunto de superficies barnizadas y pulidas, muchas de ellas realizadas por artistas internacionales de primera categoría, entre ellos Olafur Eliasson y Mattia Bonetti. Hollis añadió sus propios toques creativos, incluida la estructura de la chimenea, construida en granito azul de Brasil con marco de bronce. El intenso azul de la sala fue una petición especial del cliente, explica la diseñadora. «Mantener la habitación de un único color resulta muy impactante. El color te envuelve». Otras habitaciones de la casa recibieron paletas igualmente singulares, como el vestidor verde turquesa decorado con una psicodélica plantilla fosforescente.

El rosa que la diseñadora Paris Forino utilizó en una cocina del barrio neoyorquino de Tribeca también fue un requisito de los clientes. «A mí me encanta el rosa, así que fue un placer», reconoce Forino. «Es a la vez alegre y bonito. A mucha gente le pone de buen humor». De hecho, fue el color dominante en la mayoría de las habitaciones del *loft* de cerca de 400 metros cuadrados. Las paredes del salón están cubiertas de papel pintado de color rosa; también en el baño principal hay una gama de rosas, desde los azulejos *zellige* esmaltados hasta las paredes encaladas a mano, y en el dormitorio principal predomina el rosa ceniza en las alfombras, el papel de pared y la estructura de la cama tapizada.

Los espacios totalmente blancos se han convertido en la carta de presentación del diseñador Darryl Carter, afincado en Washington D. C., que aprecia la facilidad con la que las habitaciones blancas se adaptan a cualquier estilo o época. El salón de una casa en Virginia inspirada en la arquitectura georgiana con un toque contemporáneo es un claro ejemplo de su característico enfoque. «Trabajar con una paleta monocromática es más complicado de lo que parece. Son entornos implacables en lo que todo queda a la vista. Sin los toques adecuados, pueden resultar demasiado fríos». En este caso, esos toques se materializan en forma de telas y muebles. A Carter le gusta mezclar piezas contemporáneas, a menudo diseñadas por él mismo, con atrevidas antigüedades que incluyen elementos orgánicos, como el cuero ampollado y el relleno expuesto de una de las sillas del siglo XIX de la sala. Es el estado «descuidado» de las sillas, dice Carter, lo que permite que el entorno blanco encaje con la informalidad de la vida cotidiana.

Lindsay Gerber Northart nos ofrece un drástico contraste. Para el aseo de una casa de San Francisco (donde la diseñadora tiene su estudio, Lindsay Gerber Interiors), le encargaron crear un espacio que recordara a una discoteca neoyorquina. Northart consiguió ese efecto envolviendo la habitación en un tono pizarra veteado y cargado de misterio. El estuco veneciano confiere a las paredes un aspecto ahumado, mientras que el lavabo de Nero Marquina añade un toque chic cosmopolita, con su color negro tinta y su veta blanca. El punto más luminoso de la habitación lo constituyen las lámparas ovoides que alumbran la sobriedad de la sala.

Cuando la diseñadora Nicole Dohmen se hizo cargo de una residencia en las afueras de la capital neerlandesa, el proyecto consistía en crear un ambiente festivo. Su clienta tenía férreas opiniones sobre el uso de los colores y quería que su casa emanara alegría y confianza. «Le encantaban los tonos desparejados y abrazar las imperfecciones para crear una estética única y creativa», afirma la diseñadora y directora de Atelier ND Interior. «Siempre estábamos en busca de ese equilibrio entre lo perfecto y lo imperfecto». Juntas eligieron los colores de fondo y observaron el resultado que daban a distintas horas del día, así como su relación con la configuración del mobiliario. Al final se decidieron por un lila personalizado para las paredes del comedor y un rosa grisáceo afín para el salón. «Al seleccionar cuidadosamente cada elemento, nos aseguramos de que el entorno fuera cohesivo pero dinámico», concluye Dohmen, cuya elección cromática genera una sensación de continuidad y equilibrio que se percibe al pasar de una habitación a otra.

CLARE GASKIN
CASA ADOSADA EN MARYLEBONE
LONDRES, REINO UNIDO
2019

Clare Gaskin lleva perfeccionando una estética refinada pero relajada y atrayendo a clientes que buscan la belleza y el equilibrio en sus hogares desde 2009, año en que fundó su estudio de diseño en Londres. Para un proyecto reciente en un edificio con terraza de principios del siglo XIX situado en el barrio londinense de Marylebone, preguntó primero a sus propietarios cómo utilizaban la casa y qué echaban de menos. Así es como plasmó sus respuestas en el diseño de la sala de estar, un espacio pintado de blanco que tenían algo olvidado y utilizaban para guardar cosas. «Se había convertido en una zona de tránsito, una habitación a la que vas a dejar algo», asegura. «Me pareció buena idea aprovechar las dimensiones compactas de la habitación para que resultara cálida y acogedora». Gaskin optó por la oscuridad y las texturas «para añadir un carácter que encajara bien con la estructura decimonónica del cuarto». Pintó la repisa decorativa de Dock Blue de Little Greene («un azul marino elegante que tiene profundidad y riqueza, muy acogedor», explica) y empapeló las paredes por encima del arrimadero con Thibaut's Shang Extra Fine Sisal, en azul marino. «Las gradaciones en el tejido añaden una dimensión adicional», añade. Este espacio es ahora idóneo para tomar algo por la noche, como sugiere el carrito minibar, jugar en familia aprovechando la otomana azul noche tapizada de lino, diseñada por Gaskin, o acurrucarse con un buen libro en el sillón de flores, también diseñado por ella. «Esta habitación nunca iba a resultar ligera y conectada con el mundo natural», explica. «Por lo tanto, era importante desarrollar un enfoque más introspectivo, que invitara a la calma y la reflexión... ¡o a un cóctel antes de cenar!».

DARRYL CARTER
CASA DE ESTILO GEORGIANO CONTEMPORÁNEO
VIRGINIA, EE. UU.
2023

Darryl Carter mezcla antigüedades y mobiliario moderno con tanta confianza y clarividencia que los propios objetos parecen reclamar un lugar por voluntad propia. Carter, que abandonó una carrera en la abogacía en 1998 para fundar su estudio de diseño con sede en Washington D. C., destaca por sus interiores blancos. «Siento predilección por los ambientes neutros porque sacan a relucir el arte y la arquitectura», explica. En el salón de una casa de estilo georgiano contemporáneo en Virginia, en la que Carter trabajó con la arquitecta de Maryland Anne Decker, su estética de blanco sobre blanco causa un impacto innegable. Los propietarios, una familia con tres hijos adolescentes, querían «habitaciones accesibles con una sensibilidad etérea», apunta. En el techo utilizó lo que él llama un blanco brillante, «como el de un coche», acompañado de una versión mate para las paredes. «Por la noche, el reflejo del techo es mágico», dice Carter, que también diseñó la mesa de centro en voladizo, la esbelta consola estilo Parsons y el sofá sin brazos, todos en blancos complementarios. Además, encargó una alfombra de cáñamo en blanco roto tejida a mano para dar cohesión al mobiliario. (La piel de vaca color marfil que reposa encima es un signo distintivo de su estilo, a quien le encanta añadir profundidad y textura superponiendo alfombras). Sobre este escenario neutro, una pintura al óleo de otra época y las siluetas escultóricas de las piezas más oscuras de la habitación destacan sin esfuerzo. A la silla inglesa del siglo XIX (diseñada para que un hombre pudiera sentarse a horcajadas mirando hacia la estantería) le falta un trozo del cuero original en un lateral. «Aporta la sensibilidad informal que buscaban los clientes», asegura. Aunque es de madera oscura, la silla italiana Grotto de concha y brazos arqueados en forma de delfín añade una pizca de ligereza y frivolidad a la escena. A lo largo de la pared del fondo, una composición de porcelana, gres y acero de la artista afincada en Maryland Margaret Boozer brilla con la luz del sol.

ATELIER ND INTERIOR
VILLA FAMILIAR
ÁMSTERDAM, PAÍSES BAJOS
2022

«Esta clienta daba mucha importancia al color y tenía una opinión muy clara sobre su uso», afirma la diseñadora Nicole Dohmen, afincada en Ámsterdam. «Fue una colaboración en toda regla». Dohmen, que abrió Atelier ND Interior en 2018, se refiere a una villa de ladrillo de la década de 1930 situada a las afueras de la ciudad. Para el salón y el comedor, se decidieron por una paleta inspirada en los frutos del bosque. «La mezcla y combinación de colores fue la parte más complicada y estimulante del proceso», asegura. El comedor tiene luz natural gran parte del día, por lo que eligieron una pintura lila oscuro (preparada por Frank Visser, del estudio IJM de Ámsterdam) que combinaron con cortinas de seda Moire Stripé de Helene Blanche y estores de Etoffe. La sostenibilidad era otro factor central para la propietaria, por lo que muchos de los muebles de la casa están hechos de materiales reciclados o son antigüedades. La mesa de comedor Soap rosa empolvado de la diseñadora neerlandesa Sabine Marcelis es de plástico reciclado, por ejemplo, y las sillas de comedor Pigreco de Afra y Tobia Scarpa para Gavina datan de la década de 1960. En la sala de estar, una pared rosa grisáceo más claro (Pink Soon de la marca de pintura de Copenhague File Under Pop) sirve de telón de fondo para un mobiliario que incluye un sillón modular de piel Pagrù de la década de 1960, de Claudio Vagnoni para 1P, un sofá Soriana color óxido de la de 1970, de Scarpas para Cassina, y un sofá Milano de color ocre de Paola Navone para Baxter. Sobre este último cuelga *De ontmoeting* (2021), de la artista Peggy Kuiper, encargada por la clienta. La mesa de centro Meltingpot de plástico reciclado es del diseñador Dirk van der Kooij. Debajo reposa una alfombra color uva de Kvadrat y encima cuelgan un par de lámparas Arrow de Apparatus. La clave para infundir un color fuerte a un hogar, según Dohmen, es conectar las habitaciones con colores similares, «esto permite que cada espacio tenga su propio carácter y, al mismo tiempo, se mantenga una sensación de equilibrio, armonía y cohesión».

LINDSAY GERBER NORTHART
CASA EN PACIFIC HEIGHTS
SAN FRANCISCO,
CALIFORNIA, EE. UU.
2019

A Lindsay Gerber Northart le gusta pasárselo bien, igual que a sus clientes. Cuando una pareja joven y viajera le pidió que reformara su casa de Pacific Heights, en San Francisco, fueron muy específicos sobre el aseo. «Hacía poco habían visto un baño totalmente negro en una discoteca de Nueva York y querían recrear ese efecto en su casa. No me pude resistir», reconoce Northart, que puso en marcha su estudio de diseño en San Francisco, Lindsay Gerber Interiors, en 2013. «La ventaja de utilizar colores muy saturados en un espacio pequeño es que se crea de inmediato un ambiente intenso y parece que el diseño te envuelve», afirma. «Aceptar las posibilidades de un color con todas las consecuencias es clave para aprovechar al máximo su impacto». Northart utilizó paredes de estuco veneciano y suelo de parqué de roble oscuro en espiga para evocar texturas orgánicas y terrosas. Gracias a la luz natural de la ventana, «la paleta de tonos ondula del negro asfalto entintado al café y al grafito» a lo largo del día, asegura la diseñadora. El acabado mate del lavabo de mármol Nero Marquina, con su fino veteado blanco, contrasta con el marco negro brillante que rodea el espejo. A la derecha, un estor de lino diáfano filtra la luz sobre las toallas de mano de lino negro. Los apliques de latón de estilo *art déco* de Apparatus «proporcionan un destello inesperado y una luz tenue que crea un ambiente provocativo», explica. «Los clientes tienen un sentido del estilo muy concreto», concluye. «Visten casi exclusivamente de negro, así que este cuarto de baño reflejaba su estética a la perfección».

PARIS FORINO
LOFT EN TRIBECA
NUEVA YORK, NUEVA YORK, EE. UU.
2023

«Los propietarios habían visto una casa de color rosa que diseñamos en Beverly Hills y les había encantado», afirma Paris Forino. «Ese era el único requisito: que fuera rosa». El proyecto del que habla esta diseñadora, nacida en Australia y afincada en Nueva York, donde abrió su firma homónima en 2012, es un *loft* ubicado en el barrio neoyorquino de Tribeca, en un emblemático edificio del siglo XIX que en su día fue un antiguo almacén. La reforma lo inundó de rosa casi por completo. Forino, toda una experta en introducir la decoración moderna en los edificios históricos, sabía que usar una paleta monocromática pasa por matizar el color habitación por habitación, sobre todo cuando el color suscita fuertes reacciones. «La ventaja de los espacios monocromáticos es que tienen mucha fuerza visual», explica. «Generan simplicidad y cohesión». Para la cocina, el espacio más popular de la casa, eligió Red Earth de Farrow & Ball, un tono que recuerda a un melocotón recién tomado del árbol y que la atrajo por sus matices terracota y rosa. Posee una exuberancia que combinaba muy bien con los suelos de madera clara y la isla y el frontal de cuarcita natural Cristallo Juliet («el veteado tiene el mismo tono terracota»). A la izquierda de los fuegos, sobre una balda, colocó una obra de arte contemporáneo del artista californiano Evan Nesbit que muestra una sartén colgada, justo donde podría haber una de verdad. Este lienzo contiene todos los tonos de la habitación, incluido el rojo cereza de las lámparas abovedadas. «Lo primero que aprendí en la escuela de diseño es que un espacio bien concebido puede cambiar nuestro estado de ánimo. Siempre he tenido esta idea muy presente».

NICOLE HOLLIS
CASA EN HAIGHT-ASHBURY
SAN FRANCISCO, CALIFORNIA, EE. UU.
2022

Desde que abrió su firma en San Francisco en 2002, Nicole Hollis ha suscitado mucha admiración por sus interiores elegantes y relajados, de tonos neutros e inesperados acabados. Apreciada por su fino sentido del detalle, suele combinar obras de arte y piezas *vintage* con muebles hechos a medida. Recientemente, una pareja con un gusto manifiesto por los colores intensos, el diseño marroquí, el *rock and roll* y la cultura hippie le pidió que plasmara esa embriagadora mezcla en las habitaciones de una residencia de estilo neocolonial de 1897 en el histórico distrito de Haight-Ashbury. Y Hollis no lo dudó. Planta por planta, llenó los interiores con un derroche de tonalidades extraídas de una paleta de colores psicodélicos. También recurrió a un equipo de artesanos contemporáneos excepcionales para crear detalles decorativos que hicieran referencia a los intereses de la pareja, sin anular el aire decimonónico de la casa. El vestidor de ella cuenta con una lámpara colgante de vidrio y cristal del extraordinario soplador Jeff Zimmerman. Hollis envolvió el comedor en un esmaltado azul cobalto. «Mantener la habitación de un único color resulta muy impactante. Te atrapa por completo», confiesa. «Me permitió explorar las texturas y los materiales en profundidad». Esas exploraciones pueden apreciarse en el arco de granito azulado de la chimenea, los viscosos remolinos que circulan como lava volcánica por la encimera esmaltada en *urushi* y las curvas tapizadas de las sillas Palermo de Mattia Bonetti. «La forma en que la iridiscencia se refracta en las paredes es mágica», dice del resplandor que emana de la lámpara de techo facetada de Olafur Eliasson. «Asumir el protagonismo del color fue un ejercicio fantástico; me siento cómoda con el resultado. Las habitaciones entrañan un dramatismo y un temperamento que refleja mi filosofía de diseño. Veo más color en futuros proyectos».

OSCURO

El aspecto y la función no son los únicos factores que influyen en un diseño. De hecho, los diseñadores más hábiles son capaces de determinar la esencia de un espacio con recursos mucho más básicos, como el color, la luz, la textura y la forma. Estos elementos pueden influir en el estado de ánimo de quienes habitan o visitan una casa. Una cama es solo uno de tantos ingredientes que convierten un espacio en dormitorio. Pero si se cubre con ropa de cama de lujo, se envuelve en azules sombríos, grises apagados o blanquecinos tonos pizarra y se acompaña de unas cortinas hasta el suelo, será difícil resistirse al deseo de tumbarse a descansar. Aquí se incluyen espacios que sacan su verdadera esencia a la luz de las velas, bombillas tenues y luces bajas. Espacios donde los espejos no están realmente para mirarse, sino para reflejar la luz.

«Al llegar al estudio por la mañana, siempre me sorprende su intensidad, su brillo. Se diría que estamos en un laboratorio atómico», bromea el arquitecto y diseñador neoyorquino William Sofield. «Mi lugar de trabajo es un bombardeo constante de cuerpos, superficies y belleza. Pero la luz no existiría sin la oscuridad y, a medida que avanza el día, cada vez busco más la calma. Es un impulso natural, siento que me lo piden cada una de mis células». En casa, explica, «el ambiente es tranquilo y oscuro; me aporta seguridad, me libera, me regenera». Sofield suscribe la teoría del escritor japonés Jun'ichirō Tanizaki, cuyo ensayo *El elogio de la sombra*, de 1977, explora ideas como las diferencias entre el brillo y el reflejo. «Un espacio oscuro me sitúa en un lugar privilegiado para el descubrimiento. Es como si estuviéramos sentados alrededor de una hoguera: el entorno desaparece y solo queda lo esencial».

Cuando Faye Toogood se dispuso a diseñar un apartamento en el barrio londinense de Mayfair, quería que los colores evocaran el crepúsculo. Utilizó tonos oscuros como el índigo, el champiñón y el helecho en los tejidos, rugosos y texturizados. Las paredes de yeso pulido del apartamento parecen tener vida propia y dejan entrever la mano del pintor en cada trazo. Los suelos de parqué de roble, de un oscuro color fango, parecen desvanecerse hasta fundirse casi con las esquinas. Toogood llegó incluso a diseñar una fragancia personalizada para el hogar que evoca el cuero desgastado y el barro, logrando un efecto multisensorial en un espacio personalizado en todos los sentidos.

«Desde el punto de vista arquitectónico, esta habitación es la más oscura de todas», concluye el arquitecto Giancarlo Valle cuando describe el estudio de la casa de vacaciones que comparte con su esposa, Jane Keltner de Valle, y sus dos hijos. Una ventana alta ilumina la estancia con un haz de luz irregular que se filtra a través de los árboles del jardín. Valle complementa esa luz orgánica con el verde bosque intenso de las paredes de la habitación, que evocan el paisaje del exterior y confieren al interior una sensación reconfortante. «Queríamos que resultara acogedora para todas las edades», explica. La habitación se diseñó para las actividades familiares, como leer, jugar o ver la televisión, pero enseguida se convirtió también en un espacio magnético para los visitantes. «Pasamos mucho tiempo aquí en familia, pero los invitados tampoco pueden resistirse a esta sala», asegura. «Los tonos apagados hacen que el espacio sea íntimo y agradable».

Cuando Melanie Raines se dispuso a diseñar el dormitorio principal de una amplia casa tipo rancho en Austin, Texas, sabía exactamente lo que había que hacer. «Debía ser un espacio donde los propietarios pudieran alejarse de todo, resetearse, reflexionar y reconectar». La diseñadora, afincada en Austin, sabía que una paleta oscura ayudaría a crear ambiente, así que evitó la pintura plana y optó por papel pintado a acuarela que inspira un cierto movimiento mediante un patrón estriado de color azul medianoche. «Creo que el estado de ánimo que inspira un espacio está por encima de la estética», afirma. «Los colores y los objetos solo quedan bien si se relacionan entre sí y dan alma al lugar en su conjunto». Raines también considera que los colores se pueden experimentar de muchas maneras, no solo por su estética. Pone como ejemplo el azul, «que se ha demostrado que reduce la tensión arterial y la ansiedad», en contraposición con el rojo.

Los verdes, azules y grises tenues que dominan las estancias de una casa de Melbourne, diseñada por Simone Haag en colaboración con el arquitecto David Neil, «inspiran un aire de otra época y, al mismo tiempo, una sensación de optimismo de cara al futuro», señala Haag. «Los clientes asocian los colores a sus rituales diarios: cuando entran, salen, duermen o estudian. El color es un recurso hermoso y poderoso, capaz de crear esas conexiones. Confío en que los visitantes también se sientan interpelados por los colores». Neil ya había sugerido usar una paleta de colores oscuros y apagados antes de que Haag se uniera al proyecto, una propuesta que ella acogió con los brazos abiertos y que usó como base para fortalecer las relaciones entre los tonos y los materiales. Estas combinaciones sinérgicas incluyen un sofá curvo tapizado en un exuberante terciopelo corto, un sillón Pelican de Finn Juhl de borreguillo de oveja y una lámpara de pie Abatjour de Dimoremilano con una pantalla de flecos de seda.

Ray Azoulay, propietario de Obsolete, una moderna galería de arte y antigüedades en Culver City, California, tiene buen ojo para lo singular. Pocas veces diseña interiores completos, pero cuando una vieja amiga le pidió que decorara su casa de estilo Tudor en la bahía de San Francisco, accedió encantado. Decidió pintarla toda, tanto el interior como el exterior, del mismo color: Building February's Gray de Donald Kaufman, un gris sedoso que define el ambiente de la casa desde el principio. «Es un telón de fondo perfecto», afirma, y señala que aporta una sensación de seriedad y misterio a la vez que cede protagonismo a la amplia colección de muebles, obras de arte y esculturas de la casa, muchas de ellas adquiridas a través de Obsolete. «El gris inspira una cierta introspección. Resulta maravilloso alejarse de los miles de tonos de blanco por una vez».

MELANIE RAINES
CASA 001
AUSTIN, TEXAS, EE. UU.
2020

Melanie Raines cree en el poder restaurador del diseño. Antes de abrir su estudio de arquitectura y diseño en Austin, Texas, en 2018, trabajó en el sector de los hoteles *boutique*. Sabe, por lo tanto, el valor de los interiores que confieren tanta importancia al estilo como al confort y la conexión emocional. En 2020 una pareja le pidió que diera un toque distintivo al diseño de la casa que se estaban construyendo en Austin. Tenían una idea muy concreta para el dormitorio, inspirada en una foto que habían visto en *The Hollywood Reporter* en la que el músico Lenny Kravitz aparecía reclinado sobre una cama *vintage* de Pace Collection que Guido Faleschini diseñó para Mariani en la década de 1970. A ambos lados de la cama había una mesilla de noche a juego con una lámpara esférica de superficie cromada encastrada en el mueble, un taburete modular con un cinturón de hebilla plateada y, en el extremo, una cajonera de cuatro pisos. El conjunto estaba completamente tapizado en cuero de color camel, que le aportaba frescura y luminosidad. Los clientes habían encontrado una versión blanca del conjunto y Raines la revistió de marrón. Las paredes se recubrieron de un papel pintado azul medianoche, elaborado exclusivamente para el proyecto, que define el tono sosegado y relajado de la estancia. «Decidimos que una paleta más oscura evocaría el agua, la sensación de bañarse por la noche en el mar o de esconderse bajo las mantas», explica. «Hacía falta una cualidad atmosférica, por lo que la pintura plana no servía. Pensamos que un degradado similar al de la acuarela aportaría movimiento y ligereza». El acabado combina con el aplique Median en forma de orbe de Allied Maker, que parece flotar en el cielo nocturno como un lejano eclipse solar. Según Raines, «el dormitorio posee una esencia que se puede sentir pero no ver. Diría que transmite calma».

GIANCARLO VALLE
CASA EN CONNECTICUT
NORTHWEST CONNECTICUT, EE. UU.
2023

Para los diseñadores Giancarlo Valle y Jane Keltner de Valle, en un hogar deben converger el corazón y la mente. Desde 2016 el estudio de arquitectura y diseño de Valle, con sede en Nueva York, ha puesto su firma en elegantes interiores cargados de llamativas obras de arte y yuxtaposiciones sorprendentes de muebles antiguos y contemporáneos. Jane Keltner, antigua directora estilística de *Architectural Digest* y cofundadora de Paloroma, una línea de productos para el cuidado de la piel infantil, se ha unido al proyecto. La familia pasa los fines de semana en su casa de Connecticut, la antigua casa parroquial de la iglesia local, construida en 1863. Alejada de su función original, hoy se erige en un exponente fresco y contemporáneo de la sofisticación. En la sala de estar, han recubierto las paredes y el techo de verde oscuro. El fondo apagado intensifica la presencia del pálido sofá a rayas y la lámpara Plateau blanca en forma de «T», ambos diseñados por Valle, esta última en colaboración con la ceramista Natalie Weinberger. «Nos pareció natural experimentar con el imaginario de los clubes de campo tradicionales de la Costa Este, en los que se inspiran las paredes verde medianoche y el sofá, pero dándole nuestro toque personal», explica Keltner de Valle, señalando que el tono oscuro y reflexivo «aporta al espacio un aire íntimo». Un par de sillones Mushroom de Pierre Paulin de respaldo curvado añaden el contrapunto perfecto, con su tapizado de lana color berenjena. La mesa de centro, revestida en lino y con patas onduladas, tiene su propia historia, ya que formó parte de la herencia del diseñador Mario Buatta. «Nos interesaba colocar objetos que no tienen por qué ir juntos y entablar un diálogo entre ellos», añade Valle, que también diseñó el aplique de madera de la pared, tallado a mano. Entre las obras de arte que adornan la estancia, a la izquierda de la ventana hay un pequeño cuadro de la década de 1950 de Alexandre Noll, un díptico biomórfico a gran escala del artista contemporáneo Landon Metz y un cuadro de uno de los dos hijos de la pareja, a la derecha.

RAY AZOULAY
CASA EN PIAMONTE
PIAMONTE, CALIFORNIA, EE. UU.
2020

«Siempre busco piezas con formas interesantes e inesperadas», explica Ray Azoulay. Hace veinte años abrió Obsolete, uno de los nombres más respetados del diseño en Los Ángeles, y desde entonces se ha ganado un público fiel que disfruta con sus diseños atrevidos (y a veces poco ortodoxos) y su habilidad para incorporar algunas de las joyas que se exponen en su galería de Culver City. Azoulay no suele diseñar interiores, pero acabó revelando otra faceta de su infalible ojo artístico cuando decidió ayudar a una amiga a remodelar su casa de estilo Tudor en el norte de California. Para no eclipsar los suelos de espiga y la tracería del techo del comedor, pintó la sala (y el resto de la casa) de una única tonalidad gris. «El gris es un neutralizador que nunca falla. Es un lienzo, una constante que vertebra el espacio con una sutil elegancia», afirma. Encontró algo hipnótico en el tablero de mármol de la mesa de comedor, pero optó por recubrir de latón la base cromada original («más adecuada para una oficina», según él). «Con solo ese cambio, encaja de maravilla con la habitación», explica cuando habla de la mesa y del diálogo que entabla con la lámpara de araña belga de la década de 1930 que cuelga sobre ella. Como también lo hacen las sillas de comedor francesas de caoba de la misma época y el aparador Guillerme et Chambron de la década de 1960, de puertas artesonadas. En relación con la butaca de época con respaldo de mariposa, que combinó con un cuadro contemporáneo del artista serbio Goran Djurovic, afirma que «todas las épocas conjuntan entre sí si se les da una oportunidad». La singular estatua de un perro que eleva el hocico al cielo parece olfatear un magnífico porvenir, como el propio Azoulay.

WILLIAM SOFIELD
APARTAMENTO EN EL SOHO
NUEVA YORK, NUEVA YORK, EE. UU.
2014

«La forma más sencilla de hacer que una habitación pequeña lo parezca todavía más es pintarla de blanco», asegura William Sofield. «Los colores oscuros borran los límites y los defectos. En las habitaciones oscuras se aprecian las sutilezas del color y los cambios de textura y de forma mucho más que los detalles». Ese tipo de inteligencia callada y de refinamiento estético son los que han convertido al Studio Sofield de Nueva York en un peso pesado del diseño durante más de tres décadas. A él recurren clientes tan exclusivos como Tom Ford, Gucci y Bottega Veneta. El propio apartamento de Sofield, en el SoHo neoyorquino, controla la luz y la oscuridad de manera muy seductora. Ubicado en el piso superior de una antigua fábrica de juguetes que data de 1889, cuando lo vio por primera vez, dice, le dio el aspecto anodino de una sala VIP de una aerolínea europea. Sofield lo hizo alinearse de nuevo con sus raíces de finales del siglo XIX. Añadió puertas arqueadas y molduras de techo y seleccionó una paleta más oscura, con degradados de negro, para refractar los potentes colores del horizonte. «Me propuse crear un espacio de paz y descanso», explica sobre el dormitorio. Un enorme biombo con molduras de cristal tintado y bronce dorado envuelve la cama. Al igual que las mesitas auxiliares, forma parte de una colección que Sofield diseñó para Baker a principios de la década de 2000, y en esta composición refracta la luz que desprenden las dos lámparas de pie William Haines. «Las habitaciones cobran vida con el reflejo de la luz, los espejos, los metales pulidos, los barnices y el cristal. Todos ellos refractan la luz, en lugar de absorberla», afirma. Una bandeja Christofle sobre la mesilla de noche añade aún más brillo y elegancia, como el cubrecama de piel de marta falsa que eligió porque oculta con elegancia y eficacia el pelo de Walter, su labrador negro. «Parece petróleo», bromea Sofield sobre la colcha. «¡Menos mal que no fumo!».

FAYE TOOGOOD
PISO DE COLECCIONISTA
LONDRES, REINO UNIDO
2015

Faye Toogood es una polímata del diseño. Su producción creativa abarca diversas disciplinas, desde la moda y las bellas artes hasta los muebles (como su silla Roly-Poly de 2014, un clásico moderno) y los interiores. Antes de fundar su estudio de diseño en 2008, trabajó como estilista en sesiones fotográficas para la revista *The World of Interiors*, una experiencia que le permitió perfeccionar sus impactantes composiciones. Toogood no suele embarcarse en reformas integrales, pero se animó a intentarlo cuando una pareja estadounidense le dio carta blanca para rediseñar su *pied-à-terre* en el barrio londinense de Mayfair. Con la idea de que el apartamento tuviera un aire a hotel de lujo, Toogood eliminó los excesos victorianos y trabajó con artesanos y proveedores locales para construir un retiro cautivador y atmosférico. La elección de los colores se inspiró en las oscuras calles de Londres con lluvia, un derroche de gris caldero y azul medianoche. Las paredes del dormitorio están revestidas a mano con yeso pulido, que parece ganar en calidez al acercarse a la superficie oscura y resinosa de las mesillas de noche. Cada una de estas formas bajas y cúbicas está iluminada desde el techo por una lámpara industrial con una sola bombilla de estilo Edison, que realza la calidad de la luz y proyecta una estética sombra en la pared. El cabecero de la cama recuerda a un telar con su panel de enrejado metálico y crea una conexión temática, deliberada o no, con el tapiz que cuelga encima. Se trata de una pieza única titulada *Storm* (Tormenta) que Toogood, ferviente aficionada a la artesanía británica, encargó a Philip Sanderson, de West Dean Tapestry Studio, con sede en Chichester.

SIMONE HAAG Y NEIL ARCHITECTURE
CASA WEEROONA
MELBOURNE, AUSTRALIA
2022

«Es un color con el que es fácil convivir y me inspira infinito», afirma rotunda Simone Haag del verde esmeralda ahumado que domina un salón de Melbourne. La diseñadora australiana, que abrió su firma en 2014, colaboró con el arquitecto local David Neil en la rehabilitación de la villa Queen Anne de 1907, en Hawthorn. Neil ya había elegido el color de las paredes de la habitación (Black Olive, de la australiana Haymes Paint) cuando Haag entró en escena. A la hora de tomar decisiones decorativas, la diseñadora se apoyó en la oscuridad del color de base para desplegar tonos relacionados. Recubrió el suelo con una deslumbrante alfombra Ducale verde bosque de Cristina Celestino, con detalles plateados y grises. A ambos lados de la chimenea original de la sala cuelgan estores con un diseño realista inspirado en la madera, de color verde helecho. Las curvas y las formas circulares confieren a la habitación una actitud desenfadada. En cuanto al acogedor abrazo que parece ofrecer el sofá Wave de Daniel Boddam, tapizado en terciopelo de rayas plateadas, explica que «crea un espacio de conversación y reúne a la gente». La mesa de centro de nogal, baja y redonda, encaja perfectamente en la curva del sofá, mientras que un par de mesas auxiliares sobre trípodes de latón de estilo Arthur Umanoff de Audo Copenhagen se hacen eco del motivo circular. Tanto la lámpara de pared Abatjour, con estructura de latón y pantalla recubierta de flecos de seda («¡mi pieza favorita!», reconoce Haag), como la lámpara de techo Serie, también de latón y con tulipas de cristal opalino, son de Dimoremilano. A la cautivadora escena se suman un sillón Pelican de Finn Juhl, tapizado en borreguillo color niebla y, junto a la ventana, un sofá Lennon con un esponjoso *buclé* de Christian Siriano. Dos garzas blancas de piedra y base de latón se alzan cerca de la chimenea sobre un par de zócalos de mármol verde Veria. «Son un guiño irónico a la pareja», bromea Haag.

ALPINO

Por definición, un hogar debe ser un refugio del resto del mundo. Sin embargo, hay algo especial en una casa situada en lo alto de una montaña, algo que intensifica esa sensación de seguridad y de lejanía, de sentirnos a salvo. Y aunque no siempre es fácil llegar hasta ahí, sí lo es disfrutar de la recompensa: unas vistas panorámicas espectaculares. La clave del éxito de este tipo de viviendas es contar con una relación equilibrada entre la estructura y el entorno. La madera y la piedra suelen ser los materiales más accesibles y sostenibles, además de los más sofisticados, y confieren al espacio una sensibilidad desenfadada y robusta. Cuando se trata de diseñar el interior de una casa de montaña, lo habitual es buscar la inspiración en el entorno para elegir los materiales, texturas, colores y patrones.

Virginie Friedmann y Delphine Versace, del estudio parisino Friedmann & Versace, pasaron tres años convirtiendo una granja del siglo XVIII en una casa de vacaciones para toda la familia en la localidad turística de Megève, en los Alpes franceses. «Intentamos diseñar un espacio armonioso y protector que invitara a contemplar la naturaleza», dice Friedmann, «y al mismo tiempo dejar que entrara la naturaleza». Para ello, combinaron terciopelos verdes, tapices florales y tartanes en tonos esmeralda con materiales más duros, como los azulejos esmaltados de la chimenea, una referencia al laberinto de riachuelos rocosos que horadan la montaña.

«Existe un lenguaje común a los chalés de montaña», explica el diseñador Elliott Barnes, afincado en París, sobre la decisión de incorporar pino local y cuarcita oscura a un chalé de nueva construcción, también en Megève. Pero también hay mucho espacio para la reinterpretación, añade. «Apliqué una estética formal moderna que favorecía la simplicidad de la forma y el espacio, la renuncia a la ornamentación desmedida y la adaptación de una paleta de acabados limitada». Barnes diseñó un gran salón con un acogedor estudio adyacente para que sus clientes pudieran celebrar grandes reuniones y, a la vez, disfrutar tranquilamente de la familiaridad de un hogar. Una chimenea de piedra aporta intimidad a cualquier habitación, en especial si se encuentra en la montaña, y en este caso lo hace por partida doble. En un giro decorativo, Barnes diseñó una chimenea abierta simultáneamente a las dos habitaciones contiguas. «Mejora la conectividad, ya que permite ver el salón desde el estudio», argumenta Barnes.

Cuando Casper y Lexie Mork-Ulnes construyeron una casa familiar cerca de la estación de esquí de Kvitfjell (Noruega), pensaron sobre todo en el entorno montañoso que la rodearía. «La mayoría de los clientes habrían exigido que se cubrieran las ventanas, pero nosotros queríamos sentir que estábamos fuera desde dentro», explica Lexie. «El vidrio ininterrumpido proporciona esa sensación». La estructura de una sola planta se levanta sobre pilotes para incrustar la casa dentro del paisaje arbolado, minimizando su impacto en el terreno y permitiendo que las vacas y las ovejas del vecino pasten debajo. «El interior se inspira en una granja tradicional (o *trønderlån*), que significa «casa larga». La claraboya central se diseñó como una *ljore* para dejar salir el humo de la cocina y entrar la luz natural», describe Casper. «Las casa de madera dominan el paisaje de Noruega y cuentan con una larga tradición, así que era lo más lógico para nuestra casa».

Cuando la diseñadora Madeline Stuart, afincada en Los Ángeles, recibió el encargo de remodelar un gran rancho supo que los materiales serían claves para integrar la casa en el entorno. La casa está situada a las afueras de Three Forks, Montana, cerca del punto donde confluyen los tres afluentes del río Misuri. Stuart colaboró con David Lake, de Lake|Flato Architects, para crear habitaciones que responden a las texturas del paisaje. «El mobiliario se seleccionó o diseñó para que fuera cómodo, sólido y duradero», explica. «Es decir, mucho cuero en una paleta tenue y natural Los paneles de madera y las paredes correderas que separan las zonas comunes permiten adaptar el espacio y proporcionan un ambiente desenfadado. «No hay nada delicado; todo se diseñó para la vida en un rancho. Se puede entrar con las botas llenas de barro sin que nadie se lleve las manos a la cabeza».

Por su parte, Saffron Aldridge y Scarlett Supple emprendieron la reconstrucción de una granja de principios del siglo XX casi en ruinas en una remota isla escocesa. «Nos pareció importante mantener el carácter y el encanto de la estructura para que pareciera que siempre había estado allí», resume Aldridge. Aunque técnicamente no está situada en la montaña, la zona tiene muchos de los rasgos propios de este tipo de terreno (clima frío y húmedo, colinas escarpadas con vegetación resistente y afloramientos de granito elevados) y el graznido constante de los pájaros que acuden a los páramos en busca de alimento. Abundan los acabados naturales, como las paredes de piedra local, los suelos de madera recuperada y el uso generoso de un revestimiento tradicional de cal que unifica las superficies. «Para suavizar estos materiales recurrimos a una mezcla de textiles y superpusimos tejidos pesados, lana y linos texturizados que creaban una sensación acogedora y cálida», añade. Los muebles antiguos del salón aportan «una preciosa pátina de materiales envejecidos».

Cuando Hugo Grisanti y Kana Cussen se dispusieron a rediseñar una casa de mediados de siglo situada en las estribaciones del Arrayán (Chile), no podían pasar por alto el paisaje circundante, rocoso y seco. «Nuestro reto era crear un diseño interior atemporal que replicara el estilo californiano de mediados de siglo de la casa y su forma de integrarse en el entorno», explica Grisanti. «El paisaje fue nuestro punto de partida». Una gran roca que sobresale del suelo y que formaba parte del diseño del salón se convirtió en «nuestro primer punto de referencia», apunta. Otro de los trucos fue crear una sensación de equilibrio entre los materiales y el color, asegurándose de que ningún elemento obstruyera las vistas o acaparara demasiada atención. «El techo presenta un contrapunto entre el hormigón y la madera», concluye. «Donde hay suelo de hormigón, el techo es de nogal, y viceversa. Todo esto ayuda a generar una sensación de equilibrio».

Y si la naturaleza tiene una lección que enseñarnos, incluso en los paisajes más rocosos, áridos y escarpados, es que cuando prevalece el equilibrio, nos sentimos bien y anclados en un lugar.

MADELINE STUART
LC RANCH
THREE FORKS, MONTANA, EE. UU.
2017

A la diseñadora Madeline Stuart, el buen gusto le viene de cuna. Cuando era solo una niña, le pidió a su padre, director de cine, que convirtiera la novela *Charlie y la fábrica de chocolate* en una película. El resto pertenece ya a la historia del cine. En 1998 abrió su estudio de diseño de interiores en Los Ángeles y unos años más tarde, cuando le encargaron que diseñara un rancho a las afueras de Three Forks, Montana, también encontró allí potencial cinematográfico. «No es un lugar que se caracterice por su delicadeza», dice refiriéndose al pabellón principal de planta abierta, de cemento, acero y madera reutilizada. «Hay perros y personas de aquí para allá todo el día, así que el barro y el polvo no podían ser un problema». En colaboración con David Lake, del estudio de arquitectura Lake|Flato de San Antonio, creó un interior acorde con el agreste paisaje. El mobiliario tenía que ser robusto, natural y cómodo, por lo que utilizó tapizados resistentes que se curten con el tiempo, como el cuero de silla de montar cepillado a mano en color tabaco. El comedor, separado del salón por una puerta corredera de madera recuperada, es una zona de mucho tránsito. Para ayudar a crear este espacio hay una obra de arte anónima de la década de 1970 colgada a la izquierda, que presenta una espiral oscura de fragmentos de madera. «Es fascinante cuando te paras frente a ella». Stuart diseñó la mesa con un único tablero de nogal claro y base de caballete de bronce, y la combinó con un juego de sillas originales Hans Wegner de teca y cuero, coleccionadas a lo largo de los años Los dos globos Lightolier de estilo *vintage* que cuelgan del techo se pintaron de negro, a juego con las vigas del techo. «No hay muchos ranchos con sillas como estas. La temática de la casa es la vida en el campo pero con un toque de diseño», concluye Stuart, que tantos años después sigue apreciando las buenas historias.

GRISANTI & CUSSEN
CASA EL ARRAYÁN
SANTIAGO DE CHILE, CHILE
2016

Al arquitecto Hugo Grisanti y a la diseñadora Kana Cussen les gusta crear estancias que expresen la poesía del lugar. La topografía natural de su estudio, Grisanti & Cussen, fundado en 2007 y con sede en Santiago de Chile, varía enormemente. A caballo entre la cordillera de los Andes y el océano Pacífico, incluye desde paisajes montañosos hasta desiertos y playas. En 2016 les encargaron que trasladaran al siglo XXI una casa de mediados de siglo construida en una cresta de las estribaciones del Arrayán. La estructura original de piedra y cristal, obra del arquitecto chileno Juan Galleguillos, guarda una estrecha relación con su árido entorno. El diseño del salón responde al terreno circundante y a la inusual roca que emerge del suelo, ya concebida en el diseño primigenio de la vivienda. Los relucientes y refinados suelos de hormigón imitan los tonos ambarinos y grisáceos de los terrenos baldíos que se ven al otro lado del cristal y se funden a la perfección con otro detalle de Galleguillos: una zona rocosa para plantas cerca de las ventanas de la derecha. «Queríamos crear permeabilidad entre los espacios interiores y exteriores», describe Grisanti. La madera de nogal del techo hace referencia a las raíces del estilo *Mid Century* de la casa, mientras que un par de sillones azul celeste, reedición del modelo de Gio Ponti, reflejan el color del cielo y ofrecen un lugar de reposo desde el que contemplar el paisaje. Las líneas inclinadas de las sillas juegan con los ángulos de la consola de nogal y los sofás de cuero verde, ambos construidos *in situ*. «Consideramos el proyecto como una escultura», explica Cussen, «y lo fuimos adaptando orgánicamente a medida que avanzábamos, procurando respetar la geometría de la sala».

FRIEDMANN & VERSACE
FERME MEGÈVE
MEGÈVE, FRANCIA
2023

Cuando Virginie Friedmann y Delphine Versace recibieron el encargo de convertir una granja del siglo XVIII en un chalet de vacaciones para una familia de seis personas en Megève, un paraíso del esquí en los Alpes franceses, dejaron que la poesía del entorno montañoso determinara el diseño. «Queríamos asegurarnos de que la omnipresencia de la naturaleza quedara patente en todo el espacio», explica Friedmann. Este dúo creativo, que abrió su estudio de arquitectura y diseño en París, Friedmann & Versace, en 2018, aprovechó el pintoresco encanto de la estructura original de roble para dar protagonismo a las extraordinarias vistas que la rodean. También llevaron a cabo una remodelación profunda del interior, añadiendo giros contemporáneos a los motivos alpinos. «La chimenea es como un tótem en torno al cual se reúne la gente», dice Versace sobre la reluciente pieza central de color verde musgo que domina la sala, diseñada en colaboración con Céramiques du Beaujolais. «Hemos reinterpretado la idea de una antigua estufa de cerámica para crear una chimenea monumental». Detrás hay unas escaleras nuevas con barandilla y barrotes ondulados que recuerdan al *scherenschnitte* suizo (arte folclórico tradicional hecho con cortes de tijera). «Aporta ligereza y modernidad», asegura Friedmann sobre su rítmica presencia. «El arte y la artesanía desempeñan un papel clave en nuestros proyectos». La paleta refleja los bosques y arroyos que rodean la casa e incide con especial énfasis en los tonos de la tierra, la piedra y las bayas, combinados con texturas y superficies que atraen la luz. En el comedor, las diseñadoras colocaron una claraboya en el techo original de roble para que entrara la luz natural y diseñaron todo el conjunto de muebles, incluido el original juego de sillas, con respaldos que Versace designa como de estilo «tirolés moderno».

MORK-ULNES ARCHITECTS
SKIGARD HYTTE
KVITFJELL, NORUEGA
2019

Para Casper y Lexie Mork-Ulnes, diseñar Skigard Hytte, una moderna cabaña de montaña en Kvitfjell (Noruega), fue un acto de amor. «Queríamos crear un refugio que nos permitiera conectar con la naturaleza y las vistas del valle y las montañas y escapar de nuestra vida en Oslo», explica Casper acerca de la casa, construida en 2019. En 2005 este arquitecto noruego fundó Mork-Ulnes Architects, con sede en Oslo, si bien cuenta también con una oficina en San Francisco; su mujer, Lexie, supervisa la división de diseño de interiores de la empresa. En el exterior, el edificio está cubierto de troncos de abeto cortados en cuartos y colocados en diagonal, una técnica empleada desde hace siglos por los ganaderos locales para construir cercas. El gran ventanal del salón aprovecha los extremos biselados de los troncos para enmarcar con una discreta almena las vistas cinematográficas del paisaje arbolado. «La madera ha sido el principal material de construcción de la historia de Noruega, una costumbre que se remonta a los barcos vikingos», explica Casper sobre la decisión de construir la casa con madera local casi por completo. En el interior abundan el pino claro y pulido al ras, y todos los armarios, los muebles, las paredes y los suelos son de madera, hasta los tiradores del frigorífico. Los pocos muebles antiguos de la habitación también son de pino y fueron cuidadosamente seleccionados y comprados por internet. La mayoría datan del siglo XIX, dice Lexie. «Queríamos que los muebles parecieran procedentes de granjas locales, así que buscamos *bondeantikviteter* [muebles de granja]», detalla, añadiendo que todos son muy funcionales. La mesa de comedor dispone de un cajón grande para guardar las servilletas y los manteles individuales, y el banco dispone de espacio para almacenar pequeños electrodomésticos y conservas en su interior. «Cada vez que entramos en la cabaña, sentimos el intenso olor a madera de pino. Su efecto es maravilloso y reconstituyente».

ELLIOTT BARNES
CHALET BELLES D'ARBOIS
MEGÈVE, FRANCIA
2016

Elliott Barnes se sirve de la textura y el tono para ahondar en la autenticidad y el contexto de cada casa. Nacido en Los Ángeles y afincado en París, trabajó durante muchos años en el estudio del creativo vanguardista francés Andrée Putman, del que llegó a ser director, antes de fundar su propia firma en 2004. Cuando un antiguo cliente le pidió que diseñara un chalet de montaña en la localidad de Megève, en los Alpes franceses, Barnes recurrió al arquitecto local Gérard Ravello para crear habitaciones que reflejaran los fríos tonos grises del entorno montañoso. «La ubicación fue determinante», afirma. «El uso de madera de granero como acabado principal era un guiño al entorno boscoso del chalet; las superficies de piedra, por su parte, se inspiraron en la cuarcita de los Alpes. Es una paleta limitada de acabados que encaja muy bien con el lenguaje fundamental de un chalet». En un pequeño salón contiguo a la sala de estar, las paredes de pino local se combinan con baldosas veteadas de Pierre de Vals, que Barnes instaló tanto en el suelo como en la pared de la chimenea. También colocó lucernarios en toda la casa y amplios ventanales, como los del salón, para que la luz brillante y limpia de la montaña entrara en la casa todo el día. «Es casi imposible aprovecharla», asegura, «porque cambia con mucha frecuencia». El elegante elenco de muebles incluye un sofá Guillerme et Chambron de la década de 1960, tapizado en una exquisita lana gris acero, un sillón Flag Halyard de Hans Wegner de la década de 1950 con patas de acero blanco y una inusual *chaise longue* Tanga de Kerstin Olby, tapizada en lana de oveja. La figura de un armadillo disecado, perteneciente a la colección privada del cliente, puede parecer fuera de lugar, pero encaja perfectamente con la combinación de colores.

ALDRIDGE & SUPPLE
GRANJA EN LAS HÉBRIDAS
HÉBRIDAS, ESCOCIA, REINO UNIDO
2021

En 2020 Saffron Aldridge encontró una granja de piedra abandonada de principios de la década de 1900 y decidió convertirla en su hogar. La casa se encuentra en lo alto de un risco de una remota isla de las Hébridas, en el oeste de Escocia, y cuenta con una piscina de mareas a los pies. Pero Aldridge, escritora y modelo, siempre había tenido buen ojo para el diseño de interiores. Ese mismo año, junto con Scarlett Supple, diseñadora jefe de Soho House durante más de una década, fundó Aldridge & Supple, un estudio de diseño con sede en Londres. La casa de campo de las Hébridas resultó ser perfecta. Enseguida ampliaron la superficie de la casa, plantaron un tejado de césped e instalaron interiores que parecían auténticos y originales. El muro de granito de Caledonia en el que está empotrada la chimenea del salón se reconstruyó y se dejó a la vista, al contrario que las paredes contiguas, que se encalaron para crear un contraste de color. El suelo de pino bronco de origen local realza el aspecto antiguo de la habitación. «La paleta de toda la casa se inspiró en los tonos del brezo, el tojo y la turba del paisaje», apunta Aldridge. «Al mezclar diversos materiales ganamos en profundidad y calidez», añade, señalando el juego de texturas de *tweed*, espiga, buclé y cáñamo desgastado. El sofá bajo de lana irlandesa gris es de diseño propio, al igual que la alfombra de yute. Los toques de época incluyen una mesa Cricket con trípode del siglo XIX, un sillón de cuero *vintage* y una silla de caña tejida. En la cocina, la mesa de roble antiguo y los bancos de olmo combinan con los suelos de piedra de cantera de Norfolk y los armarios de madera recuperada. Sobre la amplia mesa central cuelga una lámpara que encontró en Portobello Road. La forma abovedada de la pantalla se hace eco del cuadro de la posguerra que decora una pared cercana (adquirido en Dorian Caffot de Fawes, en Londres). En un acogedor espacio de piedra y madera junto al vestíbulo principal, un par de sillones de cuero estilo *arts and crafts* del siglo XIX se congregan en torno a una estufa de leña Esse.

NEUTRO

Lo más fascinante de la sobriedad estética es que canaliza la atención hacia detalles, como las superficies, texturas o materiales, que pueden hacer que un espacio parezca, a su vez, más vivo. Las habitaciones en tonos neutros nos permiten apreciar las formas de los muebles y los contrastes de colores y patrones que despiertan los objetos y las obras de arte. Pero ¿por qué la neutralidad sigue tan presente en la estética actual? Uno de los factores es la persistente popularidad del diseño escandinavo moderno, que atrajo por primera vez la atención internacional durante los años posteriores a la Segunda Guerra Mundial. Sus estructuras diáfanas y su predilección por los materiales naturales y artesanos encajan con las paletas neutras y sencillas (como es el caso de los sillones Round de respaldo curvado de Hans Wegner o los pliegues redondeados de las sillas Swan de cuero marrón de Arne Jacobsen). Los aficionados al diseño también siguen apreciando con devoción el *art déco* y su paleta limitada. Buen ejemplo de ello son los muebles sencillos realizados con materiales suntuosos del diseñador francés Jean-Michel Frank, que en las décadas de 1920 y 1930 introdujo en los salones de París y Nueva York elocuentes combinaciones de beis, marrón y dorado con materiales exuberantes como la seda, la piedra, la madera y el *chagrín*. Las tendencias actuales hacia el diseño sostenible también favorecen la elección de paletas más tenues, en las que cobran protagonismo las maderas y los tejidos reutilizados y donde el mobiliario *vintage* sigue teniendo cabida. En un mundo de tonos neutros se respira una elegancia atemporal, la elegancia de la quietud.

Cuando el diseñador Vincenzo De Cotiis remodeló el salón y el comedor de su apartamento de Milán, se aseguró de preservar «la esencia histórica del espacio, para lo que conservó las paredes, en las que se apreciaba el paso del tiempo». En sus manos, la paleta de colores crema, topo y marrón abrió una ventana al alma de las habitaciones. «Este espacio, cargado de historia, llamaba a gritos una transformación que conjugara su antigüedad con un aire contemporáneo», explica. «Una paleta neutra sirve de lienzo para que la arquitectura y los objetos articulen su propia narrativa. Aporta una tranquilidad atemporal, una elegancia discreta que no compite con los elementos del interior, sino que realza su presencia».

Cuando Lotte y Dennis Antonio Bruns, del estudio DAB de Ámsterdam, se mudaron a su casa del siglo XVII, situada en un canal, también reconocieron la importancia de los detalles originales. Usaron la paleta natural de las vigas de madera del techo, las paredes de ladrillo y los suelos de tablones anchos como punto de partida para seleccionar el mobiliario, y optaron por mezclar colores como el arena, el crema y el nogal con otros más oscuros, como el caoba y el negro. «Nuestro diseño era una forma de tejer relaciones entre los objetos y el mobiliario a través del color y de mantener una conexión con la historia y el lugar», cuenta Lotte.

Tiffany Howell, del estudio Night Palm, recurrió a una paleta de tonos miel para definir el carácter de un comedor en Los Ángeles. «Buscaba crear una habitación serena y romántica en la que se pudieran compartir historias». El telón de fondo neutro «deja espacio para la calma y permite modificar el paisaje emocional de la habitación a medida que avanzan las conversaciones». En sus impecables diseños, la iluminación es clave. De día, los rayos del sol bañan el espacio e inspiran alegría, mientras que un aura dorada lo cubre por la noche, cuando las luces se encienden y regulan. De las sombras y los reflejos surgen estados de ánimo y posibilidades, dice Howell.

«Durante la mayor parte de mi vida y sin duda al principio de mi carrera habría evitado los espacios neutros», confiesa Rafael de Cárdenas. «Pero los tiempos cambian y ahora me llaman la atención cosas que antes me dejaban impasible... He estado trabajando en varios proyectos que se inclinan por los tonos neutros, beis, miel y dorado». Uno de esos proyectos fue un comedor parisino en un hotel de la época haussmaniana, con paredes revestidas en madera, suelos de parqué pintados de blanco y mobiliario a juego. «Disfruto con la emoción contenida que se puede imprimir en un espacio al usar materiales y tejidos de tonos similares», reconoce. A veces tiene sentido utilizar una decoración deslumbrante y colorida, explica, pero una paleta neutra «permite que los momentos y emociones de la vida den sentido a un espacio residencial».

Elizabeth Roberts es conocida por crear espacios conectados con su entorno. «Nos encanta fijarnos en el paisaje que rodea una propiedad y en cualquier estructura o rasgo arquitectónico que pueda haber heredado para incorporarlo a nuestros diseños». En su estudio satélite en Bellport, Long Island, combinó paredes de un blanco nítido con suelos pintados de azul pálido. Así pudo integrar en el espacio todas las peculiaridades que caracterizaban al espacio, impregnándolo de encanto y personalidad. Sobre el empleo de una paleta de colores tenue, reconoce que «nos permite trabajar con uno de nuestros elementos naturales favoritos: la luz del sol, que dejamos que se refleje en las paredes e ilumine los interiores».

La luz también desempeña un papel protagonista en la obra del diseñador Teo Yang, que vive en una casa tradicional (o *hanok*) de 1917 en el barrio residencial más antiguo de Seúl (Corea del Sur). El edificio cuenta con un patio interior y está rodeado por un jardín, que Yang considera un recurso enriquecedor para la vida cotidiana. «Creo que los seres humanos tenemos la necesidad imperante de estar en contacto con la naturaleza, sobre todo en la ciudad», argumenta. «La gente necesita más espacios para conectar con el mundo natural y sentirse en paz». Su propio dormitorio tiene toques orgánicos: suelos de roble, vigas de pino rojo, un antiguo baúl *bandaji* de madera oscura y una cama que él mismo diseñó y que representa las fases de la luna. El conjunto es todo un tratado sobre los tonos neutros y la serenidad. Gracias al patio interior, cuenta con vistas al jardín por dos lados, lo que también aporta luz natural y sombra. «La luz del sol que penetra en la habitación genera maravillosos cambios sutiles a lo largo del día y crea una conexión holística con la naturaleza», explica. «A medida que se acerca la noche, las sombras de los muebles sobre las paredes se alargan y se hacen más profundas», anunciando el final del día.

ELIZABETH ROBERTS
CASA DE BELLPORT
BELLPORT, NUEVA YORK, EE. UU.
2022

La arquitecta Elizabeth Roberts considera que su manera de entender el espacio y la luz vienen determinados por sus raíces californianas, donde el aprecio por la naturaleza y la arquitectura moderna coexisten en armonía. Roberts estudió arquitectura y conservación del patrimonio y en 1998 fundó un estudio homónimo en Brooklyn, que cuenta también con otro satélite en Bellport, Long Island, en una casa de la década de 1930 cerca de su segunda residencia. El estudio, que hace las veces de casa de invitados, es un ejemplo de la estética depurada y desenfadada de Roberts, y de su respeto por la historia de cada lugar. El salón con desnivel fue en su día un garaje, pero el propietario anterior lo transformó en sala de estar. También aprovechó uno de los paneles de la puerta del garaje para construir un armario, que puede distinguirse a mano derecha de la única obra de arte de la sala, una pintura a la cera azul y blanca de Robin Hill. También conservó las columnas de acero forradas de madera recogida del mar que nos retrotraen a la estética de una casa de playa. Al pintar las paredes y el techo de un blanco sedoso (Chantilly Lace de Benjamin Moore) y los suelos de un tono reflectante de azul muy claro (Light Blue de Farrow & Ball, tan sutil que parece blanco) suavizó las asperezas materiales de la habitación. El mobiliario incluye un sofá de color cuarzo sobre una alfombra de sarga oscura y un sillón Womb de Eero Saarinen, que tapizó en un esponjoso *bouclé* «casi del color de la nieve». En el pálido conjunto de esta gran aficionada a la música destacan un piano de cola Yamaha C3 de 1970 y la silla contemporánea Bone de arce ennegrecido de Loïc Bard, el asiento preferido de la arquitecta para tocar el violonchelo.

RAFAEL DE CÁRDENAS
RESIDENCIA EN PARC MONCEAU
PARÍS, FRANCIA
2014

Antes de fundar su estudio de arquitectura homónimo (llamado Architecture at Large en su origen), en 2006, Cárdenas fue diseñador de ropa para Calvin Klein y director creativo de la productora Imaginary Forces. No es de extrañar, pues, que no le costara encontrar un equilibrio entre la contención y el dramatismo, como demuestra en el comedor de un magnífico *hôtel particulier* de la época haussmaniana del siglo XIX en el octavo distrito de París. El espacio, en su día un salón, tiene ese encanto del viejo mundo tan propio de las casas parisinas, incluidas la extraordinaria *boiserie* (panelería tallada) de roble blanco y las altas puertas francesas de dos hojas de los balcones, con barandilla de hierro. «La madera desgastada invita al tacto y a la interacción, con su calidez y familiaridad. Tallada por expertos, ofrece una experiencia excepcional», explica. «Nuestro objetivo era restaurar la atmósfera histórica, que no pareciera intervenida sino desempolvada, y añadirle un toque actual con el mobiliario y los accesorios». Dicho y hecho. Cárdenas le infundió un aire contemporáneo al pintar el suelo de roble de blanco, que resalta el veteado de las paredes. «No fue una decisión fácil porque los suelos son de un precioso parqué chevrón», reconoce, «pero el contraste de color hizo que las paredes se antojaran más especiales e imponentes». Una mesa campestre francesa, de procedencia local, ocupa un lado de la estancia, junto con un juego de sillas auxiliares Miss Trip de la década de 1990 de Philippe Starck para Kartell. De la lámpara de pie de la esquina derecha, que encontró en un brocante, dice entusiasmado: «Es una pieza impresionante y está claro que fue hecha a mano, seguramente por un aficionado». Los destellos rojos y ámbar de los cuadros, todos ellos del artista francés Jean Dolande, resaltan la calidez de la madera, mientras que una silla Piao con un despeinado reborde de papel blanco, obra de Christoph John, Zhang Lei y Jovana Bogdanovic, recuerda a las sombrillas y farolillos tradicionales de papel de Yuhang y ofrece un desenfadado contrapunto frente a la *boiserie*.

VINCENZO DE COTIIS
PALAZZO BELGIOIOSO
MILÁN, ITALIA
2019

Vincenzo De Cotiis siempre piensa en las posibilidades que ofrece el diseño. Para este arquitecto y artista milanés, que fundó su estudio de diseño en 1997, es fácil ver los ingredientes esenciales de una habitación, incluso si se han tapado en anteriores reformas. El salón comedor de su propia casa, un palacio del siglo XVIII del elegante barrio milanés de Corso Magenta, lo demuestra y revela su habilidad para encontrar semejanzas sutiles entre objetos aparentemente dispares. De Cotiis diseñó las dos mesas de latón y fibra de vidrio (las mitades inferiores son cascos viejos de barco), los taburetes a juego, la futurista lámpara de latón y mármol que cuelga del techo y el biombo plegado de fibra de vidrio pintada a mano y latón plateado, similar a otro que hay en el dormitorio. Todos los elementos tienen los tintes ahumados y espectrales del metal sin pulir. «Una paleta neutra no es una mera elección estética, sino una postura filosófica», afirma. «Consiste en asumir la imperfección y la belleza inherente de los materiales». Esta idea queda patente en el tríptico de rocas falsas, accesorios de teatro de la década de 1980, ahora instalados en línea recta en la pared. La variedad de accesorios y apliques genera dinamismo y asombro sobre el telón de fondo blanquecino del yeso sin pulir en el que todavía se puede entrever el tono original de las paredes. Incluso el generoso zócalo de latón que recorre la habitación, que oculta las tomas eléctricas, parece otra pieza de este exquisito conjunto. Para evitar la moqueta tradicional, instaló una fina tarima blanca de resina que armoniza aún más los colores de la habitación en su reflejo. En el dormitorio, lleva esta estrategia un paso allá y coloca la cama sobre una tarima de reluciente color plateado.

TEO YANG
RESIDENCIA EN BUKCHON HANOK
SEÚL, COREA DEL SUR
2017

El surcoreano Teo Yang diseña con la mirada puesta en el futuro, pero sin perder de vista el pasado. Desde que fundó su estudio de diseño y de estilo de vida, Teo Yang Studio, en 2009, este diseñador afincado en Seúl ha trasladado su estética sobria, inspirada en la naturaleza, a todo tipo de disciplinas, desde interiores hasta productos para el cuidado de la piel. Un par de *hanoks* coreanos, construidos en 1917, albergan su casa y su lugar de trabajo. Vivir en estas sencillas estructuras de madera dentro de una ciudad que avanza a un ritmo vertiginoso ha influido mucho en su creatividad. «Al igual que la arquitectura tradicional de la casa, la paleta neutra nos recuerda que formamos parte de la historia de la humanidad; siempre recurrimos a los colores de la naturaleza», afirma. «Nos da perspectiva sobre la sostenibilidad y la paz interior. La paleta neutra es el escenario perfecto para disfrutar de la luz natural, la oscuridad y la serenidad». Su dormitorio es un excelente ejemplo. «Los elementos arquitectónicos centenarios crean armonía en el espacio», dice del modo en que las grecas de la ventana, los tablones de madera de roble coreano del suelo y las vigas del techo de pino rojo de Gangwon-do, talladas a mano, se rigen por un lenguaje geométrico común. También la silla con respaldo de escalera reverbera la estética cuadriculada junto a la ventana (una reproducción Cassina de la emblemática silla Hill House 1 de Charles Rennie Mackintosh). Cerca descansa un arcón coreano (o *bandaji*), una reliquia familiar del siglo XIX. La linealidad deja paso a las curvas con el patrón de círculos marrones y beis entrelazados que forman el cabecero tapizado de teca y ante que diseñó para Savoir Beds. Los círculos representan la luna en tres fases y, aunque conforman la pieza más contemporánea de la habitación, están cargados de simbología tradicional. «En Asia, la luna simboliza la figura materna y vela por los que duermen». El número tres, presagio de buena suerte, vibra de fondo con optimismo, inspiración y creatividad, tres de las fuerzas que confluyen en este tranquilo espacio.

NIGHT PALM
SANTUARIO EN LOS ÁNGELES
LOS ÁNGELES, CALIFORNIA, EE. UU.
2022

La diseñadora de interiores Tiffany Howell cree que los espacios deben reflejar las historias de las personas que los habitan. Howell, que en 2016 abrió el estudio Night Palm en Los Ángeles junto con su socio William Melton, había tendido una exitosa carrera como productora de vídeos musicales antes de decantarse por el diseño, de ahí que sus interiores suelan ser deslumbrantes y originales. Su compromiso con las necesidades de sus clientes hizo que una dinámica pareja de Hollywood recurriera a ella por tercera vez. Acababan de comprar una casa renacentista italiana de la década de 1920 en el barrio de Hancock Park, en Los Ángeles, y deseaban que fuera un remanso de paz para ellos y sus hijos adolescentes. Las capas neutras del luminoso comedor transmiten calma. Los arrimaderos, pintados en Candle Light de Benjamin Moore, proporcionan un ritmo visual que envuelve a los habitantes de la habitación. «Por la noche, el espacio resulta bastante cinematográfico», asegura Howell. «Me recuerda a una hermosa película italiana de época». En el centro de la sala hay una mesa de comedor de Karl Springer, cuya superficie recuerda al alabastro. (Springer se formó inicialmente como encuadernador y así aprendió el dominio de técnicas y habilidades relacionadas con el revestimiento con papeles, telas y pieles naturales.) Un juego de sillas *vintage* Viscount de Dan Johnson con asientos de cuero color marfil rodean el reluciente óvalo de la mesa. Encima se extienden los brazos de una araña de latón sin lacar que Howell compara con «una luna resplandeciente». Las pantallas de las lámparas, de cristal de Murano, abovedadas y de color ahumado, imitan el patrón de ovas y dardos que decora la cornisa de la habitación. El niño del cuadro del artista brasileño Élon Brasil contempla el paisaje interior y el jardín al otro lado, y proporciona el único punto emotivo dentro de la neutralidad del espacio.

DAB STUDIO
APARTAMENTO EN EL CANAL
ÁMSTERDAM, PAÍSES BAJOS
2022

La casa de Lotte y Dennis Bruns, el matrimonio que lidera DAB Studio en Ámsterdam, posee una elegancia terrenal. Se trata de una de las tradicionales casas del siglo XVII situadas en el barrio de Keizersgracht, en Ámsterdam, estrechas y profundas, en la que viven con su único hijo. La antigüedad del edificio explica los techos bajos de las habitaciones y su profusión de detalles arquitectónicos, como los suelos de roble de tablones anchos y las pesadas vigas del techo. Los Bruns, que abrieron su estudio en 2016, no tenían prisa por llenar el espacio y optaron por la moderación a la hora de seleccionar el mobiliario. «Este proyecto era algo personal; los objetos que elegimos pueden encajar en casi cualquier interior y época, ese es su punto fuerte», explica Dennis. Entre los muebles del comedor hay una mesa de travertino ovalada y un cuarteto de sillas alemanas de nogal y cuero de la década de 1970, atribuidas a Ernst Martin Dettinger. La lámpara de pie de hierro Lampada Cappello Da Terra de la esquina es del diseñador siciliano contemporáneo Oscar Piccolo. El cuero envejecido de un sofá Sesann de la misma década que las sillas, obra de Gianfranco Frattini, aporta un toque de suavidad. Reflejadas en el espejo, un par de elegantes sillones ovalados de estilo *Mid Century* enlazan sutilmente con la silueta orgánica de la mesa y acompañan a un tótem colgante que la pareja adquirió en Sudáfrica. «Los colores tenues nos permitieron ser más elocuentes con otras aspectos, como el arte», explica Lotte sobre esta pieza, así como sobre un cuadro de inspiración cubista colgado cerca de la mesa, obra del artista de Ámsterdam San Ming. El escritorio, junto a las ventanas, reposa sobre gruesas columnas con zócalos de aluminio y va acompañado de un robusto par de sillas Chippensteel de metal negro de Oskar Zieta. La lámpara del escritorio es obra de Gaetano Sciolari y procede de un coleccionista de Amberes. «Cuando los tonos naturales coexisten en un espacio, crean un fuerte contraste y una cohesión serena», concluye. «Es paradójico, igual que en las relaciones humanas».

ORGÁNICO MODERNO

Aunque «orgánico moderno» es un término relativamente nuevo en el canon estilístico, llevaba ya un cierto tiempo anunciándose. De manera similar al diseño biofílico, bebe de las teorías del arquitecto estadounidense Frank Lloyd Wright, que acuñó el término «arquitectura orgánica» para describir a los edificios que se fusionan con el paisaje. Esta integración entre materialidad y forma puede ser igual de poderosa en un interior si se encuentra en sintonía con su entorno y construye su identidad a partir de materiales, formas y texturas naturales. A veces, es el contraste entre estos materiales orgánicos (una madera tosca frente a un cristal o unos azulejos lisos y un *bouclé* de lana texturizado) lo que ayuda a amplificar sus cualidades fundamentales. Las líneas curvas desempeñan un papel relevante en estos espacios: hay algo acogedor en un sofá de líneas sinuosas o una mesa circular que invita a sentarse. Las formas orgánicas denotan que una habitación está pensada para compartirse, pero también como retiro. En el estilo orgánico moderno, sincrético, las líneas fluidas y las formas bajas de estilo *Mid Century* se entremezclan con texturas y colores neutros cálidos o terrosos, inspirados en el bosque.

Eduardo Tazón y Antonio Mora, del estudio madrileño Noju, describen la reforma de una vivienda en el famoso edificio Torres Blancas de 1969 como un acto de «preservación contemporánea». De esta torre brutalista, construida por el arquitecto Francisco Javier Sáenz de Oíza, que abrió España a la arquitectura moderna, Tazón dice: «La estructura debía armonizar con los elementos naturales que la rodean, tanto en el exterior como en el interior». Guiados por la sensibilidad de Oíza, instalaron una pared curva tachonada de círculos de metacrilato amarillo retroiluminados y añadieron óculos en referencia al diseño original del edificio. Era una forma de manipular «algo tan intangible como la calidad de la luz», subraya Mora. Por otra parte, la elección de muebles de salón con curvas ligeras «encajaba con el lenguaje arquitectónico del espacio», añade.

Cuando la arquitecta londinense Sally Mackereth empezó a retirar lo que ella denomina «capas de reformas despiadadas» en una vivienda de Londres, se encontró con unas líneas modernas limpias y una estimulante sensación de volumen. El espacio, de doble altura, era muy luminoso gracias a los ventanales de aluminio originales del edificio, de la década de 1960. Mackereth quería construir una librería que celebrara las líneas rectas de la arquitectura original pero «entretejerla de manera consciente con formas curvilíneas fluidas y materiales suaves y naturales para crear un entorno con una arquitectura inspiradora pero habitable».

El color y la forma se baten en duelo en un fantástico salón de Toronto diseñado por la canadiense Colette van den Thillart. «El techo es de un verde muy terroso», explica, disfrutando de la ironía de esa afirmación. «Se inclina hacia el olivo y refleja los subtonos de la alfombra. Por el contrario, la estantería, de un verde más nítido y lacado, añade algo de brillo al reflejar la luz del sol o, por las noches, de las lámparas, farolillos y velas». Aunque el espacio está repleto de todo tipo de formas imprecisas, cobra vida con las huellas de la alfombra. «Siempre intento crear un cierto desconcierto, ese tipo de tensión que surge cuando juntas tradición con reinvención», confiesa.

Un verde potente domina también un salón parisino diseñado por Maria Speake. «Los colores saturados son dinámicos y evocadores», afirma, como el verde de los sofás Pierre Augustin Rose, que ayuda a establecer una conexión natural con el exuberante patio que hay debajo. Junto a su marido, Adam Hills, cofundadores de Retrouvius, una tienda de objetos de segunda mano y estudio de diseño con sede en Londres, utilizaron las dramáticas curvas de los sofás, una chimenea sueca redonda de azulejo y una lámpara de araña con varias orbes de estilo *Mid Century* para conferir una energía arrolladora a la habitación.

Hay algo íntimo y relajante en las curvas con las que Vani Bhutani diseñó un salón en Surat (India), desde la amplitud de una puerta arqueada y un sofá redondeado hasta los contorneados detalles del techo. Los tonos arena, verde salvia y moca definen este paisaje terroso en contraste con la limpieza y el sosiego de materiales como el cristal y la piedra pulida. En las paredes, la diseñadora se inclinó por una mezcla de cal y hormigón para «darle un aspecto natural, pero moderno», explica. «Esto permite que una pared lisa se transforme en un elemento interesante sin añadir ningún objeto en el interior».

Incorporar materiales y colores que reflejaran una conexión con la naturaleza fue primordial para Tavia Forbes y Monet Masters, con sede en Atlanta, al diseñar una casa en Maplewood, Nueva Jersey. «Preferimos mantener la sobriedad del espacio», asegura Forbes, y señala que «las líneas depuradas y la falta de excesos transmiten una sensibilidad orgánica moderna». Según Masters, «la paleta terrosa de la habitación, el uso de tejidos sostenibles y materiales naturales, como los suelos de roble claro y las sillas de madera brasileña, están en la línea del diseño orgánico moderno».

COLETTE VAN DEN THILLART
RESIDENCIA EN TORONTO
TORONTO, CANADÁ
2022

Colette van den Thillart es experta en crear espacios fantasiosos y alegóricos. Esta diseñadora abrió la sede canadiense de Nicky Haslam Design, que hoy opera bajo su nombre, en 2011. Cuando una pareja cuyos hijos ya habían volado del nido le pidió que renovara su casa de Toronto, de la década de 1920, una de sus prioridades era redefinir una salita infrautilizada que querían transformar en una habitación en la que pudieran recibir a sus invitados. Van den Thillart les propuso una interpretación lúdica del jardín del Edén. «Las formas orgánicas permiten aprovechar la escala de una habitación con formas amplias y crear una atmósfera poética», afirma. «En el sofá Serpentine caben una docena de personas, pero las esquinas curvas crean rincones acogedores para leer, así que instalamos luces de lectura en los extremos». Una tela de ramio Braquenié de Pierre Frey, con ramas de flores rosa pálido y ciruela, se convirtió en la piedra angular de la paleta de colores de la sala. Van den Thillart impregnó el espacio con los tonos de este estampado botánico, incluido el verde intenso y lacado que satura la pared de la estantería, el oliva apagado del techo y el rosa cálido que bordea los estantes de la librería y los asemeja a una celosía de jardín. Van den Thillart diseñó el motivo de la pared de la chimenea, que imita los rayos del sol. Frente a ella se encuentra un banco en forma de *boomerang* de la década de 1950. Unas huellas de león (un guiño a los dueños de la vivienda, grandes admiradores de estos felinos) recorren la alfombra verde musgo y aluden a un patrón de la década de 1930 utilizado en Monkton House, la excéntrica casa del mecenas británico Edward James, cuyos escalones estaban bordados con las huellas de los pies mojados de su esposa. (Tras su divorcio, las cambió por las de sus perros, loberos irlandeses). Van den Thillart completa esta bucólica estancia con un par de mesas Willy Daro de la década de 1970 con patas de latón en forma de ramas, una mesa trípode blanca con tablero de latón de Muse Design y una escultural butaca italiana de la misma década que las mesas.

STUDIO NOJU
UNIFAMILIAR EN TORRES BLANCAS
MADRID, ESPAÑA
2022

Eduardo Tazón y Antonio Mora, del madrileño Studio Noju, conocieron la obra de Javier Sáenz de Oíza cuando estudiaban arquitectura. El edificio más famoso de este visionario arquitecto español, Torres Blancas, es una torre brutalista de 1969, el árbol de hormigón más grande de la capital española. «Es un ejemplo perfecto del organicismo español, un movimiento que fomentaba la armonía entre el hábitat y la naturaleza», explica Tazón. Cuando el dúplex más grande del edificio quedó disponible, Tazón y Mora, que fundaron su estudio en 2020, aprovecharon la oportunidad para revitalizar el emblemático espacio. Las reformas anteriores «habían intentado estandarizar la planta baja y distorsionado por completo la fluidez de la obra de Oíza», afirma Mora. «Los tabiques ocultaban las curvas originales y las dos terrazas de la vivienda se habían cerrado e integrado en el interior. Decidimos recuperar la esencia del espacio y adaptarlo al lenguaje contemporáneo». Ahora el salón, luminoso y diáfano, cuenta con suelos de roble francés claro y una pared serpenteante salpicada de círculos de metacrilato amarillo retroiluminado (en referencia a los bloques de pavés de color dorado utilizados en la cocina original de Oíza). Diseñaron «óculos» circulares de LED, que imitan los grandes parasoles amarillos de la entrada del edificio, y recuperaron el suelo original de alicatado verde de la terraza «para que se convirtiera en el corazón natural de la casa», explica Tazón. «Nos decidimos por un mobiliario atemporal de formas redondeadas y suaves, adaptadas al lenguaje arquitectónico». Hay un sofá blanco curvado Gogan de Patricia Urquiola, que se inspira en una roca erosionada por el agua del río; un par de sillones Fly SC1 de Space Copenhagen (la tapicería amarilla es otro guiño a la cuadrícula acristalada del edificio) y un par de mesitas auxiliares Stump de madera Hem de Faye Toogood. «La casa respira sus ideas originales, pero refleja nuestro sello como estudio», afirma Mora.

RETROUVIUS
TRÍPLEX EN PARÍS
PARÍS, FRANCIA
2023

Maria Speake y Adam Hills construyen sus diseños a partir de las narrativas contenidas en los materiales que reutilizan, ya sean pomos con un cálido brillo de desgaste o madera suavizada a través de los siglos por el uso. Retrouvius, una legendaria tienda de segunda mano y estudio de diseño londinense cofundado por este matrimonio, abandera la sostenibilidad desde 1993 y no solo por razones medioambientales, sino por la pátina y la originalidad que aportan al espacio los objetos antiguos. El estudio, capitaneado por Speake, remodeló la planta superior de un tríplex ubicado en un edificio del siglo XVIII de la orilla izquierda del Sena, en París, en el que transformó los dormitorios en zonas comunes y una cocina. Era importante trasladar los espacios habitables a la planta de arriba, que cuenta con más luz natural y vistas al patio de abajo, explica Speake. El suelo de parqué de roble, descuidado durante mucho tiempo, se revitalizó con un rubio champán. Cuando se retiraron los falsos techos, el salón recuperó treinta centímetros de altura y su decorativa cornisa original. Eso significa que ahora hay espacio de sobra para una lámpara de araña Stilnovo de la década de 1980, con un círculo de globos de cristal y latón, y una *kakelugn* sueca (estufa cerámica), alta y redonda. Un par de apliques italianos de la década de 1950 montados entre el trío de puertas francesas originales transmiten una cierta energía reptiliana, con su diseño cónico en forma de espiral. Un conjunto de sofás Pierre Augustin Rose de estilo *Mid Century* tapizados en *bouclé* verde musgo añade exuberancia y un toque pop, mientras que las sillas Margherita de ratán con forma de embudo de la década de 1950, diseño de Franco Albini, aportan curvas más decorativas. Un par de mesitas auxiliares *vintage* de Roger Lemaire con patas de latón dobladas, como si rezasen, quizá expresen gratitud al ver que todo lo viejo vuelve a ser nuevo.

FORBES MASTERS
CASA EN MAPLEWOOD
MAPLEWOOD,
NUEVA JERSEY, EE. UU.
2023

«Queríamos que fuera un espacio tranquilo y minimalista», explica Monet Masters sobre el sereno comedor de una casa en Maplewood, Nueva Jersey, que diseñó recientemente junto con su socia y pareja, Tavia Forbes. «Es una habitación para relajarse, así que era importante que se notara el contraste frente a la decoración estampada y maximalista de la sala de estar contigua». Los dos diseñadores, que en 2016 crearon el estudio de diseño de interiores Forbes Masters en Atlanta, adoptaron una sensibilidad moderna y orgánica basada en líneas depuradas. Los suelos claros y blancos de roble nórdico y las sillas Giraffe de la diseñadora brasileña Juliana Lima Vasconcellos «ponen de relieve la conexión con la naturaleza; los tonos verdes y marrones terrosos, por su parte, resultan armoniosos y terrenales», describe Forbes. Una serie de grandes cortinas blancas y traslúcidas filtran la abundante luz del sol que entra por las ventanas desde el jardín, mientras que el techo negro y brillante se antoja como un cielo protector. «El color oscuro hace que el espacio parezca más íntimo, lujoso y misterioso», asegura Masters sobre el tono elegido (Black Beauty de Benjamin Moore). «Por la noche, con los reflejos que se desprenden desde la araña orbital, parece un cielo nocturno plagado de estrellas». Una mesa Grotto circular ebonizada de Modloft evoca sustancia y sofisticación, y es fácil de mantener limpia, una prioridad para sus dueños, que tienen un niño pequeño. («Decidimos no poner alfombras», dice Forbes, «una cosa menos para limpiar».) Consideraron también que la escultura de resina del artista haitiano Morel Doucet que habían pensado colocar era demasiado valiosa y susceptible de estropearse hasta que su hijo creciera un poco. Así que encontraron rápidamente una escultura de resina alta y abstracta de una mujer y la colocaron en la esquina de la sala mientras tanto, delante de un biombo ondulado de nogal negro fabricado por el padre de Forbes, el carpintero Beswick Forbes.

VANI BHUTANI
CASA WABI SABI
BOMBAY, INDIA
2023

Vani Bhutani diseña espacios tan sutiles como únicos. A través de la cuidadosa disposición del mobiliario, los objetos y la iluminación, a menudo de cosecha propia, hace realidad los espacios soñados de sus clientes. La diseñadora abrió su estudio en 2011 con sede en Surat (India) y desde entonces se ha hecho un hueco en el panorama internacional por sus interiores relajantes en los que combina líneas suaves con materiales orgánicos y colores apagados. En el salón de un apartamento de Surat, su paleta de marrones suaves, beis, verdes y blancos transmite exuberancia y sosiego. Los clientes buscaban «frescura y sencillez», explica la diseñadora, por lo que adoptó formas básicas y minimalistas, como los arcos y los círculos del salón, que «aportan una sensación de seguridad, comodidad y totalidad». La mezcla de hormigón de cal de las paredes y el techo «crea una cualidad natural, terrosa y moderna que los transforma en un elemento interesante sin añadir objetos adicionales», señala. El moteado gris platino del suelo de mármol italiano sugiere la tactilidad de una alfombra, mientras que el techo contorneado recuerda al *art déco*. El mobiliario de la sala fue diseñado por Bhutani, incluidas las lámparas abovedadas que flotan sobre ella. Con sus formas redondeadas y oblongas, el sofá, la mesa y la consola casi parecen una colección de piedras que rebotan una y otra vez en el agua. La luz natural es otro de los elementos clave de este espacio, gracias a las inserciones de cristal gris y a las medias paredes que se han utilizado con un efecto espectacular. «Mantuvimos la parte sólida [de la pared] a la altura de los ojos y utilizamos cristal en la mitad inferior para aportar infinidad al suelo», concluye. Como colofón, una gráfica columna de ojos de buey refuerza las curvas decorativas de toda la habitación, confiriéndole al espacio un aire a un transatlántico moderno.

LANA

STUDIO MACKERETH
APARTAMENTO EN LONDRES
LONDRES, REINO UNIDO
2023

Para Sally Mackereth, que abrió Studio Mackereth en 2013, componer un interior es como crear una escultura. «La relación de la masa con el vacío es central en el diseño», afirma esta arquitecta y diseñadora británica. «La esencia de mi práctica consiste en llenar un espacio de luz, sonido y textura». En un piso londinense de varios niveles, Mackereth se inspiró en las formas fluidas y curvilíneas del estilo orgánico moderno para suavizar las líneas limpias de la arquitectura moderna. En una habitación de doble altura con vistas al jardín, diseñó un salón con una estantería de nogal y latón hecha a medida que ocupa toda la pared, de arriba abajo, y construyó un balcón que permite el acceso a la parte superior. «El entresuelo con galería amplificó la escala de la sala a la vez que permitió crear espacios más íntimos. La habitación resulta perfecta para celebrar grandes reuniones, pero también ofrece un espacio para la reflexión», explica. «La plataforma de hormigón del entresuelo está perforada con lentes circulares de cristal y la balaustrada de cristal transparente contribuye a crear la sensación de estar sobre una balsa flotante que domina el jardín y la disposición de los muebles del salón de abajo». Desde arriba, se aprecian las voluptuosas curvas de un sofá Cloverleaf de Verner Panton de 1969, en armonía con las líneas sinuosas de las mesas Pinwheel de Hvidt & Mølgaard, cuyos tableros de nogal descansan sobre patas de latón. «Piezas como estas ayudan a compensar los ángulos puntiagudos de la arquitectura», concluye. El amarillo solar de un icónico sofá Relax de Florence Knoll reverbera en las radiantes ondas de la alfombra de seda.

CON PATRONES

¿Qué tienen en común la cocina de una hacienda mexicana revestida de azulejos blancos y azules, un cine con falso techo a dos aguas en una casa de teja gris del norte de Nueva York y un comedor *Mid Century* de Los Ángeles con estampado a cuadros y vívidos papeles pintados que rozan la psicodelia? Pues, entre otras cosas, que todos han aprovechado el poder de los patrones y los estampados para causar impacto. Cuando una imagen se repite una y otra vez con la sutileza necesaria, pueden hipnotizar, energizar e incluso influir en el estado de ánimo de quienes los habitan. Mientras que los estampados a pequeña escala crean una sensación de tranquilidad, y más cuando predominan los tonos pálidos y tenues, realizados a gran escala y con colores llamativos son toda una declaración de intenciones.

Las colisiones caleidoscópicas de estampados son una de las especialidad de Frances Merrill, fundadora del estudio Reath Design, en Los Ángeles. «Veo el estampado como una herramienta más para crear espacios originales y personales para nuestros clientes», apunta. «Se pueden crear combinaciones originales mezclando cosas de forma inesperada». En una casa de Los Ángeles, decoró la cocina combinando frutas exuberantes, estampados de cuadros variados y *patchwork* de falso *crochet* en llamativos tonos amarillo limón, mandarina, cereza y burdeos. Aprendimos por ensayo y error, explica Merrill. «Hay que tener ganas de pasar algo de tiempo hasta dar con la fórmula adecuada», añade. «Dicho esto, creo que un estampado floral nunca defrauda».

Jeffrey Bilhuber se apresura a señalar que los patrones no necesitan gritar para hacerse oír. Para el salón de un adosado en Manhattan, este diseñador, afincado en Nueva York, comenta: «Cubrimos las paredes con azulejos marroquíes blancos, hechos a mano, para que el dibujo fuera sutil, casi pasivo. Los patrones impulsan el diseño desde la arquitectura. El ritmo de las baldosas me dio la oportunidad de extender el patrón por el espacio». Bilhuber contrastó esa sutileza con la fuerza: «Utilicé un diseño más estridente y global en el sofá para romper la grandes dimensiones de la habitación. En esencia, el patrón funciona como una especie de camuflaje».

A Michelle Nussbaumer, la gran dama del diseño de Dallas, le fascinan la historia y los orígenes transculturales de los patrones, que utiliza para establecer conexiones dentro de las habitaciones. «Los diseños de Marruecos y México tienen el mismo punto de partida histórico», explica sobre la forma en que ha entretejido las influencias mexicanas, árabes y españolas en la cocina de su propia hacienda en la localidad mexicana de San Miguel de Allende. «La Alhambra es un ejemplo perfecto. Los musulmanes influyeron en los españoles, que a su vez lo hicieron en el Nuevo Mundo. Cuando llegaron a México, trajeron consigo su arquitectura y su diseño, que fueron evolucionando y desarrollándose a manos de los artesanos nativos». Buscar las intersecciones de colores y patrones entre los estilos, dice, amplifica esas conexiones y da a los diseños un hilo conductor histórico.

La amplificación fue clave para los diseñadores neoyorquinos Miles Redd y David Kaihoi a la hora de abordar una pequeña zona de la planta superior de una casa del siglo XIX situada en el norte del estado de Nueva York. Este espacio, destinado a las dependencias del personal, seguramente concebido como un pasillo, tenía una planta irregular y se encontraba bajo el alero inclinado del edificio. Podría haber quedado relegado al almacenaje, pero Redd y Kaihoi lo convirtieron en un cine. La profusión de estampados de las paredes y el techo hace que casi pasen desapercibidos. «Cuando todo es tan denso, casi se anula», explica Redd. Esta filosofía también parece encajar en el diseño de la casa, de estilo *shingle*, que incluye gran cantidad de muebles, espejos, libros y objetos de arte de lo más espectaculares. Cubrieron un pasillo con un derroche de estampados y convirtieron lo que podría haber sido un mero espacio de tránsito en un rincón de ocio deslumbrante y acogedor. «Cuando se apagan las luces y empiezan los créditos, los patrones se desvanecen», asegura Redd.

Lorenzo Castillo utilizó los estampados para crear un efecto envolvente similar en una habitación de invitados de su casa de vacaciones en el norte de España, donde suele recibir a familiares y amigos. Diseñar para sí mismo le permitió tomarse algunas licencias estéticas al margen del pragmatismo. «Me encanta jugar con el color y los estampados sin tener que ceñirme a las reglas», afirma el decorador madrileño. El estampado de las telas del dormitorio es divertido y desenfadado en todos los sentidos. «Cuando diseño para mí», confiesa Castillo, «sigo mis instintos y mi corazón más que mi cerebro y mi sentido práctico, por lo que las habitaciones tienen un punto de locura».

A la hora de utilizar patrones, el arquitecto neoyorquino Leyden Lewis prefiere saltarse las normas. «Suelo sentirme atraído por los patrones que parecen producirse de forma orgánica», explica. «Es lo que me interpela, lo que me pide el cuerpo». En la *brownstone* de Brooklyn de la artista Malene Barnett, lo que determinó el diseño fue una pared de cerámica hecha a mano por la propia Barnett. Lewis respondió a la fuerza de la pieza con un papel pintado (también diseño de Barnett) que, con su estampado beis sobre crema, vibra a una frecuencia más baja. También diseñó un banco, que combina los colores de la obra de Barnett y se integra en la chimenea. «Me encanta yuxtaponer elementos y crear conversaciones entre superficies y texturas», añade. «Cuando permitimos que diversos materiales y colores jueguen y dialoguen entre sí», explica, se genera «una narración cultural».

MICHELLE NUSSBAUMER
CASA DE VACACIONES FAMILIAR
SAN MIGUEL
DE ALLENDE, MÉXICO
2019

Michelle Nussbaumer cita a menudo su pasión por los viajes como su principal fuente de inspiración creativa. Esta pasión se refleja en los interiores cosmopolitas que diseña para clientes de todos los rincones del mundo, así como en las cuidadas selecciones de telas y muebles que elige para el *showroom* Ceylon et Cie, que abrió en Dallas en 1996. De todos los lugares del mundo, quizá el que más huella haya dejado en su imaginario sea San Miguel de Allende, la ciudad barroca de la época colonial ubicada en las montañas del Bajío mexicano, donde posee desde hace tiempo una casa de vacaciones. A lo largo de los años, la diseñadora ha transformado una hacienda en ruinas y un silo de cereal en un lugar de exposición y ha creado un auténtico edén sobre terrenos antes yermos. La intrépida estética de Nussbaumer se hace patente en la cocina, donde los azulejos de cerámica azul cobalto y blanco cubren casi todas las superficies. Inspirados en la cerámica de Talavera, un estilo vibrante y policromático asociado a la región mexicana de Puebla, los azulejos los fabricó a medida Ceylon et Cie y muestran algunos de los motivos trilobulados, florales y en zigzag que abundan en los diseños históricos. Incluso los recipientes de la encimera y los platos decorativos que cuelgan de las paredes, una mezcla de piezas nuevas y antiguas, presentan motivos similares, mientras que las grecas en forma de estrella del armario y la celosía decorativa de rombos que hay junto al techo se dan un aire marroquí. La estancia materializa una fusión transcultural muy afín con el espíritu viajero de la diseñadora, que cita la preponderancia del diseño árabe en el lenguaje estilístico que España trajo consigo cuando colonizó México. («No hay más que ver la Alhambra», señala.) Para Nussbaumer, el estampado no es solo decorativo, sino existencial: «Si observas la naturaleza, hay patrones por todas partes; incluso en los genes humanos».

LEYDEN LEWIS
CASA DE MALENE BARNETT
BROOKLYN, NUEVA YORK, EE. UU.
2022

La narración cultural, la materialidad y la profusión de colores que parecen habitar los espacios limítrofes entre las capas del arcoíris son algunas de las ideas que configuran los interiores del arquitecto y diseñador de interiores Leyden Lewis, que fundó su estudio homónimo en Nueva York el año 2000. Lewis es profesor de la Escuela de Diseño Parsons y de la de Interiores de Nueva York, así como miembro fundador del Gremio de Artistas y Diseñadores Negros, creado por Malene Barnett, artista de técnicas mixtas y creadora de comunidades. Recientemente, Barnett le pidió que la ayudara a revitalizar el adosado de Brooklyn en el que vive desde hace más de una década. En el corazón de la casa se encuentra el *Legacy Wall* (Muro del legado), una obra mural de Barnett que envuelve la chimenea del salón. La pieza, totalmente artesanal, resultado de la fusión de dos de los oficios de Barnett y Lewis (la cerámica y el diseño arquitectónico, respectivamente), deslumbra por la mezcolanza de azulejos esculpidos de cerámica azul y coral. En el espejo circular situado sobre la chimenea se refleja un papel pintado texturizado, también diseñado por Barnett, cuyo patrón geométrico de puntos en relieve comparte un lenguaje visual con su obra cerámica. En el espejo vemos asimismo las capas de papel japonés de la lámpara colgante Floatation de Ingo Maurer. A la derecha de la chimenea cuelgan tres cuadros de Wura-Natasha Ogunji, que se enmarcan en una versión más oscura del papel pintado de Barnett. La variedad de estampados de la habitación está casualmente conectada por los suelos de madera originales, de un tenue verde aguado. «Conservarlos era un guiño fundamental a la historia del cliente en la casa», explica Lewis. El banco de color melocotón, que él mismo diseñó y cruza la pared de la chimenea, extiende con ingenio la paleta de la vibrante obra maestra de Barnett hacia el centro de la habitación.

JEFFREY BILHUBER
CASA EN EL UPPER EAST SIDE
NUEVA YORK, NUEVA YORK, EE. UU.
2020

«Un patrón no tiene por qué impactar», explica Jeffrey Bilhuber. «A veces puede ser obvio, pero otras se revela poco a poco con el tiempo». Este diseñador neoyorquino es conocido por crear interiores repletos de matices artísticos («cuanto más los miras, más te dan», explica). Para el salón de una antigua cochera del Upper East Side de Nueva York optó por ese desarrollo paulatino. «La casa es muy lineal», apunta, «así que necesitábamos darle un toque redondo; el estampado es un recuso perfecto en estos casos. Lo primero que hicimos fue revestir las paredes con azulejos marroquíes totalmente blancos». La luminosa habitación es un punto de encuentro entre las distintas plantas de la casa. «Necesitaba disponer de un sofá con espacio para dieciocho personas», añade. «Lo hicimos a medida hasta el último milímetro». Los clientes coleccionan telas y tapices del mundo entero, por lo que el diseño de la tapicería se ajustaba perfectamente a sus gustos y contribuyó a difuminar la forma voluminosa del sofá, algo fundamental también para Bilhuber. El ritmo vertical de los libros en la moderna estantería Flat de B&B Italia mitiga asimismo la contundencia del sofá e «impulsa el patrón hacia arriba». El reluciente suelo de resina pintado de blanco combina con el brillo de las baldosas de cerámica. Del salón del cliente se trajo una mesa de centro de Sergio Rodrigues de estilo *Mid Century* con tablero de mármol. Los apliques, hechos con calabazas africanas huecas, aportan un cierto contraste orgánico a la brillante materialidad de las paredes y los suelos.

REATH DESIGN
CASA MID CENTURY
LOS ÁNGELES, CALIFORNIA, EE. UU.
2019

La clave de los diseños de Frances Merrill, fundadora del estudio Reath Design con base en Los Ángeles, radica en su desbordante inventiva. Desde 2009 se ha dado a conocer por su intrépido uso del color y los estampados. «Se necesita paciencia y tiempo para encontrar la mezcla adecuada», dice al respecto. El comedor y la cocina de una casa de mediados de siglo ubicada en el barrio de Altadena son la prueba de que lo bueno se hace esperar. Merrill realzó la estructura de las habitaciones pintando las vigas de soporte y las columnas de un tono burdeos (Bordéaux Red de Benjamin Moore) que emula la paleta de los arces japoneses del jardín. La tela escocesa Knoll del sofá de la cocina combina con el morado, mientras que las sillas estilo *shaker* de S. Timberlake que la acompañan reiteran el juego de colores con más nitidez, en esta ocasión rojo y negro. En el suelo del comedor, colocó una alfombra de *patchwork* rosa y azul que juega a descentrar el espacio con su tejido diagonal. Sin embargo, la decisión más valiente es el exultante papel pintado de Jennifer Shorto, que muestra racimos de naranjas rodeados de hojas sobre un fondo crema. (Algunas de las frutas aparecen cortadas por la mitad y de sus jugosos interiores, exquisitamente dibujadas, surgen ciudades en miniatura, en otra vuelta de tuerca a la fantasía.) Como punto de anclaje del espacio hay una mesa de comedor Harvest de Nickey Kehoe, de pino amarillo recuperado, y unos bancos de nogal hechos a medida. La silla cóncava Fledermaus de Josef Hoffmann, en la cabecera de la mesa, fue un feliz hallazgo en eBay. Está tapizada con una tela de cuadros *vintage* que Merrill, con su consabida predilección por los estampados, «¡tenía guardada hace años!».

REDD KAIHOI
CASA DE CAMPO ESTILO SHINGLE
NORTE DEL ESTADO
DE NUEVA YORK, EE. UU.
2022

Los interiores de Miles Redd y David Kaihoi son pura pasión. En sus espacios, la narrativa y el carácter impulsan el diseño con la misma fuerza que los patrones, los colores y las texturas. Gracias a su privilegiada visión, un espacio abuhardillado al que poca gente prestaría atención se puede convertir en una sala de cine que recuerda, en palabras de Redd, a una «tienda beduina» repleta de papel pintado en múltiples direcciones. Miles Redd arrancó el negocio en 1998 en Nueva York y cuando David Kaihoi se unió como socio en 2019 pasó a llamarse Redd Kaihoi. Recientemente han redecorado una casa de estilo *shingle* de 1895 en el norte del estado de Nueva York, y transformado en un espacio acogedor lo que, según Redd, «seguramente fue, hace mucho tiempo, un laberinto de habitaciones para el servicio». «El techo y las ventanas abuhardilladas me parecieron una oportunidad excelente para extender el patrón por todas partes», explica Redd. «Cuando te envuelve el estampado y el color, te invade una sensación de intimidad maravillosa, ideal para sentarte a ver una serie». La pantalla de televisión al otro lado de la habitación se refleja en un hipnótico espejo ojo de pez que adquirieron en una subasta. Entre los elementos secundarios, todos cubiertos de distintos tonos de rojo tomate, hay una butaca que fue propiedad de Mario Buatta, una mesa auxiliar japonesa barnizada y una moqueta que cubre todo el suelo. Las pantallas de las lámparas, los cojines y un sofá de ultrasuede están bañados también del mismo color. «El rojo es un color esclarecedor», concluye Redd. «Es cálido e intenso, y recoge los tonos del papel pintado. Sentarse en esta sala es como sumergirse en un Bloody Mary».

LORENZO CASTILLO
LA RECTORÍA
RIBADESELLA, ESPAÑA
2023

El amor por la historia y un profundo conocimiento del lugar son los ingredientes mágicos que subyacen al enfoque decorativo del decorador madrileño Lorenzo Castillo. Estudió historia del arte y se formó como anticuario antes de abrir una tienda en 1992, que posteriormente pasó a ofrecer diseño de interiores a petición de su clientela. «Mi objetivo era crear un espacio para los niños y la familia», explica Castillo sobre uno de los dormitorios del quinto piso de su casa de vacaciones de estuco y piedra en Ribadesella, a orillas del Cantábrico. «Es la habitación más alta de la casa, tiene grandes ventanales y unas increíbles vistas al mar», explica Castillo, que conoce de sobra estas vistas, ya que la casa pertenecía a sus abuelos paternos y la visitó a menudo durante su infancia. La habitación puede ser fría en invierno, añade, así que quería crear un espacio acogedor, «casi como una tienda de campaña o una caja de tela, que resultara cálida y recogida». Por eso decidió envolver la habitación con un único estampado en tela de algodón de Gastón y Daniela que muestra una escena de la obra de Plutarco en colores berenjena y blanco. Para Castillo, lo siguiente fue extender el llamativo estampado de los biombos decorativos a las cortinas y la tapicería de la cama. «Cuando diseño para mí, escucho a mi corazón. Me encanta jugar y confiar en mi sentido de la armonía y el equilibrio», confiesa. Los paisajes franceses de estilo Luis XVI sobre los cabeceros refuerzan con contundencia los ritmos rectangulares de la habitación. Entre ellos, en la pared, hay una talla de madera con forma de plumas de un barco inglés del siglo XVIII. Debajo, un loro de la época victoriana rescatado del mercadillo de Les Puces de París completa la estampa. La butaca italiana de bambú de la década de 1970 también tiene su propia historia: procede de la antigua casa que tenía en Florencia la italiana Gabriella Crespi, artista y diseñadora de la *jet set*.

RÚSTICO

Los espacios rústicos emanan una sensación de libertad. Nos invitan a relajarnos, a apartar a un lado las obligaciones y a reencontrarnos con los amigos, la familia y la naturaleza. En parte, lo que nos gusta de la vida rústica es la manera en que abraza las imperfecciones e irregularidades. Las casas rústicas celebran lo agreste y lo frugal, y ensalzan la tactilidad de los materiales orgánicos. Son espacios donde la utilidad y la sencillez resultan tan naturales como un paisaje verde al otro lado de la ventana, donde siempre hay troncos y leña junto a la chimenea, donde los sonidos y aromas de la naturaleza se cuelan en el interior. Las texturas aportan calidez y belleza, y los materiales naturales y la brisa que entra por las ventanas abiertas inspiran serenidad y sosiego. Y, como demuestran las estancias de esta sección, lo rústico no está reñido con lo chic.

Cuando la pintora y escultora Eva Claessens, nacida en Amberes, vio por primera vez la estructura derruida de lo que acabaría siendo su casa, en una zona remota de Uruguay, le pareció una obra de arte que esperaba su momento de gloria. «Rehacer una casa desde cero es un esfuerzo artístico, como la escultura», asegura. «Aquí no había nada, así que se convirtió en una mezcla maravillosa de piezas». Al principio carecía de agua corriente, electricidad e incluso techo, de modo que la rusticidad no era un precepto estético o intelectual, sino una realidad. Compró de todo en las subastas locales y a través de internet: desde puertas y ventanas hasta muebles, e incorporó vigas de soporte y tejas abandonadas de los alrededores. «Realmente no había nada», reitera, que califica el fruto de su esfuerzo de «una combinación provocada por la necesidad».

El diseñador de interiores y anticuario Cliff Fong, afincado en Los Ángeles, sabe bien cómo se conjugan ingredientes dispares. Experto en muebles del siglo XX, su selección para la casa de invitados de una granja de caballos al norte de Los Ángeles abarca varias épocas y estilos. «Me gustan los objetos antiguos con personalidad, las piezas que son perfectas en su imperfección», afirma. «Es mucho más fácil estar a gusto y que los invitados disfruten, charlen y se relajen cuando una habitación se libera de sus ataduras burguesas más obvias. No me gusta que un entorno parezca tan delicado y valioso que no se pueda utilizar o disfrutar». En los interiores rústicos, dice Fong, «la clave está en elegir piezas que sean especiales y tengan una identidad propia, pero que no resulten excesivamente bonitas o artesanales». También cree que los objetos no tienen por qué tener el mismo carácter o tono. «Los colores y los tejidos deben proporcionar un nivel de sofisticación que permita apreciar el contraste de la rusticidad, en lugar de que todo sea claramente rústico».

Los tejidos están presentes en el día a día de Maja Dixdotter, directora creativa de la marca de moda By Malene Birger, así que la interacción de texturas no podía faltar en su casa de vacaciones en la localidad costera de Österlen (Suecia). Dixdotter asegura que se inspiró en la sabiduría de la generación anterior a la suya. «Las personas mayores son más pausadas y realistas y tienen una capacidad asombrosa para identificar sus necesidades y deseos cuando se trata de decorar su casa o elegir su ropa», declara. En cuanto a su casa de vacaciones, tenía claro lo que buscaba: «Quería crear un ambiente acogedor, tranquilo, cálido e inspirador, lleno de zonas para sentarte a tomar un café, contemplar el fuego de la chimenea o leer un libro».

A Benito Escat y Pol Castells les gusta describirse como «narradores de historias olvidadas». Quizá por eso hay tanto subtexto en la casa de la década de 1850 que rediseñaron en Menorca con Quintana Partners, su estudio de Barcelona. Cuando empezaron a retirar el papel pintado que recubría las paredes de estuco originales del salón, descubrieron los restos de pintura decorativa de estilo neoclásico que había debajo, con líneas que imitaban molduras y detalles botánicos. Decidieron dejar a la vista las paredes con sus imperfecciones para que tanto los diseños como el propio proceso de descubrimiento se convirtieran en elementos del espacio. Así el fresco original y su restaurador se erigieron en los personajes de la historia de la casa.

Puede que Alexandra Tolstoy, intrépida amazona y creadora de tendencias afincada en Gran Bretaña, sea pariente lejana del famoso novelista ruso, pero su pintoresca casa de vacaciones en los Cotswolds parece sacada de un libro de cuentos inglés. La fachada de piedra, el bucólico jardín (que en verano rebosa de rosas, delfinios y dedaleras) y los agrestes interiores parecen esperar la visita de Caperucita Roja (de hecho, hay una representación en cerámica de Staffordshire del siglo XIX en la que aparece sentada dentro de un cobertizo del siglo XVIII cerca de la puerta principal). Los suelos de losa originales, las paredes encaladas y la abundante variedad de muebles antiguos ingleses y galeses desparejados contribuyen al encanto rústico de la casa.

Michael Del Piero enfocó la rusticidad de manera distinta en una casa de Chicago ubicada en los terrenos de una antigua fábrica de carbón. El salón y el comedor muestran su característica visión de este estilo, que se inclina en gran medida hacia lo industrial. Las paredes y los suelos se limpiaron con chorro de arena y se cambiaron las puertas para mejorar el aislamiento, la insonorización y la protección contra los rayos UV, pero esas intervenciones son casi invisibles. Al conservar la crudeza estética de la fábrica, su selección de muebles y materiales (madera, metal o cuero) resultan especialmente duros y llamativos. «Nuestro objetivo era mantener el espacio fiel al entorno industrial, pero con un toque artístico», explica. Otros detalles, como un cráneo de búfalo de agua que cuelga en la pared del fondo o una silla alemana hecha con astas, encarnan literalmente la desnudez poética del espacio.

MICHAEL DEL PIERO
CASA RÚSTICA INDUSTRIAL
CHICAGO, ILLINOIS, EE. UU.
2021

La despreocupación calculada es la premisa de Michael Del Piero en sus diseños. Desde 2007, al frente de Michael Del Piero Good Design, con sedes en Chicago y los Hamptons, ha creado ambientes minimalistas dominados por los tonos grises, blancos, negros y de madera natural, que ceden protagonismo al mobiliario. Un buen ejemplo es esta antigua fábrica de carbón de la década de 1930 en Lincoln Park, Chicago, a caballo entre lo rústico y lo industrial. «Al principio no era habitable», explica el diseñador, que colaboró con la arquitecta Trish VanderBeke en la reforma. Se limpiaron las paredes y las vigas con chorro de arena, se echó hormigón sobre los suelos de tierra y se instalaron ventanas aislantes e iluminación de fábrica *vintage* en línea con el pasado del edificio. En el comedor y la galería, colocó un conjunto de muebles de distintos rincones del mundo, entre ellos un inusual sillón orejero italiano en su estado original y una butaca reclinada danesa de mediados de siglo, tapizada en amarillo, que el propietario heredó de su familia. «Quería deshacerse de ella, pero a nosotros nos gustó y nos pareció que encajaba perfectamente en el espacio», comenta. Cerca, vemos una inusual figura de madera envuelta en hierro de un hombre con los brazos extendidos que data de la década de 1950. Frente a la mesa industrial de acero de seis metros de largo hay un par de sillas francesas, adquiridas en la meca de las antigüedades provenzales L'Isle-sur-la-Sorgue, y una silla alemana construida con astas. Al lado de la ventana, un escabel con forma de rinoceronte de la década de 1960, obra de Dimitri Omersa para Abercrombie & Fitch, que forma parte de la colección de animales de cuero del propietario, entabla un curioso diálogo con el cráneo de búfalo de agua africano que cuelga en la pared del fondo.

MAJA DIXDOTTER
CASA DE CAMPO SUECA
ÖSTERLEN, SUECIA
2023

Para Maja Dixdotter, directora creativa de la casa de moda danesa By Malene Birger, cada colección comienza con «un tejido, un color y una sensación». Lo mismo puede decirse de la granja de la década de 1850 de la localidad costera de Österlen (Suecia) que Dixdotter y su marido restauraron recientemente como segunda residencia para escapar de sus ajetreadas vidas en Copenhague. «Como en mis colecciones, en mi hogar doy prioridad a la interacción de texturas y contrastes», afirma. «Las paredes tienen un tono cálido que recuerda a la arena de las playas de Österlen. La paleta cremosa armoniza bien con los tejidos naturales de lana y lino. Incorporo tonos más pigmentados en los cuadros, cerámicas y otros elementos». Su pieza favorita es un sillón Anders de cuero tejido del diseñador sueco de mediados de siglo Yngve Ekström. «La chimenea y la cocina están a la vista; por la ventana, se ve el campo a lo lejos», comenta. «Sentarme aquí me da paz, y más aún con una taza de café en la mano», añade desde el sillón, que encontró en un mercadillo. «Le habían quitado los reposabrazos, así que no valía nada». La otomana tiene una funda con flecos de cuerda de Cappelen Dimyr, la empresa de alfombras que cofundó en 2019. «Me inspiro en las superficies y en la tactilidad de los materiales», dice de su conjunto, fresco y polifacético. Un bodegón del artista danés Isak Friborg incorpora una pincelada de color, algunas formas sobre las que reflexionar y una sensación de tranquilidad.

QUINTANA PARTNERS
CASA JERÓNIMO
MENORCA, ESPAÑA
2021

«"Herencia" es una palabra esencial para nosotros», asegura Benito Escat. Escat es una de las dos mitades que conforman Quintana Partners, el estudio de arquitectura y diseño de Barcelona que fundó en 2016 con Pol Castells. Los entornos centrados en la artesanía y el trabajo hecho a mano conforman su filosofía de diseño. «Somos mediterráneos, estamos arraigados a las técnicas y los materiales tradicionales», afirma Castells. El salón de su casa de vacaciones en Menorca, una estrecha estructura adosada de la década de 1850 ubicada en el centro histórico de Mahón, demuestra la importancia que la cultura tiene en su estilo. «Las vigas del techo son originales y tienen una superficie maravillosa que llevaba años oculta bajo capas de pintura», dice Escat. Las baldosas de cemento del suelo también son originales y presentan un patrón catalán de flores de color siena incrustadas en una cuadrícula azul pálido. «Cuando encontramos la casa, las paredes estaban cubiertas de papel pintado o pintura», explica. «Sentimos que nuestro trabajo era dejarlas respirar; también intuíamos que habría frescos debajo». Los paneles clásicos que adornan la pared trasera son el resultado de esas excavaciones. Otras texturas más contemporáneas se cuelan en la sala en forma de sillas de roble tejidas con trenzado de algas, una alfombra de tonos cobrizos, también de pastos marinos, y un tapiz catalán de la década de 1980 colgado sobre una mesa de principios del siglo XX, que aporta una vitalidad orgánica y bohemia. En el comedor, una lámpara de la década de 1930 con forma de platillo volante, modelo 1108, de Josef Hurka para Napako, pende sobre una mesa británica extensible del siglo XIX. La acompaña un juego de sillas desparejadas, tres con asientos de pasto marino tejido y otra con estructura de nogal oscuro y respaldo curvado, una pieza austriaca del siglo XIX. Se suman unos platos de mayólica decorados con langostas y una araña de cristal francesa del siglo XIX, que compraron en Déballage Marchand de Montpellier, una feria internacional de antigüedades.

EVA CLAESSENS
CASA DOS BELGAS
PUEBLO GARZÓN, URUGUAY
2018

La pintora y escultora Eva Claessens ha recorrido el mundo entero desde su Amberes natal. A lo largo de sus viajes, las experiencias e impresiones de la naturaleza que ha ido acumulando las ha trasladado a su obra. Uno de esos viajes la llevó a una zona rural al sudeste de Uruguay, donde ella y su pareja sintieron una conexión inmediata con el lugar, con sus amplios caminos de grava, sus dunas cubiertas de hierba y su soledad. Así que decidieron quedarse un tiempo y se decantaron por establecerse en una antigua pulpería de 1810 en ruinas situada entre el pueblo pesquero costero de José Ignacio y la aldea de Garzón. «Solo quedaban unos trozos de pared en pie. No tenía ni tejado ni ventanas y en su interior vivían colonias de abejas», explica. «La toma de electricidad más cercana estaba a veinte kilómetros. El objetivo era crear algo estético y bello. Todo es nuevo, aquí no había nada». Compraron las ventanas y la puerta de la cocina en una subasta aunque, una vez instaladas, casi siempre estaban abiertas puesto que el clima es muy suave. Una vieja traviesa de madera de ferrocarril que encontraron en un campo cercano sirve de viga de soporte del techo. Bajo capas y capas de tierra, sacaron a la luz los azulejos con patrones blancos y negros que recubren el suelo y que Claessens combinó magistralmente con baldosas de cemento local en forma de damero, a juego con los colores de las soleadas llanuras circundantes. Incluso la pequeña hilera de azulejos sobre el fregadero tiene una historia: datan de la década de 1950 y proceden de la casa de uno de sus mejores amigos de la infancia, en Bélgica. Una lámpara con una gran pantalla de cuero *vintage* ribeteada con borlas de seda cuelga sobre una mesa de trabajo de madera que encontró en un taller local. La compró cuando estaba cubierta de grasa y llena de herramientas, a sabiendas de que su contundente estructura estaba destinada a satisfacer un propósito muy distinto.

CLIFF FONG
CASA EN HIDDEN VALLEY
LOS ÁNGELES, CALIFORNIA, EE. UU.
2012

«Me encanta la idea de lo rústico, pero a menudo te hace pensar en cabañas de madera *kitsch* y superficies astilladas», advierte Cliff Fong. «Intento asegurarme de que el entorno resulte cómodo, sofisticado y fresco desde una perspectiva contemporánea». Fong capitanea Matt Blacke, el estudio de diseño de interiores que fundó en Los Ángeles en 2009, aunque también es copropietario y director creativo de la Galerie Half, una sala de exposiciones de antigüedades y objetos *vintage* en Melrose Avenue. Su trabajo en una granja de caballos de diez hectáreas con múltiples volúmenes al norte de Los Ángeles fue la oportunidad perfecta para poner en práctica sus ideas sobre la elegancia de lo rústico. El primer edificio que abordó, una casita de invitados, muestra una apacible mezcolanza de superficies toscas de ambiente hogareño en la que se respira cierto aire de distinción. En la cocina, una mesa belga del siglo XIX con tablero de piedra está emparejada con un juego de sillas Windsor americanas de la misma época, en negro y con evidentes marcas de desgaste en sus travesaños superiores y respaldos. «Son magníficas», dice Fong de sus superficies descascarilladas. «Buscamos este tipo de antigüedad y carácter, esto es lo que hace que sean únicas. ¿Para qué íbamos a traer sillas nuevas? Cuando las cosas no son del todo perfectas, el ambiente es más distendido». Esta idea se refleja también en las superficies desgastadas de la butaca danesa de estilo *Mid Century* y el sillón Seal de Ib Kofod-Larsen con respaldo alto y cuero color coñac contiguo, así como en la cómoda sueca del siglo XVIII que está cerca de la puerta, que tiene el brillo veteado que solo el tiempo confiere. Alrededor de la chimenea de ladrillo pintado hay pequeñas colecciones de objetos, incluida una serie vertical de coloridas ilustraciones de animales que recuerdan a las especies que habitan la granja.

ALEXANDRA TOLSTOY
CASA RURAL EN OXFORDSHIRE
OXFORDSHIRE, REINO UNIDO
2022

Tiene mucho sentido que los visitantes entren en la casa de Alexandra Tolstoy en Oxfordshire a través de la cocina. Como ella misma dice, es el corazón de su hogar. La bucólica casa de campo, construida en 1720, es el lugar al que Tolstoy se escapa con su familia y su perro para alejarse del ajetreado ritmo de Londres. Tolstoy ha viajado mucho, incluso vivió en Moscú muchos años, pero la casa de campo de piedra del siglo XVIII que adquirió en 2004 le ha servido siempre de refugio. Esta aristócrata tiene un negocio de viajes a caballo y lleva a sus clientes a zonas remotas de Kirguistán, en Asia Central, pero también dirige Tolstoy Edit, un sitio web en el que vende antigüedades, alfombras y artículos de decoración inspirados en sus viajes. Con el tiempo, ha llenado su casa de antigüedades inglesas y galesas adquiridas en tiendas locales. «Puse mucho empeño en decorarla de forma respetuosa y armoniosa», señala. Cuando la cocina empezó a reclamar mayor funcionalidad, recurrió a Emma Burns, de Sibyl Colefax & John Fowler, que diseñó unos armarios nuevos que encajan perfectamente en esta casa de campo inglesa tradicional. Cuesta imaginar que no hayan estado siempre ahí, con su color crema Farrow's Cream de Farrow & Ball. Una colección de perros de cerámica de Staffordshire del siglo XIX vigilan la sala desde el alféizar de la ventana y una serie de tallas de madera cuelgan de la pared, cerca del único guiño visible a la modernidad: un robot de cocina KitchenAid, el gran aliado de Tolstoy para una familia aficionada a la repostería. La antigua mesa que ancla el espacio sirve como lugar de reunión, para preparar la comida, sentarse a comer o exponer los proyectos artísticos de los niños. Los suelos de losa originales resisten con estoicismo el trote diario, asegura. A la derecha de la puerta hay una alacena del siglo XVIII con una hogareña colección de objetos, incluidas algunas cerámicas figurativas de Staffordshire, piezas de vajilla inglesa esmaltada y mayólica verde.

ATREVIDO

¿Cómo se podría describir con una sola palabra una casa en la que una alfombra arcoíris desciende por las escaleras para terminar formando un sorprendente charco violeta? ¿O un salón con un par de pies de escayola de tamaño descomunal modelados tomando los del *David* de Miguel Ángel como referencia y colocados debajo de una jaula roja donde cabría esperar una lámpara? ¿Y un comedor en el que otro pie gigantesco (del gran arquitecto y diseñador italiano Gaetano Pesce) ocupa una insólita mesa de comedor Sebastopole de Michele De Lucchi que parece una pesa con estampado de rayas? Sin duda alguna, estos espacios son «atrevidos». Tienen garra, fuerza y arrojo. Dicen mucho y lo dicen en voz alta. En ellos, el color y el humor chocan sin estrellarse, se asumen riesgos, se rompen reglas y, en palabras del compositor estadounidense Cole Porter, «¡todo vale!».

«Creo que existe un deseo creciente de expresar la personalidad de cada persona a través del diseño; eso aplica tanto a la moda como a los hogares», afirma el diseñador neoyorquino Nick Olsen. «Puede que los muebles de color beis sean una apuesta segura a la hora de vender una casa, pero internet y las redes sociales han abierto la puerta a millones de estilos y opciones de diseño diferentes. Esto, sumado a la idea actual del "solo se vive una vez", nos ha proporcionado unos interiores fascinantes y personales». Olsen predica con el ejemplo. Para el salón de su apartamento neoyorquino encargó al carpintero Mat Steel que diseñara un marco de chimenea de falso ladrillo y una construcción rectangular flotante que cuelga del techo donde esperarías encontrar una lámpara de araña. También tapizó los muebles del salón con colores y texturas sorprendentes, incluida una piel de vaca de un amarillo intenso para un sofá italiano del siglo XIX y otra de oveja para un par de sillas de Maison Jansen.

Noz Nozawa, afincada en San Francisco, diseñó una escalera de color arcoíris. Se frota las manos con satisfacción si le piden que convierta una habitación (o una casa entera, como en San Francisco) en una efervescente erupción de color saturado, pero sabe que matizar el color es la clave del éxito general del diseño. Aunque le encantó la idea de introducir el concepto del arcoíris en la moqueta de la escalera, «el resto del vestíbulo se mantuvo neutro en su mayoría, sin saturar en exceso las paredes con un color específico porque buscaba una inmersión gradual en el color. Los visitantes ven primero el degradado de las escaleras y luego viven una experiencia aún más impactante en las zonas de estar». Entre ellas hay un salón de intenso rosa chicle y un comedor azul zafiro. «Son habitaciones para personas que convierten incluso los momentos más tranquilos en celebraciones», concluye.

Al galerista y diseñador belga Jean-Philippe Demeyer le gusta recalcar que, cuando los objetos se sacan de su contexto natural, suelen volverse más emocionantes y enigmáticos. En su salón de Brujas hay un juego de sillas pintadas de amarillo canario y tapizadas con un motivo floral por la parte delantera y rayas rojas y blancas por la trasera. Si ya resultan brillantes e hipnotizantes de entrada, la fascinación de los visitantes solo va en aumento cuando se enteran de que formaban parte del mobiliario municipal del ayuntamiento de la ciudad. «Me encanta modificar las cosas, convertir lo anticuado en otra cosa, revivirlo». Para Demeyer, conferir energía a un espacio no se logra solo con esfuerzo, sino con un enfoque o una «metodología», como le gusta calificar en tono jocoso, precisos.

«Captamos la energía del cliente», afirma rotundo Josh Evan, director, junto con Michael Moirano, del estudio de diseño Evan Edward, con sede en Miami y Nueva York «Curiosamente, se manifiesta generalmente en los apliques de luz que seleccionamos», apunta. En su primera reunión con un cliente para un *loft* situado en el centro de Manhattan, cuenta Evan, «le enseñamos una monumental araña Sputnik de la década de 1950 procedente de Alemania. ¡Se convirtió en el pistoletazo de salida del proyecto! Sin pensárselo dos veces, decidieron comprarla. Diseñamos toda la sala a partir de ese elemento. Eso sí, justo antes de la reunión, nos planteamos eliminarla de la propuesta», reconoce Evan sobre ese momento inicial de incertidumbre. «¡Habría sido un error descomunal!»

La artista Katherine Bernhardt tampoco se quedó corta cuando decidió rediseñar su casa de St. Louis, Misuri, en 2022. Sabía que quería «reformarla para devolverle el aspecto y la sensación que lucía en la década de 1980, cuando se construyó». Bernhardt es una importante coleccionista de muebles y objetos fabricados por el consorcio de diseño conocido como el Grupo Memphis. Este colectivo artístico, fundado en 1980 por el arquitecto italiano Ettore Sottsass, buscaba crear muebles y objetos económicos y de diseño que superaran los límites del «buen» gusto. La casa de Bernhardt parece un patio de recreo exquisito e irreverente de esos diseños.

India Mahdavi tiene un ojo privilegiado para los colores, punto de partida de sus diseños, alegres y joviales. La cocina que diseñó para su amigo, el artista Adel Abdessemed, en París es una buena muestra de ello. «Me gusta crear contrastes», dice sobre la forma en que combina materiales como la cerámica, las superficies esmaltadas y los trenzados de nailon en colores planos y primarios. Como todos los grandes diseñadores, Mahdavi sabe configurar espacios que aunque puedan parecer espontáneos y divertidos a simple vista, están en realidad muy estudiados y trabajados. En sus manos, un diseño nunca cae en la exageración.

La inteligencia, la base histórica y un magnífico sentido del color garantizan que estos interiores nunca resulten estridentes ni hablen demasiado alto solo para asegurar que se los escuche. Incluso en las composiciones más extravagantes hay sustancia, equilibrio y armonía.

NICK OLSEN
APARTAMENTO EN WEST CHELSEA
NUEVA YORK, NUEVA YORK, EE. UU.
2023

«Cuando vi el espacio, a finales de 2013, me impresionaron sus proporciones (cuadradas) y la altura de los techos», explica Nick Olsen de un apartamento lleno de luz ubicado en una casa de piedra rojiza de West Chelsea, donde vivió hasta hace poco. «Me encantaba la idea de vivir dentro de un cubo». Lo que no le convencieron tanto fueron «los suelos de color té helado, las paredes grises y la chimenea de ladrillo visto», cuenta Olsen, que abrió su firma homónima en 2010, «así que no tuve ningún problema en pintarlo todo de blanco». A Olsen le gusta mezclar antigüedades con obras contemporáneas que, yuxtapuestas, exploran la interacción de la textura y la forma. En su salón, se sintió libre para experimentar y atreverse con formas que quizá no convencerían a sus clientes, pero no abandonó por completo la moderación: «Limité la paleta al negro, el blanco y los colores primarios para refrenar la cualidad surrealista de tantos elementos diferentes flotando en el espacio blanco». El carpintero Mat Steel, uno de sus colaboradores habituales, construyó el marco de la chimenea de falso ladrillo (descrito por Olsen como un guiño al artista Tom de Finlandia y al antiguo barrio de Chelsea). También hizo un tablero de madera lacada en negro para un pie de mesa del mismo material que simula eslabones de cadena («es un homenaje a la famosa consola Shell de Edward Wormley de los años 40») y diseñó la fantástica jaula geométrica rojo carmín que cuelga donde esperarías encontrar una lámpara. «No me gusta la iluminación cenital», confiesa. «Todas las lámparas de mesa tienen un regulador de intensidad o una bombilla de 15 vatios». Además, actualizó un par de sillas de Maison Jansen de estilo Luis XV con tapicería de piel de oveja y un diván del norte de Italia del siglo XIX con cuero de vaca amarillo. *Separate States* (Estados separados) (1990), un tríptico de cajas de sombras de los artistas contemporáneos británicos Ben Langlands y Nikki Bell, ofrece destellos rojos, amarillos y azules. El enorme par de pies de escayola modelados a partir de los del *David* de Miguel Ángel encajan perfectamente en este alegre patio de recreo de colores y formas.

KATHERINE BERNHARDT
CASA DE LA ARTISTA
ST. LOUIS, MISSOURI, EE. UU.
2023

Los cuadros de la artista Katherine Bernhardt suelen mostrar objetos cotidianos de proporciones desmedidas, como la Pantera Rosa, latas de Coca-Cola Light, frutas tropicales y rollos de papel higiénico. Esta artista, afincada en St. Louis, Misuri, vive en una amplia casa posmoderna construida en 1986, un telón de fondo perfecto para su amplísima colección de objetos del Grupo Memphis. Este colectivo artístico fue fundado en 1980 por el arquitecto italiano Ettore Sottsass con la idea de producir en serie muebles y objetos subversivos, irreverentes y cargados de significado. «Me encantan los colores, las formas raras, las superficies laminadas y el lado divertido de los objetos», reconoce Bernhardt, cuyo comedor rebosa personalidad Memphis. «Es como una escultura funcional». Su intención, dice, era renovarlo para devolverle el aspecto y la personalidad que tenía en la década de 1980. «Originalmente era de color negro, y así lo mantuve. Cuando compré la casa no estaba el suelo original, así que decidí colocar terrazo negro. El punto focal de la sala es la icónica mesa de comedor Sebastopole de Michele De Lucchi de 1982, que presenta un tablero de mármol blanco de Carrara y arenisca sobre una única pata redondeada y atravesada por lo que podría definirse como una pesa. El color cantalupo del tablero combina con las sillas de comedor tapizadas en rosa de Milo Baughman para Thayer Coggin y con los detalles cromáticos del carrito de bar Hilton con tapa de cristal, de Javier Mariscal, de 1981. Gracias a los reportajes que aparecieron en las revistas de la época, sabe el mobiliario de los propietarios antiguos era similar en 1986. Bernhardt colocó *Up 7*, una silla con forma de pie ejecutada por Gaetano Pesce en 1969, encima de la mesa, confiriéndole la categoría de escultura. Al diálogo visual se une su propio cuadro, *Swatch* (Reloj) (2009), creado más de veinte años después de la disolución del Grupo Memphis.

NOZ DESIGN
CASA ARCOÍRIS
SAN FRANCISCO, CALIFORNIA, EE. UU.
2023

Noz Nozawa tiene un don para crear espacios vibrantes y llenos de vida. «La gente que quiere interiores cargados de vitalidad sabe vivir la vida, incluso en los momentos de paz», dice esta diseñadora, afincada en San Francisco, que abrió su negocio en 2014. Uno de esos clientes le encargó que transformara una casa de 1900 en Cole Valley en un arcoíris. Sin dudarlo, Nozawa instaló una alfombra degradada en la escalera original de roble que empieza con un tono escarlata en la parte superior y va descendiendo en la escala de colores hasta llegar al amatista en el peldaño inferior. «Al llegar abajo, estalla como una geoda deconstruida. Lo pasé en grande haciéndola», asegura. La artista Caroline Lizarraga pintó una geoda complementaria en la pared cercana a la puerta principal en una soleada paleta naranja, un guiño a los tonos de un trío cercano de vidrieras originales. La idea original del cliente también incluía una consola Globo de Jonathan Adler que, junto a las esferas de la lámpara de cristal de Murano, imbuye al recibidor del brillo de una gominola. En el salón, Nozawa encargó a Lizarraga que personalizara lo que ella denomina un «concepto de pared de seda fucsia al viento», con un patrón facetado que oscila del rosa al magenta. Un par de butacas de Kelly Wearstler en un rosa empolvado realzan el intenso color, al igual que el sofá Cipria de Studio Campana que reposa junto a la ventana. Estratégicamente colocado sobre las franjas color mandarina de la alfombra arcoíris Wave de Sonya Winner hay un sofá Oasis de terciopelo naranja de Coup Studio. Además del arcoíris, los clientes pidieron a Nozawa algo más: «Espejos por todas partes». Para hacer realidad sus sueños, instaló un mosaico de grises jaspeados que recuerdan a una bola de discoteca en torno a la chimenea y añadió un espejo arqueado de gran tamaño de Bower Studios, con sede en Brooklyn, para magnificar la dimensión lúdica del espacio.

JEAN-PHILIPPE DEMEYER
VILLA THORNLODGE
BRUJAS, BÉLGICA
2021

Jean-Philippe Demeyer aborda los interiores con un toque de vitalidad e irreverencia. Este anticuario y diseñador de interiores belga lleva creando estancias teatrales llenas de ingeniosas yuxtaposiciones desde que abrió su negocio en 2008. Demeyer superpone piezas de distintas épocas, regiones y estados de ánimo para observar cómo dialogan entre sí. («Intento no pensar demasiado las cosas», explica.) Un brillante ejemplo es el elegante salón de la casa adosada de Brujas en la que vive con sus socios y compañeros de vida, Jean-Paul Dewever y Frank Ver Elst. Un monumental busto del dios griego Hermes, del artista flamenco contemporáneo Florian Tomballe, se impone sobre una mesa francesa de estilo neoegipcio con tablero de caoba y un conjunto de butacas de finales del siglo xx que Demeyer rescató del ayuntamiento de Brujas, tapizó y pintó de color amarillo. No muy lejos, el sofá con estampado de flores y bordes semicirculares hace compañía a dos sillas Hand, del escultor surrealista Pedro Friedeberg. El conjunto entero reluce sobre un fondo de pintura terracota mezclada con arena, una textura que recuerda al ante, y una alfombra cian que genera un contraste chocante. Pero quizá la gran protagonista de este espacio sea la chimenea de brillante estuco blanco, diseñada por Demeyer. Su forma futurista recuerda unas rocas apiladas, por lo que resulta el emplazamiento adecuado para la estatua de halcón del dios egipcio Horus que reposa encima. «En realidad es una envoltura de yeso que instalé en una chimenea de mármol Luis xv antigua», precisa. «Es mi pieza favorita». Como colofón, dos espejos de suelo a techo colocados a ambos lados de la chimenea magnifican la estimulante composición de Demeyer.

Italian Chic
Chez eux
Ouverture
THE GOLDEN RETRIEVER PHOTOGRAPHIC SOCIETY
BRUCE WEBER

INDIA MAHDAVI
APARTAMENTO EN PARÍS
PARÍS, FRANCIA
2011

El don que India Mahdavi tiene para mezclar color y carácter procede de su bagaje cosmopolita. Como resultado, sus interiores son alegres y edificantes, aunque cerebrales y urbanos. Nacida en Irán y afincada en París, estudió arquitectura en la Escuela de Bellas Artes en la capital francesa y, posteriormente, diseño gráfico y de mobiliario en Nueva York. Antes de comenzar su carrera por libre, en 1999, pasó siete años como directora de estudio de Christian Liaigre. El comedor y la cocina que diseñó para su amigo, el artista Adel Abdessemed, muestra su exuberante sentido de la estética. «Aunque parezca mentira», reconoce Mahdavi, «se trata de una cocina normal y corriente que personalicé con una hornacina de mármol y tiradores diseñados expresamente para el proyecto». Ella misma diseñó la mesa de comedor Double Diagonal que ocupa el centro del conjunto con sus patas ondulantes de cerámica amarilla encastradas en el tablero de roble, como si fueran piezas de puzle. (La diseñadora se decanta por materiales como la cerámica y el esmalte por su ambivalencia, ya que pueden percibirse como cálidos o fríos, clásicos o modernos.) Rodeó la mesa con un arsenal de sillas Uncle del artista austriaco Franz West. «Me gusta crear contrastes de este tipo», asegura, «piezas genéricas frente a muebles de diseño, materiales de gama alta con otros de gama baja, correas industriales junto a una mesa de roble macizo y cerámica». El patrón trenzado de las sillas se inspira en los colores de los cuencos, las tazas y un juego de bandejas Bebop diseñadas por ella que reposan en la hornacina de mármol. La superficie esmaltada en negro de los armarios de cocina confiere a esta pared de almacenaje un aspecto tan artístico y chic que casi nos hace olvidar su funcionalidad cotidiana.

EVAN EDWARD
LOFT EN CHELSEA
NUEVA YORK, NUEVA YORK, EE. UU.
2020

Simple Joys es una de las canciones del musical *Pippin* que le valieron a la actriz Patina Miller un Tony cuando protagonizó la reposición del espectáculo en Broadway en 2013. El espíritu de la canción, que trata sobre la felicidad que nos producen las cosas sencillas, resume en cierto modo la filosofía del *loft* donde vivía con su marido y su hija en Chelsea hasta hace poco: alegre y (engañosamente) simple. El color, la luz y la energía campan a sus anchas por el espacio, pero este derroche de personalidad no está exento de riesgo: la clave aquí está en evitar que la explosión cromática se descontrole. «Los clientes son tan elegantes y glamurosos que nos pareció natural dar continuidad a su esencia», afirma el interiorista Josh Evan, quien, junto con Michael Moirano, dirige el estudio Evan Edward, con sede en Miami y Nueva York. Para el salón, idearon una zona muy acogedora que invita a sentarse y conversar. Se trata de un llamativo conjunto que incluye un par de sofás seccionales semicirculares tapizados en terciopelo turquesa y una mesa de centro de latón con tablero de cristal negro, ambos propiedad del cliente antes de la reforma. Sin embargo, la estrella de la estancia es la araña alemana Sputnik de estilo *Mid Century* moderno, encontrada en 1stDibs, que, como Evan explica, «dio el pistoletazo de salida a todo el proyecto». Los acentos azul pálido, salmón y beis de la lámpara conforman la rueda cromática en la que se basa la alegre paleta del *loft*. La alfombra de lana de cordero de Mongolia del centro, hecha a medida en tonos crema, presenta remolinos lo bastante profundos como para hundir los zapatos en ellos. Al fondo, a la derecha, un conjunto de sillas de terciopelo melocotón se dan la mano con los ladrillos rojos originales del *loft* en una afortunada danza cromática.

PERSONALIZADO

Al igual que una prenda de ropa a medida, una estancia personalizada se reduce a unos pocos ingredientes clave: una estructura clara y pulcra, colores sencillos (beis, marrón, gris, azul, blanco), materiales de calidad y unos toques de lujo (como madera labrada, cuero o piedra de calidad). Para dar cohesión a un interior personalizado, hace falta un nivel moderado de contraste y una sensación general de equilibrio en el mobiliario. Las piezas tapizadas nunca están demasiado abultadas y las superficies tienden a ser más lisas que rugosas. Ningún objeto trata de acaparar la atención. En estas habitaciones conviven en armonía el lujo y el refinamiento, sin caer en el exceso.

«Los mejores interiores son los que no están recargados», afirma la diseñadora neoyorquina Sandra Nunnerley, conocida por su refinada y selectiva visión del espacio. «Una habitación es una composición. Cuando las líneas son sencillas, puedes centrarte en las formas y relajarte», añade. El propio salón de Nunnerley, en el Upper East Side, ejemplifica la elegancia de un interior personalizado. En este caso, el espacio está pintado de un azul Dior (este modisto francés sentía predilección por los azules pálidos, ligeramente teñidos de púrpura). Dar con este tono concreto fue una odisea, asegura. «¡Pedí tantas veces que rehicieran la mezcla! Cuando hice esta reforma, coleccionaba obras de arte en tinta china y quería que la habitación tuviera el tono adecuado para ellas. Quedan preciosas sobre el fondo azul; inspira mucha serenidad».

No muy lejos del apartamento de Nunnerley, en un edificio de la década de 1920 en la Quinta Avenida con vistas al Museo Metropolitano de Arte, el diseñador neoyorquino David Kleinberg entrelazó lo clásico y lo moderno con la delicadeza que le caracteriza. Para reformar el comedor, utilizó paredes de estuco veneciano en tonos plata y bronce que confieren al espacio una pincelada de sofisticación urbana. Los colores dependen del gusto de cada persona, pero los tonos suaves invitan a la relajación, comenta. Los clientes tienen una colección de arte magnífica, por lo que él mismo diseñó los muebles de la sala para evitar tensiones entre las piezas de arte y un estilo demasiado anclado a una época o un estilo concretos. «Todas las superficies, ya sean de caoba, yeso, cristal o barniz, son sobrias, pero los tonos se han adaptado al contexto».

En una vivienda en Surrey (Inglaterra), Kate Earle se decantó por una gama tenue más propia de la estética escandinava contemporánea que de las casas de campo inglesas, pero sin perder la esencia de la propiedad. «Nuestros clientes vinieron a la casa sin nada», explica Earle, que codirige al estudio de diseño londinense Todhunter Earle Interiors con Emily Todhunter. «Nosotras nos ocupamos de recorrer ferias internacionales de diseño y seleccionar piezas clásicas, escandinavas y de estilo *Mid Century* moderno de artistas como Josef Frank, Danièle Raimbault Saerens, Märta Måås-Fjetterström y Raoul Ubac». El resultado es una sucesión de habitaciones despejadas en las que abundan el blanco y la luz, incluido el espacioso dormitorio principal, de aspecto diáfano y elegante.

Cuando la arquitecta y diseñadora de interiores Charu Gandhi se dispuso a renovar el comedor de un apartamento en Knightsbridge ubicado en un edificio de 1861, se inspiró «en la elegante arquitectura del edificio histórico, que mezcla sofisticación con estilo clásico. Buscábamos crear un espacio muy cuidado con una paleta de colores suaves que acompañara tanto al espacio abierto como a la luz natural. Añadimos texturas y muebles escultóricos para crear belleza e interés en cada una de las habitaciones y darles cohesión». Al priorizar la calidad de los materiales, la simetría arquitectónica y los elementos geométricos, «el resultado es un espacio personalizado, refinado y sublime».

La arquitecta londinense Natalia Miyar se inspiró en los trajes de caballero de su cliente y en los lienzos de su extraordinaria colección de arte cuando comenzó a diseñar un apartamento en el barrio londinense de Belgravia. En el salón «hay piezas muy angulosas y geométricas, así que me pareció natural dejar que determinaran el diseño general de la habitación». Para contrarrestar sus acusadas aristas, una paleta de azules y marrones aporta suavidad, al igual que las superficies mullidas. El resultado «parece atemporal y sofisticado, pero no demasiado artificioso». La luz natural entra por los tragaluces y los balcones, realzando los elementos geométricos de la estancia. «La iluminación completa el diseño», concluye Miyar. «Es la joya de la estancia».

Para el salón de su apartamento en Milán, la diseñadora Arianna Lelli Mami decidió que no había nada más refinado que un fondo marrón chocolate. Lelli Mami, cofundadora de Studiopepe, con sede en Milán, y su socia, la diseñadora Chiara Di Pinto, suelen crear muebles e interiores sorprendentes pero clásicos al mismo tiempo. Su estrategia, dice Lelli Mami, es «trabajar con materiales opuestos para aprovechar al máximo su potencial y sacar a la luz su verdadera esencia». El salón, donde los objetos están cuidadosamente colocados y fabricados con materiales sencillos, como piedra, lana, cuero y madera, tiene un aire casi lunar. Incluso en la distancia, «los objetos pueden tener relación entre sí y dar origen a un estilo nuevo y personal», asegura. El abanico de formas resulta lógico y consecuente, e invita a estudiar con detenimiento todos los objetos.

SANDRA NUNNERLEY
CASA ADOSADA EN EL UPPER EAST SIDE
NUEVA YORK, NUEVA YORK, EE. UU.
2020

«Me atraen los espacios que parecen completos sin estar llenos», afirma Sandra Nunnerley. «Las habitaciones deben tener acabados lujosos pero sencillos, asientos cómodos y obras de arte que formen parte del espacio sin acaparar el protagonismo». Esta diseñadora neozelandesa afincada en Nueva York vive en el Upper East Side neoyorquino, en una casa adosada de principios de siglo diseñada por Carrère y Hastings. El salón de la vivienda resume bien su filosofía estética. «Siempre quise una habitación cuadrada», explica sobre el espacio, que creó al unir dos apartamentos adyacentes. «Me gusta la pureza de las proporciones». Nunnerley diseñó muchos de los muebles, como el sofá de plumón («¡incomparable!», asegura), la otomana hexagonal con faldón plisado, un par de sillones curvos con respaldo de ratán y las mesitas auxiliares oscuras con efecto espejo. Una alfombra con motivos geométricos, que diseñó para The Rug Company, aporta un ritmo calmado a la sala. Nunnerley le tiene especial aprecio a la mesa de comedor barnizada de Maison Jansen, de la década de 1940, que se desplaza sobre ruedas. «Me gusta la idea de una mesa de comedor móvil y de que una habitación no tiene por qué tener una función única». «No llevo un estilo de vida formal, pero me encanta recibir visitas». Las paredes de azul oscuro son el telón de fondo perfecto para una cuidada selección de obras de arte, que incluye dos pinturas en tinta del artista chino Liu Dan, una escultura de un ave senufo de Costa de Marfil de principios del siglo XX y un par de bumeranes que adquirió cuando estudiaba en Sídney. Como un ancla que aglutina con firmeza la estampa, del centro de la sala cuelga una lámpara de araña de la década de 1950 de Jean Royère.

DAVID KLEINBERG
RESIDENCIA EN LA 5.ª AVENIDA
NUEVA YORK, NUEVA YORK, EE. UU.
2021

En los diseños de David Kleinberg el clasicismo se da la mano con la modernidad. Este diseñador, afincado en Nueva York, fundó su firma homónima en 1997 tras pasar dieciséis años en el famoso estudio de Sister Parish y Albert Hadley (él mismo reconoce la influencia que sus mentores tienen todavía a día de hoy en su visión del diseño). Recientemente participó en la reforma de un apartamento con unas vistas maravillosas a Central Park y al Museo Metropolitano de Arte. El comedor, sin embargo, no tenía ventanas, así que decidió envolver el espacio en un abanico de colores plateados. «Hay ventanas en las dos habitaciones contiguas; mi objetivo era robar luz a los espacios adyacentes y crear un reflejo suave y ligeramente etéreo». «Además, el reflejo le aporta un cierto aire *art déco* muy afín a la época del edificio». Recordando a sus mentores, dice: «A la Sra. Parish y a Albert les encantaba revestir comedores de papel de pared en tonos plateados. Esta fue mi manera de rendirles homenaje». En las paredes, aplicó estuco veneciano pulido de color plata y bronce, que aporta matices y profundidad al espacio. La pared situada tras la escultura de la *Infanta Margarita*, de Manolo Valdés (inspirada en *Las meninas*, de Velázquez, de 1656), se montó con un cristal de espejo plateado a mano para conseguir un efecto similar. («A Albert le encantaban las paredes de acento, así que le habría gustado ver un espejo discreto detrás de la escultura», asegura.) Incluso la alfombra de lana y sisal está tejida con hilo metálico. En la mesa y las sillas, Kleinberg presenta su propia versión de los diseños del movimiento *art déco* del francés Jules Leleu. «Todos salen ganando en esta habitación, explica de la combinación general de materiales opulentos y superficies brillantes. «Resulta muy sensual por la noche».

ELICYON
CASA ADOSADA EN CHELSEA
LONDRES, REINO UNIDO
2023

Charu Gandhi practica el arte japonés del *kintsugi*, una antigua tradición que consiste en reparar piezas de cerámica rotas con esmalte y metal en polvo, generalmente oro. Es una labor meticulosa cuyo resultado final no esconde la reparación, sino que la ensalza como una fase más de la vida del objeto. Esta arquitecta afincada en Londres, que fundó el estudio de diseño Elicyon en 2014, utiliza un enfoque igualmente reflexivo en sus interiores. En el comedor de un apartamento de un edificio de 1861 en Knightsbridge, conecta sutilmente la decoración con la historia del barrio y tiende un puente hacia su futuro. Gandhi decidió hacer referencia a las aguas del río Westbourne, hoy seco, que originalmente abasteció de agua dulce a la zona hasta que se incorporó al sistema de alcantarillado en el siglo XIX. «Utilizamos una paleta de tonos claros y translúcidos con maderas oscuras para hacer contraste y evocar los cambios de caudal del agua, vinculando así el diseño a su contexto histórico». Los paneles de la habitación, aunque no son originales, ya estaban cuando Gandhi comenzó el proyecto, así que adoptó su ritmo vertical y lo intensificó con muebles de siluetas puntiagudas. Para enmarcar la vista desde el salón hacia el comedor, instaló un par de pedestales Capricorn de metal hechos a mano por el diseñador británico Tom Faulkner, coronados por un par de esculturas abstractas de mármol encargadas a Luminaire Arts. La mesa de comedor de fresno, vestigio de otra época, encaja perfecta en el espacio, puesto que su base parece reverberar la forma elíptica de los soportes Faulkner. «Al yuxtaponer diferentes formas geométricas», dice, «creamos una composición dinámica y armoniosa que realza la estética general del espacio y complementa la escala del edificio». Las sillas de comedor, hechas a medida, la lámpara Bolle de Giopato & Coombes y el carrito de Giobagnara, sobre el que reposa un conjunto de candelabros de cristal de colores de la década de 1960, aportan líneas y curvas adicionales. «Al igual que con el *kintsugi*», reconoce, «queríamos ensalzar la historia y el carácter único de este espacio».

NATALIA MIYAR
ÁTICO PERSONALIZADO
LONDRES, REINO UNIDO
2018

Cuando un cliente le pidió a Natalia Miyar que fusionara dos apartamentos de Belgravia, Londres, en uno solo, recurrió a la colección de arte del propietario en busca de inspiración. «Muchas de las piezas tenían ángulos y geometrías, así que me pareció natural dejar que determinaran el diseño general», explica. Esta arquitecta y diseñadora de origen cubano fundó su taller homónimo en Londres en 2016 y cuenta con otra oficina en Miami. «Creo que el contraste de materiales da lugar a estancias más ricas y con más matices», asegura. «Un espacio debe ser atractivo en todos los sentidos. Cuando cada artículo tiene su propia textura, juntos crean algo táctil y único. Incluso el olor de los materiales naturales puede ser evocador». Miyar convirtió los dos apartamentos en un dúplex muy chic y moderno, lo que le permitió «explorar la arquitectura interior y diseñar hasta el último elemento». Transformó una parte del tejado en una balconada y abrió tragaluces rectangulares en el techo para bañar el espacio de luz natural. También construyó una chimenea nueva con un marco sencillo y rectilíneo que cede el protagonismo a la pintura que cuelga encima, *Les séparés vivants* (Los separados vivos) (1945-1946), de Roberto Matta. En una esquina reposan un par de candelabros abstractos de la década de 1980 de Lynn Chadwick, acompañados de una obra sin título de Ben Nicholson de finales de la década de 1960. A ambos lados de la chimenea, un par de robustas sillas de cuero y nogal añaden un toque orgánico y audaz a la zona de estar, que también incluye sofás a medida y una mesa de centro OBA de madera ahumada diseñada por Christophe Delcourt. La paleta general de la habitación se basa en tonos neutros con destellos azules, marrones y motivos geométricos que, según Miyar, «se inspiraron en los trajes de caballero».

STUDIOPEPE
APARTAMENTO PRIVADO
MILÁN, ITALIA
2020

Chiara Di Pinto y Arianna Lelli Mami, el dinámico dúo que en 2006 fundó el estudio de arquitectura y diseño Studiopepe, con sede en Milán, crean espacios cómodos, pero sofisticados. Esta mezcla se hace patente en el apartamento que Lelli Mami comparte con su pareja, el fotógrafo Andrea Ferrari. «Es un organismo vivo», explica de la vivienda, ubicada en un edificio *art déco* de la década de 1930. «Imaginar configuraciones y colores nuevos, cambiar muebles de sitio... Todo eso forma parte de la alegría de estar ahí». Las paredes del salón tienen un tono chocolate con detalles en color crema. «Me gustan los colores y materiales naturales, no solo en una escala de beis, sino también en tonos más oscuros», reconoce. Las obras de arte de la habitación se adhieren a esta exigua y estilizada paleta, así como una selección de fotos de Ferrari, quien, según Lelli Mami, «disfruta trabajando con símbolos y arquetipos para crear colecciones y asonancias». Como punto focal de la habitación, las diseñadoras añadieron la repisa de la chimenea. «Parecía necesario debido a la altura de los techos y los grandes ventanales». Su forma geométrica de aire *art déco* se reitera en los marcos de las puertas, muy típicos del barrio de Milano Centrale. «Como diseñadora, presto mucha atención a la plasticidad de las formas. Un objeto es siempre una escultura, por pequeño o grande que sea». Entre los objetos con los que convive, figuran un sofá Sesann reeditado en cuero negro de Gianfranco Frattini y un sillón Reversível rosa pálido de Martin Eisler, ambos para Tacchini. Cerca de la chimenea también hay una antigua lámpara de pie Fantasma de Tobia Scarpa, una alfombra Lunar Addiction y un sofá tapizado en tejido iridiscente Dedar, ambos diseñados por Studiopepe. Solo falta un elemento para completar la estampa: «Un techo pintado de marrón para conseguir un efecto todavía más hogareño y acogedor».

TODHUNTER EARLE
CASA EN SURREY HILLS
SURREY HILLS, REINO UNIDO
2019

Emily Todhunter y Kate Earle son expertas en modernizar casas de campo inglesas sin dejar que se diluya su esencia original. Todhunter fundó Todhunter Earle Interiors en Londres en 1988 y Earle se incorporó como socia diez años después. En 2018 una pareja de ascendencia escandinava les pidió que rediseñaran su casa de estilo *arts and crafts* de principios del siglo XX en Surrey. La premisa era dejar que se entrevieran sus raíces, pero sin sacarla de su contexto. «Para dotarla de una estética escandinava cómoda y contemporánea, necesitábamos conjugar los rasgos arquitectónicos del *arts and crafts* con el gusto por la pureza y la sencillez de nuestros clientes», afirma Earle, jefa de diseño del proyecto. En el dormitorio, «elegimos una paleta fría y neutra para las paredes y suavizamos la posible austeridad del color con cortinas y tapicería en una mezcla de lino flameado en el cabecero y la falda de la cama, un cálido terciopelo en la silla del tocador y una alfombra sobre la moqueta, que aporta textura», detalla. Los blancos fríos y los gélidos pellizcos de azul realzan la frescura de la habitación. Entre los muebles de estilo escandinavo moderno se encuentran la cama con dosel hecha a medida con un sofá tapizado a los pies y un par de mesillas de noche de doble cajón rematadas con lámparas de sobremesa del ceramista británico contemporáneo Rupert Merton. Las ventanas, con unas espectaculares vistas de Surrey Hills, están decoradas con cortinas de color azul claro jaspeado, que, junto con el esbelto marco minimalista de la cama, aportan volumen y verticalidad a la espaciosa habitación. Un propietario anterior había cerrado la chimenea de la estancia, pero Earle volvió a abrirla y diseñó una discreta repisa. Encima cuelga un espejo ovalado de madera dorada y, a su derecha, una tríada de témperas de la artista abstracta inglesa Fieroza Doorsen. El conjunto termina de completar una habitación que, según Earle, ofrece «la comodidad, la armonía y el glamur práctico» que buscaban los clientes, todo ello dentro del contexto de una histórica casa de campo inglesa.

CON TEXTURAS

El tacto y la apariencia de los materiales nos conectan de forma visceral con los espacios que habitamos desde que posamos la vista por primera vez en su superficie. Y es precisamente en la superficie donde afloran las texturas. La manera que cada persona tiene de experimentar un espacio viene determinada por sus experiencias previas con los tejidos, el vidrio, la madera o la piedra. Tener talento para diseñar supone, en parte, saber aprovechar esas conexiones sinápticas que surgen entre las elecciones estilísticas y las propias vivencias. Los espacios que contienen materiales más rugosos y pesados, como la lana, el lino o la arpillera, tienden a resultar envolventes, como un útero, y nos retrotraen al pasado. Por el contrario, las superficies lisas y brillantes, como el cristal, el metal y la piedra, resultan frescas y elegantes en los términos más modernos.

Donde no hay nada etéreo es en la colaboración entre el diseñador Pierre Yovanovitch y el artista Tadashi Kawamata en un dormitorio parisino. «Viene a ser lo contrario de lo que cabría esperar del dormitorio principal de una casa refinada», asegura Yovanovitch del inusual andamiaje de tablones de madera recuperada que cubre las paredes y el techo de la buhardilla. El contraste entre la madera en bruto y el uso previsto de la habitación como lugar de descanso, incide, «despierta emociones intensas. Admiro a los propietarios por su voluntad de compartir su intimidad con una instalación de este tipo». Yovanovitch abordó la instalación como si fuera un decorado teatral. Se sirvió de la iluminación para resaltar el rigor de la madera y eligió cortinas sencillas de color arena que, en sus palabras, «se fundieran con la estructura de las paredes y pasaran desapercibidas ante el poder visual de la habitación».

Fern Santini cree que el juego de texturas es clave para refinar un espacio y, por ello, recurre a un amplio elenco de colaboradores para que el factor sorpresa sea siempre único. Para una casa en Austin, Texas (donde tiene su estudio), diseñó una sala de estar y una biblioteca que nos recuerdan a un bar clandestino. Pidió al diseñador de alfombras Kyle Bunting que creara una de piel de vaca azul y la instaló en el techo. «Quería que estuviera en un lugar que sorprendiera», reconoce. «El techo es el elemento más interesante de la sala. Ofrece una textura tan dinámica y orgánica que los visitantes no dejan de preguntarse qué es, cómo se hizo y cómo se instaló», añade. «En esta habitación hay madera pintada, terciopelo de angora, piel de vaca de colores y estampados, yute teñido, muebles de latón y nogal antiguo y sorprendentes fotografías de la época del *rock and roll*. La variedad de texturas aporta a la habitación un toque surrealista y se antoja como un delicioso banquete de manjares visuales», concluye.

Laura Gonzalez también es una experta en configurar interiores muy personales y sorprendentes. El amplio salón de su casa familiar de vacaciones en Mainneville (Francia) presenta una panoplia de texturas que incluye desde múltiples variantes de sisal natural (fino en las paredes y rugoso en el suelo) hasta sillas cubiertas de piel sintética, pasando por un tapiz bordado del siglo XIX. «Cada una de las texturas de la habitación se ha elegido cuidadosamente para crear una experiencia sensorial envolvente y lujosa», explica. «El terciopelo de la butaca ofrece comodidad y elegancia, mientras que la chimenea de piedra añade autenticidad y robustez. La alfombra de junco aporta calidez natural y un interesante contraste con la mesa de mármol, que evoca un refinamiento atemporal». El conjunto constituye una sólida retahíla de imágenes evocadoras que la aguda mirada de Gonzalez aglutina y consolida hasta el último detalle.

En el salón de una inusual casa de Harlem, GRT Architects, con sede en Nueva York, utilizó detalles texturizados en las paredes para intentar humanizar sus gigantescas dimensiones. Se trata de una sala de doble altura, de más de cinco metros de alto, en el interior de un antiguo edificio rectoral. Tal Schori, que dirige este estudio neoyorquino junto con Rustam-Marc Mehta, afirma que «cambiar el yeso de las paredes por tablillas de madera a media altura ayudó a crear un cierto equilibrio. Las paredes de yeso que se alzan hasta los dos metros compensan la inusual amplitud del espacio y le confieren un aspecto más recogido y hogareño». Y añade: «El yeso es sensual y tan agradable al tacto como las láminas de madera que se extienden en la mitad superior de la sala». La textura atrae a los visitantes a múltiples niveles, añade Mehta, que explica que la madera «mitiga el sonido y aporta al espacio un ambiente más íntimo».

El ambiente, al igual que la acústica, también es un factor de peso cuando valoramos el uso de una textura en un interior. Cuando Jessica Jiménez Keenan y Tyler Polich, del estudio Years de Los Ángeles, empezaron a trabajar en un proyecto en Nosara (Costa Rica), el calor y la humedad tropicales influyeron en las decisiones sobre los materiales. «Nos inclinamos por superficies rugosas, rústicas y sufridas siempre que encajaban en el espacio: enlucidos de pared con mucho movimiento y variación, suelos de terracota y hormigón sin pulir». En el salón, Polich menciona la magia que añade «el increíble juego de luces del que disfruta el espacio a lo largo del día y el modo en que afecta a las superficies. A última hora de la tarde, el sol empieza a entrar en la habitación, reflejándose en la piscina y dando vida al techo abovedado. La sala cobra vida de verdad».

Hacer que una habitación cobre vida a través de las texturas es uno de los recursos favoritos de Tamsin Johnson, de Sídney (Australia). «Siempre es necesaria una conversación rigurosa entre los elementos texturales de una habitación: crudeza y delicadeza, rigor y flexibilidad», asegura. «Si todo es excesivamente armonioso, puede resultar estereotípico, incluso caricaturesco». Sus diseños para un apartamento en el barrio de Potts Point son, por encima de todo, multidimensionales. El elemento más elocuente y llamativo es una chimenea de roble tallado. Está flanqueada por un par de bancos azules por capas, tapizados con un elegante y brillante terciopelo de angora, con el que Johnson concibe su característico contraste de texturas. «A veces hay que forzar varias texturas para ver cómo responden», dice. «La textura es, por supuesto, inherente a todos los materiales, pero es el diálogo entre los elementos lo que comunica de verdad».

GRT ARCHITECTS
RECTORÍA DE HARLEM
NUEVA YORK, NUEVA YORK, EE. UU.
2023

«Nos interesan las tensiones entre lo grandioso y lo íntimo, lo histórico y lo imaginario», afirma Tal Schori, del estudio GRT Architects, que dirige en Nueva York junto con Rustam-Marc Mehta. «Lograr las proporciones exactas en esta habitación era crucial para encontrar un equilibrio entre su ventana de cinco metros y una estancia a escala humana». La habitación a la que se refiere Schori se encuentra en una antigua rectoría de estilo neogótico de 1907 en Harlem que un artista quería transformar en vivienda. Una de las decisiones más espectaculares de GRT fue crear un salón de doble altura entre la segunda y la tercera planta del edificio para dar cabida a la impresionante colección de arte del cliente, que incluye un retrato fotográfico a gran escala de Lorna Simpson que cuelga sobre un sofá Camaleonda de Mario Bellini. Kamp Studios, especialistas en acabados arquitectónicos a medida, enlucieron a mano las paredes color crema de la mitad inferior de la sala. Por su parte, las paredes superiores están definidas por un riguroso reborde de roble americano que se extiende también por el techo. «El diseño de Finn Juhl para la Cámara del Consejo de Administración Fiduciaria de la ONU fue una importante fuente de inspiración para el diseño», asegura Mehta. «Nos gustó su hábil combinación de formas orgánicas, materiales naturales y color». El esbelto diseño de láminas resalta con gracia la sensualidad del yeso. Como observa Schori, «la madera confiere al espacio una calidez que suaviza la luz y el sonido cuando se reflejan en ella, haciendo que la estancia parezca tener un tamaño mucho más íntimo». El diseñador Michael Kirkland, amigo del cliente, colaboró en la decoración del interior, que cuenta con un sillón Senior de Marco Zanuso de la década de 1950, una mesa de centro de hormigón fundido azul aciano del artista de Brooklyn Misha Kahn y una alfombra persa de la familia del propietario. El broche de oro, una épica araña móvil de Michael Anastassiades, sirve de mediadora entre los planos horizontales de la sala.

YEARS
CASA ECOLÓGICA
NOSARA, COSTA RICA
2023

En una casa en Nosara, Costa Rica, diseñada por Tyler Polich y Jessica Jimenez Keenan, de Years, los ingredientes mágicos son el color y el contexto. El reto, dice Polich, era crear un espacio que encajara en el entorno selvático y pudiera soportar el asalto diario del calor y la humedad. Este dúo creativo, pareja en el trabajo y en la vida, puso en marcha su estudio con sede en Los Ángeles en 2023. Para este proyecto, trabajaron con el arquitecto local Jean André Garnier para crear una casa de hormigón de inspiración brutalista. «Nos encanta la sensación de reclusión que proporciona la arquitectura pesada», dice Polich. «La cuestión era cómo equilibrar ese peso y esa seriedad para que encajara con una familia con niños», añade Jimenez Keenan. «Buscábamos insertar color y elementos lúdicos o idiosincrásicos», explica, señalando el sofá color óxido, la lámpara de pie a rayas de Mario Botta y la variedad de plantas en el salón en desnivel. Entre las piezas de origen local se incluyen una mesa de centro de madera de guanacaste hecha a medida (fabricada para Years por MAD Living), un par de bancos de madera natural en la pared del fondo, obra de Paz Ulloa, y *Caracteres en el bosque* (2005), una pintura abstracta en negro y azul del artista Gerardo Ramírez. «Para nosotros, la textura es tan importante como el color o el dibujo: es la experiencia táctil de una casa», asegura Polich. Al principio del proyecto, les advirtieron del riesgo de que apareciera moho en los tejidos por la humedad y el calor, por lo que eligieron materiales de exterior para la mayoría de las tapicerías y cortinas, así como espuma náutica para el relleno de los muebles. También utilizaron un patrón entrecortado de baldosas blancas y negras para crear una alfombra decorativa falsa, en lugar de una real. El resto de la paleta de rojos, burdeos, amarillos y naranjas de la habitación se inspiró en los colores de la propia selva.

LAURA GONZALEZ
CASA EN MAINNEVILLE
MAINNEVILLE, FRANCIA
2021

«Diseñar para mí misma me dio la libertad de experimentar y sobrepasar los límites», dice Laura Gonzalez refiriéndose a una mansión del siglo XIX en el pueblo francés de Mainneville que recientemente convirtió en un refugio familiar. Esta arquitecta y diseñadora afincada en París fundó su estudio en 2008 mientras estudiaba en la Escuela de Arquitectura de París-Malaquais. Sus interiores, saturados en color y texturas, dejan volar la imaginación. Esta generosa habitación, convertida en el salón de la casa, en su día fueron un par de salas adyacentes. Tras una transformación radical, ahora contiene muchos elementos únicos en los que deleitarse, en concreto un par de chimeneas, de las que solo una aparece en la foto. Cada una tiene una pared de azulejo hecha a mano por el ceramista Laurent Dufour para que parezca el pelaje de un animal. En un guiño humorístico a los trofeos de caza, encargó al artista que creara la cabeza de un mono en bajorrelieve para una de ellas y un oso en la otra. «Aportan personalidad y eclecticismo». Para conseguir un contraste orgánico, utilizó un revestimiento de sisal ultrafino en las paredes y un yute más grueso y suave en los suelos de roble. «El uso riguroso de la textura añade profundidad y tactilidad y crea un entorno dinámico y envolvente que invita al descubrimiento y la contemplación». Junto a la simiesca chimenea descansa una butaca Colosseo de terciopelo amarillo, un sillón Ipanema Sunny y una mesa de centro Hypnotic verde lima, diseñados por ella misma. «El amarillo mostaza inyecta energía e inspira positividad, mientras que el verde añade frescura y organicidad». En otra zona de la sala, un tapiz del siglo XIX confiere un aspecto histórico y serio a la pared situada sobre un sofá Fuji forrado de lana, también de Gonzalez. Cerca de allí, hay un par de sillones daneses de la década de 1950 cubiertos de un tupido pelaje junto a un taburete bajo adornado con un estampado tibetano de lino de Clarence House con un tigre, a juego con los cojines de los sillones. «Hay animales por todas partes», señala sobre esta lúdica composición. «Es una de las señas de identidad de la casa».

PIERRE YOVANOVITCH
CASA EN LOS INVÁLIDOS
PARÍS, FRANCIA
2018

«Esta habitación está en lo más alto de la casa y tiene unas vistas espectaculares. Es como un dormidero para aves, un nido», explica Pierre Yovanovitch. «La persona más indicada para diseñar espacios que parezcan nidos es Tadashi Kawamata», continúa, refiriéndose a este artista japonés, que despierta admiración por sus instalaciones de madera a gran escala construidas *in situ*. «Su obra gira en torno a la fragilidad y la precariedad de la vida y a la constante posibilidad de que se produzca un cambio dramático». El dormitorio principal sorprende, admite Yovanovitch, porque su inestabilidad no es propia de un espacio que, además, forma parte de un sólido *hôtel particulier* de piedra del siglo XIX. Pero este diseñador, que abrió su propio estudio en París en 2001, disfruta creando interiores que nadan a contracorriente. «Tanto con Tadashi Kawamata como con otros artistas, me encanta la sinergia que se genera al concebir un espacio vital único; es una forma de alimentar mi pasión por el arte contemporáneo». Para este dormitorio, los dos creativos compusieron el espacio como un decorado. «La madera envuelve toda la habitación, a excepción de la enorme ventana con vistas a París», explica sobre la instalación de madera recuperada que tardó tres semanas en construirse. Otra de las texturas la encontramos en el suelo de Ceppo, un material compuesto de fabricación italiana que recuerda al lecho empedrado de un río gris con destellos brillantes. También diseñó una chimenea con una insólita asimetría que serpentea delicadamente sobre el laberinto de madera de Kawamata en «contraste y equilibrio». La cama, con cabecero de cuero y mesillas a juego, hecha a medida, está flanqueada por dos lámparas de lectura de FLOS. Al otro lado, dos butacas Bolotas de Fernando y Humberto Campana parecen nidos dentro del nido, con sus volúmenes verdes y blancos de piel de oveja acolchada, mientras que una lámpara de pie Bridge de Severin Hansen de la década de 1950 acecha a un lado, como un pájaro que no terminara de atreverse a descansar sobre una rama.

TAMSIN JOHNSON
APARTAMENTO EN POTTS POINT
SÍDNEY, AUSTRALIA
2023

«La textura es el acento del lenguaje del diseño», asegura la diseñadora australiana Tamsin Johnson, que abrió su estudio en Sídney en 2011. «Puedes crear confort y calidez con telas y maderas, aportar crudeza con metal y cristal y utilizar piedra para calmar las aguas o avivar el diálogo». Cuando le encargaron que diseñara un apartamento en el barrio de Potts Point, consideró que lo mejor del salón eran sus vistas al puerto de Sídney. «Le faltaba alma», asegura. El toque de personalidad llegó al cambiar lo que describe como el «anodino suelo de madera» de la habitación por un deslumbrante parqué Versalles de tablillas entrecruzadas en un color heno bañado por el sol. También encargó una monumental pared tallada en roble para rodear la chimenea. «Quería algo abstracto y masculino, con contundencia y músculo», explica Johnson, que señala que el tono oscuro de la madera «añade gravedad y permanencia». A cada lado de la imponente pieza, instaló dos bancos por capas, tapizados en un reluciente terciopelo de angora de color azul turquesa. «Quería recrear la elegancia propia del viejo mundo, esa que se respira en un salón, un bar o una sala de estar europeos». Sobre el par de lámparas de cristal de Murano de Archivio Storico de la década de 1980, que cuelgan sobre las formas estratificadas de los asientos, dice: «Creo que los apliques completan la habitación. Las bolas oscuras parecen levitar y atraen la atención sobre todo el conjunto del espacio». El toque final lo aportan los muebles de época, entre los que se incluyen un sillón con forma de flor *art déco* francés de la década de 1970, con su tapicería original de *bouclé* amarillo, un sillón blanco italiano de la década de 1940 de Paolo Buffa y una mesa de centro Fontana Arte de la década de 1960, con fragmentos de fósiles de piedra incrustados en su brillante tablero. «Esta habitación contaría una historia diferente si los bancos fueran de lino y el sillón Buffa de madera estuviera tapizado», asegura la diseñadora. «En los interiores, la textura es una fuerza integral y moduladora por derecho propio».

FERN SANTINI
CASA EN AUSTIN
AUSTIN, TEXAS, EE. UU.
2021

Fern Santini, que fundó su estudio de Austin en 1993, tiene el don de crear espacios que resultan artísticos, históricos y modernos al mismo tiempo. Guitarras usadas, fotos en blanco y negro de leyendas de la música y partituras garabateadas por artistas suelen aparecer en los interiores de esta diseñadora en un guiño a la herencia cultural de su ciudad natal. «La música alimenta nuestro espíritu, despierta nuestra curiosidad intelectual y nos une. Es nuestro lenguaje común. Siempre busco formas de animar a mis clientes a incorporarla a sus espacios», afirma. En 2021 Santini y un equipo creativo que incluía al arquitecto local Paul Lamb construyeron y equiparon por completo una casa en Austin. La sala de estar del tercer piso, que hace las veces de despacho, biblioteca y bar, «es sexy e intensa, una fantasía total», asegura. «La gente se queda sin palabras cuando llega a lo alto de la escalera; es bastante mágico». Las paredes de color pizarra, con el contrapunto de una banqueta diseñada a medida por Santini y tapizada en *mohair* dorado, recuerdan al ambiente íntimo de un bar clandestino. Un par de mesas auxiliares Hokulele negras de Nicole Hollis parecen listas para una fiesta con sus faldones con flecos color ébano. El techo, sin embargo, es la joya de la corona. Realizado en piel de vaca a medida por Kyle Bunting, presenta un conjunto de flores abstractas cortadas por láser en tonos azules y dorados. «Desde el punto de vista acústico, el resultado es extraordinario», asegura sobre la forma en que el material distribuye el sonido. «¡Y también lo es desde el punto de vista estético! Me encanta el estampado. Elegí la paleta de colores como un guiño a *Blue Suede Shoes*, de Elvis». La galería de fotos de estrellas del *rock* tardó tres años en recopilarse e incluye una imagen de Bob Dylan tomada por Jerry Schatzberg en 1965, que el fotógrafo recortó a medida para este espacio. «Fue la primera compra para la casa; Bob se convirtió enseguida en la musa del proyecto», concluye Santini.

ATEMPORAL

A mediados del siglo XVIII, las excavaciones de Herculano y Pompeya (Italia) despertaron en toda Europa un nuevo aprecio por el diseño clásico. Un tratado de estilo arquitectónico publicado en 1773 por los hermanos Robert y James Adam, ambos arquitectos escoceses, contribuyó en gran medida a popularizar el espíritu y los motivos decorativos del clasicismo en el diseño, sobre todo en Inglaterra. Su objetivo, escribieron, era «aprovechar la hermosa esencia de lo antiguo y trasladarlo a la actualidad con innovación y variedad».[1] El equilibrio, la simetría y la proporción eran las piedras angulares de este nuevo estilo, bautizado como neoclásico. Se hacía hincapié en las geometrías abstractas, como los patrones rectangulares, circulares y elípticos, todos ellos inspirados en las dimensiones de los cánones clásicos. El mobiliario que llenaba estos espacios solía tener acabados formales y se acompañaba de espejos pulidos y objetos decorativos. Por esa época, en Francia se popularizaron modas comparables al estilo Luis XVI. Tras la Revolución de las Trece Colonias en Estados Unidos, la nueva identidad republicana de la nación hizo que los estadounidenses buscaran en la antigua Roma y Grecia sus ideales de belleza y virtud cívicas, con especial predilección por los detalles decorativos alegóricos como águilas, escudos y urnas.

El motor del diseño de interiores es la búsqueda de espacios de cobijo a los que llamar hogar. Aún en la actualidad, el equilibrio, la simetría y la proporción siguen siendo claves en esa búsqueda de volúmenes que transmitan paz. Sin embargo, mientras que el neoclasicismo del siglo XVIII tenía un fuerte arraigo en los precedentes occidentales, los diseños neoclásicos actuales incorporan ideas de Asia, África, India y Sudamérica.

«Los interiores atemporales buscan alcanzar el equilibrio y la cantidad justa de cada elemento», afirma el diseñador parisino Jean-Louis Deniot. Su objetivo, dice, es crear «una sensación de frescura para conseguir un interior elegante y estimulante que sobrelleve bien el paso del tiempo». Al reformar el salón parisino de un edificio de la época haussmaniana, yuxtapuso geometrías angulares y curvas que incorporaron al salón «una sucesión de círculos y marcos que definen su nueva arquitectura, los paneles de las paredes y el mobiliario». Según Deniot, «el aire neoclásico que destila es mi propia interpretación de la decoración clásica».

Fabrizio Casiraghi exploró temas similares al diseñar un salón totalmente blanco para un apartamento de finales del siglo XX, también en París. «Me gusta seleccionar elementos de distintos periodos históricos con los que me siento identificado», explica. «La clave para evitar las tendencias reside en el arte de mezclarlo todo manteniendo una sensación de orden y contención». En esta línea, dejó intactas las molduras originales de la habitación (únicamente interferidas por una capa de pintura fresca) y apostó por la simetría y el equilibrio. El punto focal de la estancia es el marco de la chimenea de mármol que reposa sobre jambas de decoración clásica con cabezas de carnero y cenefas. Los muebles dan un giro vanguardista a los motivos clásicos, pero se combinan con meticulosidad para que un lado de la habitación se vea reflejado en el otro.

En la misma línea que Casiraghi, la diseñadora londinense Tiffany Duggan afirma que «la clave para crear espacios atemporales es reunir una selección variada de muebles y accesorios decorativos con una buena mezcla de épocas y orígenes. Esto facilita que la relevancia de un espacio siga vigente con el paso del tiempo». Cuando diseñó una casa para unos clientes con una importante colección de arte asiático, quería que el salón «pareciera ordenado, pero no tenso ni rígido». Conservó la simetría de la habitación y aplicó un lavado blanco cremoso a los paneles originales de pino amarillo, que ancló la habitación en el pasado pero le dio un aire actual.

El diseñador milanés Paolo Castellarin también estrechó lazos con el pasado al diseñar la casa de campo que comparte con su marido en Piacenza (Italia). El esqueleto original de la habitación ya aportaba un telón de fondo excepcional, con paredes de yeso, gruesas vigas de madera y suelos de ladrillo rojo. «Quería crear la impresión de una casa de campo italiana clásica utilizando muebles de los siglos XVIII y XIX», afirma. «Mezclar muebles de distintas procedencias [algunas piezas son francesas y otras inglesas o italianas] que resultan familiares y evocan el pasado da como resultado una habitación atemporal».

Para el dormitorio de una casa en Wiltshire (Inglaterra), Henriette von Stockhausen, de VSP Interiors, revistió una cama centenaria con dosel con una deslumbrante variedad de telas y la transformó. La idea no era unificar el tratamiento textil y la forma de los muebles, dice la diseñadora, «sino que se sintieran cómodos el uno con el otro». Von Stockhausen trata de utilizar el mayor número posible de telas de época en sus diseños. En el dormitorio, «incluso el papel pintado nuevo se basa en un fragmento antiguo que parece tela descolorida». También era esencial incluir el mayor número posible de muebles antiguos. «Las antigüedades cuentan una historia, aportan un aspecto vivido que muchas casas de campo adquieren de manera natural al pasar de una generación a otra. Aquí ayudan a que la habitación parezca ya habitada, a pesar de ser completamente nueva».

La continuidad histórica también fue lo primero en lo que pensó el diseñador británico Mark Gillette cuando le encargaron reformar un gran apartamento en una casa de campo de estilo palladiano de principios del siglo XVIII al este de Inglaterra. La habitación más complicada era el antiguo comedor de la casa, que transformó en salón. Conocida cariñosamente como la «Sala Adam» en honor al famoso dúo de arquitectos, la estancia presentaba elaboradas yeserías y columnas que se remontaban a una reforma de 1778. «Para ayudar a nuestros clientes a entender cuál era nuestro objetivo estilístico, los llevé a Harewood House, otra casa señorial cuyos interiores se consideran de los más logrados de Robert Adam», nos desvela Gillette. La visita le permitió ejemplificar su propuesta para la habitación, que ahora constituye un innegable escaparate del estilo neoclásico y, al mismo tiempo, un lugar acogedor al que llamar hogar.

1 Craven, Wayne. *American Art: History and Culture* (Nueva York: Harry N. Abrams, Inc., 1994), 115.

STUDIO DUGGAN
CASA EN KENSINGTON SQUARE
LONDRES, REINO UNIDO
2018

«Uno de los clientes era más tradicional y el otro más contemporáneo», explica Tiffany Duggan de la pareja londinense para la que recientemente diseñó una casa histórica del siglo XVIII cerca de Kensington Square. «El reto era encontrar un punto de encuentro y diseñar un espacio que satisficiera a ambos». En la sala de estar, Duggan, que abrió su estudio homónimo en Londres en 2011, añadió un lavado de cal a las paredes de pino originales para atenuar su tono leonado natural, aunque dejó intacta la cornisa en recuerdo de la historia de la sala. «Nos planteamos la posibilidad de revestir las paredes en un verde intenso, pero en su lugar lo utilizamos como elemento decorativo del techo, que aporta un maravilloso efecto envolvente». La alfombra de lana blanca que cubre el suelo de pared a pared y un par de sofás sencillos con faldones, brazos inclinados y tapicería de lino contribuyen a la elegancia circunspecta del espacio. Los cojines de seda con motivos *ikat* rojos, marrones y verdes de Rifat Ozbek aportan el toque justo de color y dinamismo. Encima cuelga una lámpara de estilo *Mid Century* de chapa decorada en forma de frondas de palmera, un tesoro fortuito que encontraron en 1stDibs. «Me encanta la combinación de la mesa de cristal de época con los preciosos paneles [japoneses] que hay tras el sofá», dice Duggan del conjunto de obras a tinta y pan de oro que forma parte de la extensa colección de arte asiático de los clientes. «Las contemporáneas butacas de bambú con barniz negro se tapizaron en terciopelo verde para darles un toque llamativo», añade sobre un color que reverbera también en el verde oscuro del techo. Duggan renunció a las cortinas para que la habitación resultara luminosa y clara, pero instaló estores para controlar la luz. «La premisa era encontrar un equilibrio en el contraste», afirma. «Como los clientes son ávidos coleccionistas, queríamos que la base de la sala fuera sencilla, natural y simétrica para que les permitiera ir alternando las piezas de su extensa colección».

VSP INTERIORS
CASA FAMILIAR EN WILTSHIRE
WILTSHIRE, REINO UNIDO
2024

Aunque la diseñadora Henriette von Stockhausen, originaria de Múnich y afincada en Dorset, construye sus interiores con un profundo arraigo en las casas de campo inglesas, es experta en incorporar materiales y superficies sorprendentes y dotar a sus estancias de modernidad y energía. Von Stockhausen, que fundó VSP Interiors en 2000, es su directora creativa desde 2010. Las camas con baldaquino son una de sus señas de identidad. «Adoro los doseles», reconoce. Este dormitorio en una casa de campo georgiana del siglo XIX en Wiltshire cuenta con un ejemplar de nogal hecho a medida; las hojas de acanto talladas y sus postes estriados infunden al instante un toque histórico a la habitación. También es una manera maravillosa de canalizar el atrevido uso del color y las telas sorprendentes de la diseñadora. «Quiero que los tejidos estén cómodos los unos con los otros». En este caso, el *suzani* azul y rojo del cabecero lleva la batuta. «De ahí parten todos los demás colores, acentos y el ambiente general de la habitación». El interior del dosel es de seda azul noche y las cortinas caqui van adornadas con un regio ribete burdeos. Otros muebles también muestran variantes similares en torno a la tradición: una cómoda de estilo gustaviano está pintada de un refrescante azul turquesa, un sofá presenta un respaldo ondulado y un revestimiento en un tejido a rayas inspirado en el antiguo *hishi* japonés y un armario de estilo italiano del siglo XVIII está decorado con un riguroso patrón geométrico marrón y camel. La colcha de tela *kente* aúna los distintos haces de color en su tejido azul y naranja, junto con el tono peltre desvaído del papel pintado y la gruesa alfombra de yute trenzado. Entre las antigüedades hay un cuarteto de xilografías japonesas de la década de 1880 y un escritorio de *chinoiserie* del siglo XVIII, sobre el que cuelga un espejo francés de *verre églomisé* de la misma época. «Pese a la diversidad de telas y tonos», concluye, «lo más paradójico es que la habitación transmite, en última instancia, paz y tranquilidad».

JEAN-LOUIS DENIOT
APARTAMENTO EN PARÍS
PARÍS, FRANCIA
2015

Los interiores de Jean-Louis Deniot, grandes referentes en el ámbito del diseño, suelen estar impregnados de la grandeza y el glamur del viejo mundo. «Supongo que todo viene de una fascinación infantil por las grandes casas antiguas, los castillos y los lugares históricos». Afincado en París, abrió su estudio homónimo poco después de terminar sus estudios de diseño en 2000. Cuando recibió el encargo de una joven princesa de Oriente Medio de reformar su apartamento en un edificio haussmanniano del distrito XVI, recurrió al neoclacisicmo francés pero cargado de pinceladas modernas. En el salón, unos paneles de proporciones esbeltas ampliaron la sensación de verticalidad. La alfombra del salón imita el patrón del nuevo techo de yesería, de modo que «uno se convierte en un reflejo del otro, lo que intensifica el impacto del conjunto». Quizá en este marco neoclásico cabría esperar una paleta de grises y blancos, pero el diseñador eligió en su lugar un abanico de grises azulados con constantes reflejos metálicos. Abundan las referencias a la naturaleza, como un par de lámparas brutalistas de Paul Evans con bases de metal que imitan rugosas piedras, una araña de cristal de roca de múltiples ramas de Hervé Van der Straeten y un par de mesas de centro de cristal con patas de latón en forma de tallos florecidos, diseñadas por el propio Deniot. «En el centro de cada flor hay una bombilla. El mejor ejemplo de elegancia y la grandiosidad es la naturaleza», afirma. En el resto del salón, las piezas hechas a medida incluyen un par de sofás en forma de media luna, estanterías triangulares y una mesa de centro revestida de *chagrín*. También hay un par de mesas auxiliares Hexagono de pergamino gris, que Deniot diseñó para la casa de muebles francesa Jean de Merry. A la derecha reposan dos apliques de hierro forjado revestidos en color dorado de la década de 1940. Enfrente se erige una imponente obra geométrica del escultor francés del siglo XX Roger Desserprit, acompañada de apliques y pantallas de media luna de Anne Sokolsky, un conjunto que refuerza el juego de ángulos y curvas de la sala.

MARK GILLETTE
APARTAMENTO EN BURLEY-ON-THE-HILL
RUTLAND WATER, REINO UNIDO
2013

Dicen que hay que ver para creer. Por eso, antes de reformar un apartamento en una casa de campo palladiana de la década de 1690, Mark Gillette quiso que sus clientes vieran en qué se inspiraba su propuesta. El ejemplo no era otro que Harewood House, en West Yorkshire, del gran arquitecto y diseñador escocés del siglo XVIII Robert Adam, famosa por sus interiores neoclásicos. «El vestíbulo ilustraba por sí solo mis propuestas de color y mis ideas sobre los relieves de yesería del salón», explica Gillette, que fundó su empresa en Chester (Inglaterra) en 1994. «Mientras pagábamos la entrada, el cliente dijo: "Lo entiendo, Mark. Tiene que parecer un jarrón de Wedgwood". Todo encajó de repente». (Los objetos de cerámica del siglo XVIII de Josiah Wedgwood recuerdan a los antiguos camafeos romanos, con sus motivos sin vidriar de inspiración clásica.) El salón de Burley tenía ya una fuerte personalidad, con elaboradas yeserías instaladas en 1778, que parecen una pieza de Wedgwood de enormes dimensiones, y columnas con capiteles corintios de casi cinco metros de altura. Siguiendo el ejemplo de Harewood, Gillette aconsejó «enturbiar la paleta con marrones rosados y grises azulados y recuperar el blanco en la mayor parte del enlucido decorativo». En esta línea, dotó a las columnas y pilastras de un acabado de pórfido artificial («para que parecieran más arquitectónicas») e instaló suelos de roble en vez de pino, utilizado cuando la mansión se transformó en apartamentos en la década de 1990. Para adaptar el espacio a la vida cotidiana, dividió la sala en zonas para crear una acogedora área central donde sentarse; ahí, los muebles hechos a medida y una alfombra de Aubusson replican los colores del techo. Los apliques ramificados originales de la habitación, anteriormente dispersados por la casa, volvieron a reunirse en el salón. Por último, las cómodas de marquetería que flanquean la chimenea albergan la vajilla familiar, que no es de Wedgwood, sino un juego diseñado por el propio Gillette y decorado con un nuevo escudo familiar.

PAOLO CASTELLARIN
CASA EN LAS COLINAS
PIACENZA, ITALIA
2024

Puede que Paolo Castellarin tenga mano de cirujano, pero sin duda no le faltan dotes como decorador. Antes de fundar su estudio de diseño de interiores, STUDIO P7, en 2024, compaginaba su profesión como odontólogo con la reforma de viviendas. Tres de ellas las comparte ahora con su marido, el ejecutivo de la industria de la moda Didier Bonnin: su residencia principal en Milán, una segunda vivienda en Venecia y, más recientemente, un retiro rural en las colinas de Piacenza, a una hora al sudeste de Milán. Este último, donde la pareja suele recibir a sus amigos, se construyó sobre los restos de un antiguo fuerte romano. «Nos enamoramos al instante del lugar porque llevaba siglos sin tocarse, lo que le confiere un aura sagrada», asegura Castellarin. En el salón, el diseñador tuvo que trabajar con paredes de enlucido de cal originales, vigas de madera envejecidas, una enorme chimenea de piedra y suelos de ladrillo rojo desgastado. Lejos de eclipsar esta esencia original, seleccionó el mobiliario adecuado para que coexistiera en sintonía con el entorno. La mayoría de los asientos datan de finales del siglo XIX, pero también hay un escritorio de estilo Luis XVI, una exuberante lámpara de bronce del siglo XIX con borlas de cristal, una mesita auxiliar de cristal hecha a medida y alfombras marroquíes de la década de 1940. «La mezcla de muebles variados pero clásicos resulta familiar y, en ese sentido, atemporal», prosigue. «No quería que pareciera la casa de mi abuela», bromea. La clave fue el color, que utilizó a su favor añadiendo pinceladas de azul, dorado, crema y una pizca de rojo en las ilustraciones botánicas finlandesas que cuelgan de las paredes, cuya disposición cuadriculada aporta contraste y dinamismo frente a las contundentes líneas de la estructura. «Hay más de ciento cincuenta ejemplares de los años treinta a los cincuenta», explica de la colección, que se extiende por las dos salas adyacentes. «Las paredes son inmensas, pero estas piezas crean una sensación acogedora».

FABRIZIO CASIRAGHI
APARTAMENTO EN PARÍS
PARÍS, FRANCIA
2020

«Mi principal objetivo es huir de las tendencias», afirma el diseñador milanés Fabrizio Casiraghi, que abrió su estudio homónimo en 2015 en París. En la sala de estar de un apartamento parisino de la década de 1900, conservó muchos de los exquisitos detalles originales de la habitación, pero les imprimió un inconfundible toque moderno. «La primera vez que entré en la habitación tuve que tomar una decisión: o ceñirme estrictamente al estilo clásico de su arquitectura o mezclar distintas épocas y añadir una dimensión contemporánea con materiales elegantes, como el plexiglás, el espejo y el metal», explica. «Creo que combinar elementos clásicos con un toque setentero es un acierto seguro, sobre todo en habitaciones con tanta historia como esta». Gran parte de ese clasicismo residía en las molduras que recubren las paredes de la sala, adornadas con filigranas. Casiraghi lo pintó casi todo de blanco y reservó «el dorado para resaltar los espejos y puertas con la idea de conferir al espacio una atmósfera más ligera y fluida». El mobiliario se diseñó buscando el equilibrio y la simetría. Sobre los faldones plisados de los sofás a medida de François Halard, dice: «Siempre me ha gustado este detalle de los sofás de Villa Malaparte en Capri», en referencia a la magistral vivienda de 1942 del escritor y cineasta italiano Curzio Malaparte. «Tienen un encanto neoclásico y atemporal». También se hicieron a medida las mesas auxiliares de plexiglás (cada una coronada por una lámpara de acero cromado de la década de 1970) y la mesa de centro con acabado en espejo. Por encima, los ángulos rectilíneos de una lámpara blanca contemporánea del diseñador francés Alexandre Logé se antojan esculturales y orgánicos. «Es un tira y afloja entre la generosidad y la sobriedad», explica Casiraghi sobre su estética general. «Mis giros de diseño son siempre sutiles y moderados, acordes con mi manera de ser».

TROPICAL

La vida en el trópico se rige por sus propias normas. El calor, la humedad y las lluvias repentinas son solo algunos de los factores que influyen en el diseño de una casa cerca del ecuador. Desde el punto de vista estructural, muchas cuentan con porches cubiertos que protegen a sus habitantes del sol y les permiten una conexión ininterrumpida con el exterior. El entorno se cuela en el interior a través de materiales como la caña, el bambú, el yute, el mimbre y el ratán. También influye en el color, que a menudo se inspira directamente en la naturaleza, como los tonos saturados de la flora local y otros más arenosos inspirados en la playa. Además, la decoración de los espacios en entornos tropicales suele reflejar los estilos tradicionales de la ciudad o región donde se encuentran. Aunque se trata de viviendas diseñadas para disfrutar de los placeres sencillos, en todas hay un propósito y una intención.

Salvador Reyes Ríos y Josefina Larraín querían que la cocina de su hacienda en Mérida (México) reflejara el bagaje cultural y estilístico de su comunidad. Este matrimonio, arquitecto y diseñadora, renovó por completo la sala con una gama de tonos vívidos arraigados en el azul cobalto, el amarillo caléndula y el rojo terracota, propios de la región de Yucatán. «Decidimos rescatar y reivindicar la paleta de colores y devolverla a la casa», explica Reyes Ríos. La propia Larraín diseñó los azulejos de Talavera que rodean el mostrador, cuya fabricación se encargó después a un proveedor local. Al utilizar elementos naturales y endémicos de un lugar, explica Reyes Ríos, «sabes que tu diseño representará el lugar y su cultura, que inspirará pertenencia y arraigo». El resultado es una cocina moderna en completa sintonía con la hacienda de principios del siglo XX y su entorno.

Esta profunda conexión con el entorno también fue fundamental para Anita Calero a la hora de diseñar su casa en Cali (Colombia). Fotógrafa y estilista, pasó décadas viviendo en Nueva York, pero siempre contó con volver a Cali algún día. Su casa, de ladrillo y estuco, está situada en una ladera con vistas a la ciudad, rodeada de exuberantes jardines que cuida con esmero. Una serie de porches cubiertos rodean la estructura negra («quería una casa pintada de negro para que se vieran mejor los colores de las plantas y las flores») y las puertas están siempre abiertas. El interior está construido casi por completo con madera de achapo local, incluidos los armarios de la cocina, a los que se ha dado un tinte intenso y oscuro. Los muebles de madera, entre los que destacan algunas joyas de estilo *Mid Century*, junto con una selección de objetos naturales que recoge del paisaje y alterna de vez en cuando, realzan el irremediable parecido de la vivienda con una casa en un árbol.

A unos dos mil kilómetros de Cali, en la isla caribeña de Mustique, la diseñadora Veere Grenney ha creado un tipo diferente de casa en un árbol pero también emplea materiales locales para imprimirle un carácter único. En este caso, utilizó bambú de la vecina isla de San Vicente para revestir las habitaciones de la extensa casa, incluidos los aseos. La elección de materiales también se extendió a casi todo el mobiliario. «Siempre es bueno utilizar el bambú por motivos de sostenibilidad», explica sobre su planta predilecta, que crece muy rápido y es tan resistente como la madera, aunque técnicamente es una hierba.

La casa de vacaciones de Celerie Kemble en la República Dominicana utiliza un lenguaje muy distinto al de Grenney. En su villa en la playa, las paredes y los suelos blancos y relucientes ceden protagonismo a los muebles, muchos de ellos inspirados en los verdes y azules de los jardines y al agua cercana. La diseñadora neoyorquina dice que el ambiente de la casa le recuerda a su infancia en Palm Beach, Florida. «La sala está rodeada por un porche envolvente, de modo que el contacto con el exterior es ineludible. Los suelos pintados aportan luminosidad y una uniformidad desenfadada, ya que la habitación está pensada para entrar desde la playa y el jardín», describe Kemble. La premisa era que «debía ser permeable a la brisa, la luz y los aromas de jardín».

Sasha Adler, afincada en Chicago, adoptó un enfoque más contemporáneo de la vida tropical al diseñar una casa de nueva construcción para los ocho miembros de una familia de Cabo San Lucas (México). La vivienda tenía que ser apta para caminar descalzos y ser de fácil acceso al exterior (donde se encuentran la playa, la piscina y el brasero de exteriores), así que eligió muebles bajos, suelos de travertino color arena y tejidos resistentes al agua. Adler también adquirió en México la mayoría de los materiales empleados, desde la madera hasta la piedra y muchos de los accesorios decorativos.

A la hora de rediseñar una casa en las Bahamas, Tino Zervudachi también puso empeño en mantener el vínculo con el lugar y en crear al mismo tiempo un espacio relajado para recibir visitas. «La clave está en simplificar las cosas», asegura, aunque el camino para lograrlo no fue fácil. La casa original vivía de espaldas a la playa y sus deslumbrantes vistas al mar, por lo que Zervudachi trabajó con el arquitecto Kiko Sanchez, del estudio neoyorquino FGS Design, para volver a conectarla con su entorno. Cambiaron la distribución, pintaron las ventanas y elevaron las terrazas con el fin de incorporar la presencia del agua en el interior. Zervudachi se aseguró de que la paleta de colores reforzara esas conexiones, por lo que se centró en tonos blancos, azules y arena. Algunos de los muebles encajaban con lo esperado, como los amplios sillones de ratán, pero también dejó espacio para otros menos evidentes, como una consola y un espejo dorados y ornamentados y un sillón francés tallado del siglo XVII, al que retiró su espeso tapizado de lana para revestirlo de lino ligero. La yuxtaposición de épocas y materiales, concluye el diseñador, «crea un ambiente tropical tan elegante como sorprendente».

REYES RÍOS + LARRAÍN ARQUITECTOS
CASA EN MÉRIDA
MÉRIDA, MÉXICO
2001

Cuando el arquitecto Salvador Reyes Ríos y la diseñadora Josefina Larraín entraron por primera vez en la cocina de la hacienda de 1906 que acabaría siendo su hogar en Mérida (México), tuvieron claro que «tenía que convertirse en el corazón de la casa», asegura él. La pareja, que dirige Reyes Ríos + Larraín Arquitectos desde su fundación en el año 2000, estaba decidida a crear un espacio que representara a su entorno y su cultura. El primer paso consistió en decapar pequeños fragmentos de las paredes para saber de qué colores habían estado pintadas antaño. Después, compararon sus hallazgos con otros edificios históricos de la zona. «En general, México es un país muy colorido», asegura Reyes Ríos acerca de la paleta seleccionada de azules, ocres y rojos tradicionales de Yucatán. Decidieron dejar un espacio de unos 30 centímetros entre el techo blanco y la pintura melocotón de las paredes para dar a la estancia un aire abovedado. Aunque esta decisión sorprende por su frescura y modernidad, lo cierto es que replica la pintura original que, según sus indagaciones, había en su día en la sala. Lo mismo ocurre con la campana de hormigón, que también es una reinterpretación del diseño tradicional. «Antes, los interiores incluían azulejos o decorados con patrones en la boca de la campana», explica el arquitecto, aunque ellos optaron por una cenefa grabada sobre el propio material. «Era una manera de conservar una cierta sensación de pertenencia en el propio diseño», prosigue. La larga encimera reposa sobre varias arcadas revestidas en azulejos de Talavera. «Colaboramos con un pequeño proveedor que, siguiendo el diseño de Josefina, nos ofreció lo que necesitábamos», explica Reyes Ríos, y añade que dicho proveedor terminó vendiendo paquetes de azulejos parecidos a los de su cocina. En cuanto al suelo, conservaron los azulejos geométricos originales. El sencillo mobiliario incluye una mesa de madera, un juego de sillas (adquirido a un popular restaurante de la zona tras una reforma) y un armario de cedro y acero pintado de verde.

CELERIE KEMBLE
CASA GUAVA
RÍO SAN JUAN, REPÚBLICA DOMINICANA
2015

«Las olas del mar, el alboroto de los niños en la piscina y alguna que otra almendra que cae sobre el tejado metálico». Esos, dice Celerie Kemble, son los sonidos que se cuelan en el salón de su casa de vacaciones en la República Dominicana cuando está allí con su familia. Desde 1998, dirige la oficina neoyorquina de Kemble Interiors, el estudio de diseño que fundó su madre, Mimi Maddock McMakin, en 1982 en Palm Beach, Florida. Casa Guava, como la llaman, se construyó en los confines de un tranquilo retiro de playa en la costa norte de la isla. «La casa está expuesta a la luz del sol y al salitre, así que casi todos los objetos son de segunda mano y traen consigo sus propias historias, que coexisten pacíficamente», explica Kemble, cuya intención era crear un espacio de aire «ecléctico, ligero y fácil de reconfigurar». La paleta del salón se inspiró en los colores de su juventud en Palm Beach durante la década de 1970. «Los padres llevaban pantalones cortos de colores, generalmente de colores pastel cítricos y decolorados», recuerda. Un grupo de lámparas en forma de palmera cuelgan desperdigadas por el techo y se hacen eco en el frondoso capitel de una columna decorativa situada en un extremo de la sala. El mobiliario de época cuenta con un sofá de ratán de Paul Frankl a la derecha y un par de taburetes que imitan tocones de madera con la parte superior pintada de rosa. Las mesas auxiliares de color turquesa también son *vintage*, mientras que las butacas sin brazos de color verde forman parte de la línea de Kemble para Henredon. Las puertas de las habitaciones son de cristal con travesaños, un motivo tradicional de las granjas dominicanas. «Las diseñamos para que relucieran como una mezcla entre un brote estelar y unos fuegos artificiales», explica la diseñadora. La banda sonora de la vivienda no cesa al caer la noche, sino que se transforma con el croar de las ranas, el canto de las cigarras «y el susurro pacífico de las palmeras que se mecen en la oscuridad», evoca Kemble.

SASHA ADLER
CASA EN CABO SAN LUCAS
CABO SAN LUCAS, MÉXICO
2021

«Toda la casa está concebida como un santuario de la relajación. Nada es excesivamente delicado o valioso», asegura Sasha Adler. Esta diseñadora, que abrió su estudio de Chicago en 2018, se refiere a una villa de vacaciones con vistas al mar de Cortés en Cabo San Lucas (México), que confeccionó para unos de sus clientes habituales, una familia con seis hijos. «Aprovechamos el clima cálido y la interacción entre el espacio interior y el exterior para incorporar al diseño todos los elementos naturales que fuera posible», explica. Cuando las paredes correderas de cristal del comedor están abiertas, algo habitual, la frontera entre la casa y su entorno se desvanece. «La mayoría de los materiales son originarios de México, empezando por el suelo de travertino natural», señala sobre el mármol de color leonado y de textura arenada que cubre toda la primera planta, incluida la zona de la piscina. Para delimitar el comedor dentro de la planta diáfana, instaló paneles de ramas naturales en el techo y una alfombra de lana y yute a medida. «Las ramitas sueltas aportan textura y calidez al espacio y son de origen local», apunta. También es local la madera de parota de color miel (apreciada por su resistencia a la humedad) que eligió para la mesa de comedor hecha a medida y adornada con un surtido de piñas de cerámica negra bruñida. Los dos candelabros *vintage* de cristal de Murano que lucen encima están formados por dos círculos concéntricos de hojas de palmera arqueadas. En este ajetreado hogar en el que los bañadores mojados están a la orden del día, tapizó las sillas del comedor con tela para exteriores. En el salón contiguo, un cuadro del artista británico contemporáneo Keith Tyson preside un conjunto de sillas Bridge Rattan de Jean-Michel Frank de 1935 reeditadas y una lámpara de araña Rope de Fisher Weisman fabricada en Mérida (México) e inspirada en las piñatas navideñas. En la cocina, un cuarteto de mesas de centro contemporáneas de la diseñadora holandesa Sabine Marcelis reluce con su superficie resinosa, un guiño al brillo titilante de la luz cuando baila sobre el agua.

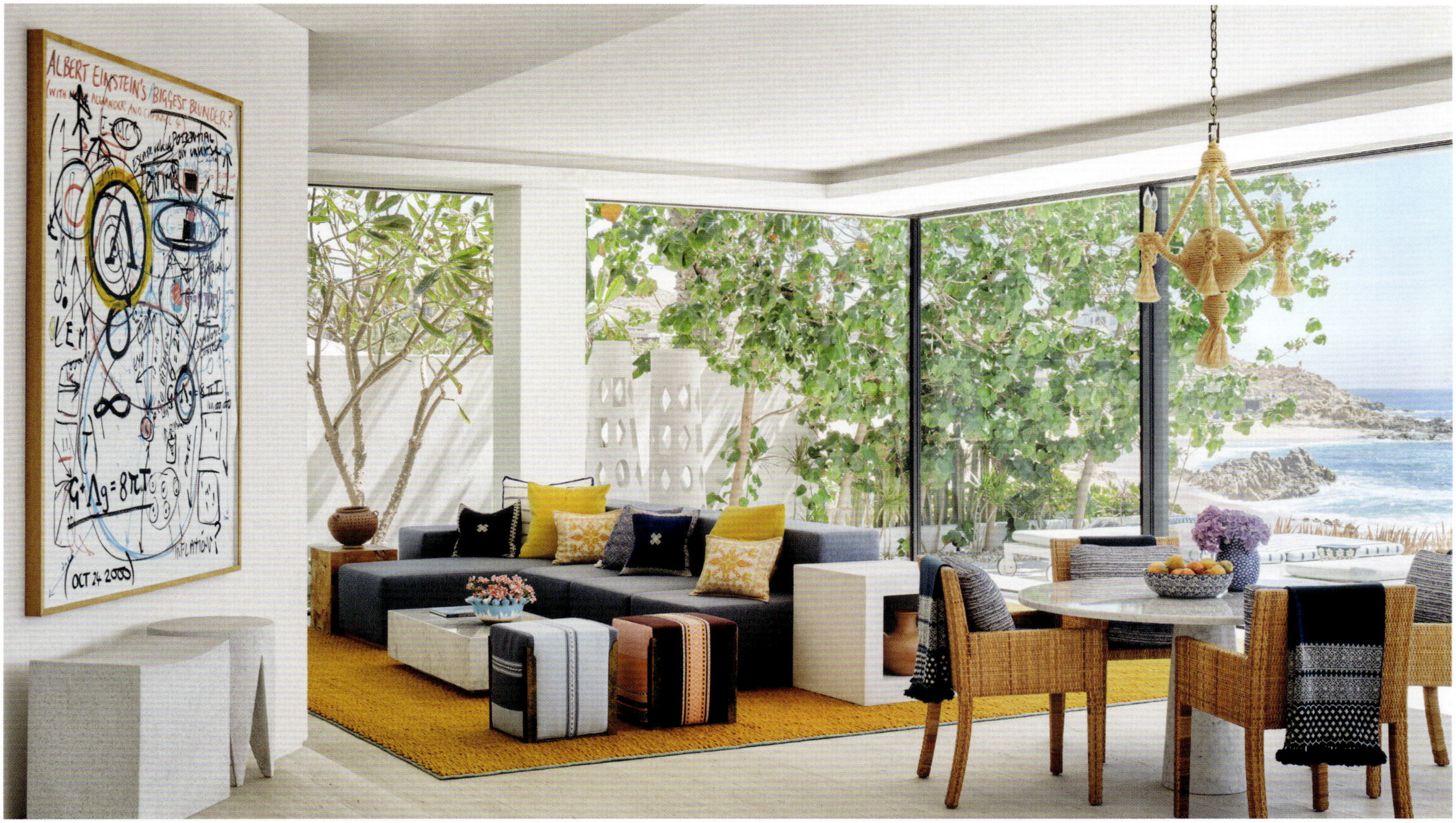
ALBERT EINSTEIN'S BIGGEST BLUNDER?
OCT 24 2000

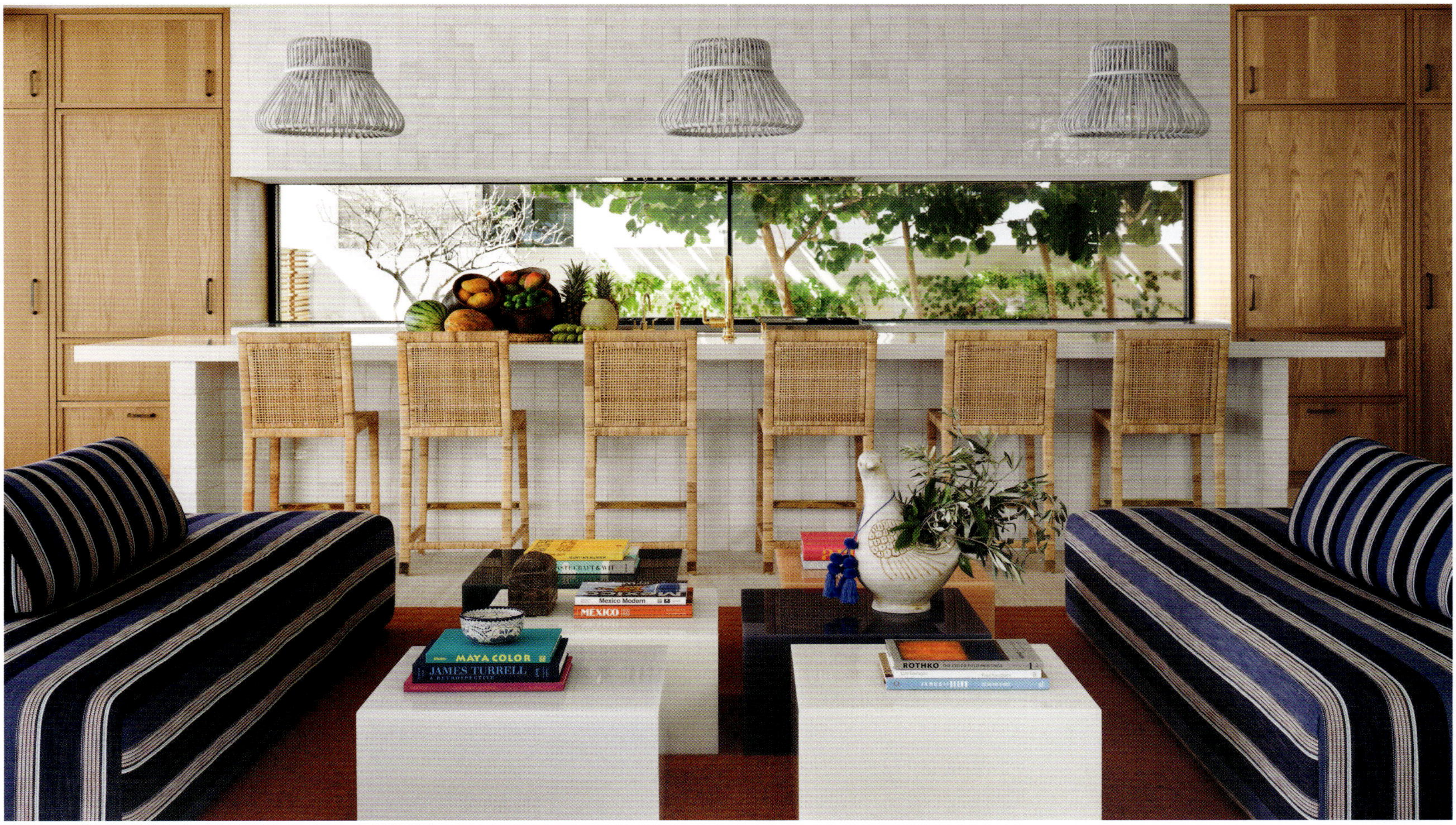
MAYA COLOR
JAMES TURRELL
MEXICO
ROTHKO

TINO ZERVUDACHI
CASA EN LAS BAHAMAS
NASSAU, BAHAMAS
2016

El arraigo es un factor determinante para el diseñador Tino Zervudachi, afincado en la capital francesa y socio principal de Mlinaric, Henry and Zervudachi, con oficinas en Londres, París y Nueva York. Vincular la estructura con el entorno fue precisamente la base de su trabajo en una casa junto a la playa en las Bahamas. Zervudachi colaboró con el arquitecto Kiko Sanchez, del estudio neoyorquino FGS Design, para reformar la casa, que originalmente tenía paredes y techos de madera oscura, una distribución poco práctica y ningún acceso (ni vistas) a la playa, a pesar de estar a pocos pasos del mar. Lo primero que hicieron fue reconfigurar los espacios, encalar las paredes e introducir una paleta sencilla que encajaba mejor con el ambiente tropical. Una suave gama de azules, blancos y tonos arena neutros pasaron a definir el código cromático de la casa. En el salón y el comedor, Zervudachi instaló un entramado de baldosas de piedra de color coral que cubrió con sencillas alfombras de sisal para delimitar las zonas de asiento. Como anclaje para el salón utilizó un par de sofás de rayas blancas y azul claro, como el de la imagen. A su lado reposa un sillón francés del siglo XVIII de brazos ondulados, tapizado en lino azul Petrel de Jennifer Shorto, y un conjunto de sillones de ratán de Walters Wicker, un espejo dorado de finales del siglo XVII y una consola que pertenecía al cliente. La mesa baja cuadrada, de un brillante color crema, es obra del artista Robert Kuo, mientras que la mesa auxiliar Parsons *negoro-nuri* roja, gris y blanca es de Alpha Workshops. El comedor cuenta con un juego de sillas Eco de Rose Tarlow que rodean una mesa Iatesta Studio de John Rosselli & Associates. Sobre el conjunto flota, como si de una nube se tratara, una lámpara Crosshatch de resina blanca opaca de Ironies, similar a otra que adorna la zona de estar. Como punto focal de la pared del fondo cuelga *Water Figure* (Figura de agua) (1982), de John Graham Coughtry, donde se ve a un nadador surcando con gracia unas aguas azules y nos recuerda, como se suele decir de estas islas, lo bien que se está en las Bahamas.

ANITA CALERO
CASA DE LA FOTÓGRAFA
CALI, COLOMBIA
2020

«A veces siento que la naturaleza está tan presente que me va a expulsar de mi propia casa», asegura Anita Calero. «En cierto modo parece una casa en un árbol». Así describe Calero su casa de ladrillo y estuco en Cali (Colombia), situada en una ladera boscosa con vistas al exuberante valle del Cauca. Calero trabajó como fotógrafa y estilista en Nueva York durante muchos años, pero solía escaparse a los Hamptons los fines de semana y siempre albergó la esperanza de volver algún día a su ciudad natal. Dio el paso en 2015 y dedicó los dos años siguientes a ejercer como diseñadora y arquitecta de su futuro hogar, cuyos interiores destilan la estética orgánica y natural de su dueña. Las ventanas, casi omnipresentes, y las claraboyas que perforan el techo abovedado permiten que la luz natural sea un componente clave del espacio. La madera de achapo local también está presente en toda la casa y destaca sobre todo en los oscuros armarios de la cocina. «Siempre me ha gustado la madera», reconoce, lo que explica también su selección de muebles de estilo *Mid Century*. Alrededor de la mesa baja de nogal de George Nakashima hay un par de sillones de roble de Hans Wegner y un sofá bajo de Carl Gustaf Hiort af Ornäs que compró del decorado de una de sus sesiones fotográficas. Provista de una aguda visión estilística, va alternando los objetos que reposan sobre la balda situada encima del sofá. Actualmente incluyen un búho tallado por un carpintero local, un marco de fotos desnudo con una rama espinosa que encontró en una granja cercana y un retrato al carbón de un joven de principios del siglo XIX que compró hace años a un anticuario de Manhattan. Detrás de la puerta principal cuelga una foto a gran escala de un loto que Calero tomó a mediados de la década de 1990, una imagen que parece conversar con la flora que se ve a través de las ventanas. «Enviaron esta flor desde California para una sesión de fotos», explica, «pero se dobló durante el transporte y adquirió esta exquisita forma, que recuerda a un gallo».

VEERE GRENNEY
CASA EN LA PLAYA
MUSTIQUE, CARIBE
2010

Gran parte del aura que rodea a Mustique, una pequeña isla del archipiélago caribeño de San Vicente y las Granadinas, reside en su atmósfera de intimidad y su lujo discreto. Ese modesto confort fue una de las premisas que inspiraron el diseño de Veere Grenney en una casa construida en los acantilados de la bahía de Gelliceaux, en la costa sudoeste de la isla. Construida en la década de 1970 por el arquitecto sueco Arne Hasselqvist para la ejecutiva publicitaria estadounidense Mary Wells Lawrence, la casa estaba en muy mal estado debido a las frecuentes tormentas tropicales. Grenney, que fundó su estudio homónimo en Londres en 1996, trabajó con el arquitecto Alain Bouvier (cuyo estudio, ABA, también tiene su sede en Londres) para reformar el complejo original de tres pabellones. El salón y el comedor, ambos de planta abierta, son el centro neurálgico de la casa y están abiertos al exterior por los cuatro costados, aunque disponen de contraventanas. Grenney revistió las paredes y el techo con bambú tratado y acabó instalando este material en las tres estructuras, hasta en los toalleros. Desde el interior, la casa parece un refugio en un árbol en el que hasta el mobiliario responde al lenguaje estético de Grenney. La mayoría de las piezas, tanto las de época como las personalizadas, están hechas de bambú o caña. Las butacas del salón son de segunda mano, mientras que él mismo diseñó el dúo de mesas de centro y encargó a Soane Britain réplicas de los apliques originales en forma de concha que había en la casa desde la década de 1970. También encargó a Raoul Textiles una versión de su estampado de hojas de palmera Exoticus Elephant Leaf en un favorecedor marrón grisáceo, en lugar del verde habitual, para el tapizado del sofá. Las alfombras de pasto marino que se encuentran repartidas por toda la casa invitan, aún más si cabe, a renunciar al calzado para disfrutar del espacio también con el tacto.

ENÉRGICO

Aunque hay un parecido razonable entre el estilo enérgico y el atrevido, existe una diferencia fundamental: la intencionalidad. Las habitaciones atrevidas suelen estar impregnadas de color, pero se caracterizan por incorporar toques de humor y giros sorprendentes. En cambio, las habitaciones enérgicas tienen una pátina distinta, un léxico especial que utiliza el color y la forma de manera estratégica para inspirar calidez, vitalidad y arraigo. Y es precisamente ese poderoso juego conceptual el que convierte una habitación de corte clásico (con molduras, paneles y suelos de madera) en un espacio vivo y actual.

El arquitecto Peter Pennoyer recurre constantemente a los precedentes históricos para configurar su distintiva visión del diseño clásico moderno. Así se convirtió en el candidato perfecto para una familia que buscaba reformar un apartamento en Park Avenue, Nueva York, en un edificio diseñado a finales de la década de 1920 por el arquitecto Rosario Candela, uno de los grandes maestros del diseño residencial urbano y el buen gusto. Pennoyer consideró que el comedor, originalmente la biblioteca en el plano de Candela, sería el lugar perfecto para lo que él denomina un «toque de lujo». El salón adyacente tenía espacio de sobra para colgar cuadros, explica, así que decidió revestir por completo el comedor con detalles arquitectónicos para transformarlo, en esencia, en una obra de arte por los cuatro costados. «Las molduras son un guiño a los interiores tradicionales de Candela, pero se han simplificado para que resulten más delicadas». Con tanta actividad en la superficie de un espacio relativamente reducido, «hacía falta un color vivo que unificara el diseño de la carpintería», prosigue. Eligió un azul Shaker brillante como contraste al cálido tono miel de los suelos de roble originales, ocultos bajo capas de tinte y cera de los anteriores propietarios. (Tras el feliz hallazgo, se enceraron de nuevo para darles un acabado con brillo.) «El azul es el color del mar y del cielo, y se asocia a la paz y la serenidad», señala Pennoyer sobre la paleta tonal.

La diseñadora Summer Thornton también se decantó por el azul en otro apartamento diseñado por Candela en 1927, en esta ocasión en la calle Lake Shore Drive de Chicago. «Esta habitación está pensada para hacerte sentir bien y eso es precisamente lo que aporta el azul», explica Thornton. Su elección de colores se inspiró en la tonalidad de los edificios de Jodhpur (India), conocida como «la ciudad azul». «Estuve a punto de echarme atrás», admite, «pero luego pensé: si toda una ciudad puede pintarse de ese color, seguro que nosotros podemos hacer lo mismo con una habitación. Así que nos lanzamos a la piscina y nunca nos hemos arrepentido». Junto con el azul, el rojo vivo de los sofás y el blanco reluciente del techo aportan todavía más energía a la estancia.

Marie-Anne Oudejans pensó en las gamas cromáticas y los motivos de los interiores indios cuando se dispuso a diseñar la cocina del apartamento que posee en el hotel Narain Niwas Palace de Jaipur (donde también diseñó el Bar Palladio). «El color influye en cómo nos sentimos en los espacios», asegura Oudejans, que eligió un atrevido rojo amapola como color dominante. Encargó además a un pintor que adornara la habitación con una cenefa que recuerda al toldo de una carpa y con una serie de ramilletes de amapolas por toda la pared que juegan con el nombre del propio color.

La cocina de la cochera que Jorge Pardo convirtió en vivienda, en Bushwick, Brooklyn, es también un laboratorio de colores. La obra de este artista, todo un personaje renacentista de la era moderna, parece resistirse a las etiquetas. Pardo, cuyo trabajo abarca la pintura, la escultura y el diseño y tiene como determinante común el empleo de colores vivos, ha sabido encontrar la manera de incorporar estas tres disciplinas en su casa neoyorquina (tiene otra en Mérida, México). «La casa es un acto artístico en sí misma», afirma. En la suya, los suelos de baldosas presentan una amplia paleta de colores, muy en la línea de su obra. Él mismo diseñó las lámparas que cuelgan sobre la mesa de la cocina, con una transparencia propia de la acuarela, y sustituyó la escalera original por una de caracol en color rojo, sinuosa y rotunda, que atraviesa el espacio como un poste de bomberos.

Como ocurre con Pardo, el uso del color es la base de los proyectos artísticos del diseñador de accesorios parisino Marc Valeanu. «Para mí, un entorno natural es un entorno armonioso; los colores ofrecen una combinación infinita de armonías, como los estados de ánimo», explica. «Trabajo con toques, igual que un chef», comenta sobre la distintiva paleta de rosas, morados, verdes y azules que ha incorporado a su casa. «Con el tiempo, he probado numerosas combinaciones de colores y ahora, intuitivamente, se han convertido en mis "recetas"».

Peter Mikic sabe diseñar igualmente espacios exquisitos sin perder su toque chic. Su proyecto para el salón de una casa situada al norte de Londres presenta una gama de colores pastel mezclados con magistral precisión. Los suaves rosas, azules, verdes y amarillos imprimen a la habitación un aire refrescante y pletórico, como cuando nadamos en una piscina hacia la superficie y la luz del sol nos acaricia la cara al salir a tomar aire. Los detalles reflectantes de latón, espejo y cristal realzan sus deslumbrantes elecciones. El estampado moteado de la alfombra confiere a la paleta de colores de la sala un aire pictórico que Mikic combina concienzudamente al colocar cada pieza tapizada junto a su color correspondiente. «La habitación contiene un caleidoscopio de colores», dice este diseñador, «pero cada uno de ellos está combinado con meticulosidad».

MARIE-ANNE OUDEJANS
APARTAMENTO EN JAIPUR
JAIPUR, INDIA
2017

En la década de 1990, los brillantes vestidos de la línea Tocca de Marie-Anne Oudejans no podían faltar en el armario de los amantes de la moda, con sus sencillos cortes rectos en colores mazapán y bordados inspirados en los saris. Esta diseñadora de origen neerlandés decidió dejar la confección en 1998 y trasladarse a Jaipur (India). Allí empezó a diseñar telas, muebles e interiores, incluido el deslumbrante y colorista restaurante y bar del hotel Narain Niwas Palace de Jaipur, donde también tiene un apartamento, antes de abrir su propia empresa de diseño, Castello Rosso, en 2023. Entrar en su cocina es como ponerse uno de sus característicos vestidos de verano, una experiencia estimulante debido al intenso rojo amapola que domina la habitación. «Siempre quise tener una cocina roja», reconoce. «Es un espacio muy alegre». La diseñadora recurrió al pintor decorativo local Vikas Soni para decorar a mano las paredes, que imitan paneles, y las imágenes repetitivas de amapolas al estilo mogol. (Schumacher comercializa la línea de papeles pintados y telas de Oudejans, que incluye un estampado muy parecido al del diseño.) La mesa con tablero de mármol y una piña decorativa en la base es un diseño de la propia Oudejans, al igual que la seda roja estampada que utiliza en el juego de sillones decimonónicos que la acompañan y que adquirió en el hotel. Cuando Oudejans era una niña y vivía en los Países Bajos, su abuela montaba una pequeña carpa en el jardín para que jugaran sus nietos. «Es un recuerdo feliz que aún conservo», rememora. El zigzag pintado que recuerda a un toldo y adorna el techo de la cocina, muy similar a otros que a menudo decoran sus diseños de interiores, es una oda a aquellos tiempos felices.

PETER PENNOYER ARCHITECTS
DÚPLEX EN PARK AVENUE
NUEVA YORK, NUEVA YORK, EE. UU.
2020

¿Resistirá el paso del tiempo? Esa es la pregunta que Peter Pennoyer se plantea a sí mismo y que traslada también a su equipo durante los procesos de diseño. Este arquitecto, que abrió su estudio homónimo en 1990, está especializado en la creación de viviendas situadas cómodamente entre el clasicismo y la modernidad, logrando un equilibrio atemporal. Un buen ejemplo es el comedor de un edificio diseñado por Rosario Candela en 1929 en el Upper East Side de Manhattan. Pennoyer envolvió por completo la sala con paneles que recuerdan el lenguaje estilístico propio de Candela, pero les confirió un matiz simplificado y delicado. «La sala parece la obra de un neoyorquino que visitó París en 1930 y quiso reproducir la elegancia de los salones franceses», asegura. La estancia cuenta con tres ventanas, una chimenea de mármol a medida y dos puertas dobles con espejos: una conduce a la sala de estar y, la otra, a un minibar empotrado con un abigarrado revestimiento en tonos ojo de tigre. Con esta estructura, Pennoyer sabía que necesitaba aplicar un color llamativo (en este caso, Spruce de Paint & Paper Library) a toda la carpintería para unificar el diseño. «El azul agua, nítido y definido, es el contrapunto de los suelos de roble originales, que resultaron ser de color miel una vez retiradas las capas de tinte y cera que los cubrían». Una viga de hormigón atraviesa el techo de la sala, por lo que el arquitecto creó un espacio ovalado para esquivarla y aprovechar la altura máxima del techo. Al mismo tiempo, las líneas redondeadas dialogan con las esquinas curvas de la habitación y proporcionan la superficie perfecta para el revestimiento de pan de oro. También es el espacio ideal para montar la monumental araña de Hervé Van der Straeten. Su estructura de hierro dorada y sus magníficos cristales de cuarzo dan continuidad a la superficie espejada de la mesa situada debajo, comunicándose ambas en una *lingua franca* que tiene visos de ser eterna.

MARC VALEANU
APARTAMENTO EN PARÍS
PARÍS, FRANCIA
2023

Marc Valeanu tiene un ojo infalible para el color. En realidad, lo tiene para casi cualquier detalle, de ahí que esté tan solicitado como diseñador de accesorios autónomo para clientes de moda de la talla de Thom Browne, Lemaire, Lanvin y Delvaux. Diseñar los interiores de su propio apartamento haussmaniano en el octavo distrito de París le permitió dirigir su aguda mirada más allá de los confines de la moda. «Quería que mi casa fuera extravagante pero acogedora», dice Valeanu de su apartamento, ubicado no muy lejos de donde creció. «Eso es lo que me llevó a elegir los colores». Sus elecciones, que abarcan una suculenta gama que va desde el frambuesa y el pistacho hasta la uva y el melón, vibran todas en una frecuencia cromática media y parecen sacadas de la paleta fauvista de Henri Matisse. Valeanu es un ávido coleccionista de obras de los diseñadores Elizabeth Garouste y Mattia Bonetti de las décadas de 1980 y 1990. Solo en su salón hay un sofá color amatista, una lámpara de araña con forma de ramas de árbol, un par de sillas Koala verdes y una lámpara de pie naranja, todos ellos del clásico dúo creativo. (A los catorce años fue aprendiz del modisto Christian Lacroix, que coleccionaba piezas de estos diseñadores. «La experiencia me hizo aficionarme a sus diseños y a su historiado toque fantástico», explica Valeanu.) También hay una mesa de centro con patas curvas de René Prou y un par de mesas auxiliares de cerámica con forma de tocón de árbol de Victor Levai. Pierre Marie, diseñador de alfombras contemporáneas, creó las alfombras lisas con motivos *rinceau* (un diseño estilizado similar a la vid) del salón y el comedor, inspiradas en ejemplos de la década de 1940. En el comedor, Valeanu combinó una mesa de color amarillo canario de Konstantin Grcic con un espejo lacado en rojo y un deslumbrante juego de sillas estilo Ming que adquirió en diversos mercadillos. La lámpara de araña es obra del italiano Tommaso Barbi, mientras que el maravilloso candelabro con tulipa de cerámica roja y la lámpara con forma de máscara de bronce que reposa sobre el aparador pertenecen a Garouste & Bonetti.

LAWRENCE WEINER
DIA CENTER FOR THE ARTS
4 APRIL 1991 — 2 FEBRUARY
DISPLACEMENT
&
DISPLACEMENT
2ND STREET NEW YOR

JORGE PARDO
CASA EN BUSHWICK
BROOKLYN, NUEVA YORK, EE. UU.
2021

Cuando tratas un interior como si fuera un lienzo, «la obra se convierte en el espacio y el espacio en la obra», asegura el artista cubano-estadounidense Jorge Pardo. En su obra, analiza constantemente «las ideas de temporalidad» y la frontera que separa el arte de la arquitectura. En uno de sus proyectos, revistió la planta baja de la Dia Art Foundation de Chelsea, Nueva York, con una cuadrícula que alterna el azul claro con tonos aguacate y limón. Según Pardo, beneficiario de la beca MacArthur en 2010, estos colores «se inscriben en el lenguaje visual latinoamericano». Su intervención transformó el vestíbulo del edificio en una exploración de la identidad desde el momento en que el visitante cruza el umbral. El suelo de la cocina de su casa de Bushwick, Brooklyn, muestra un despliegue similar de baldosines producidos con la ayuda de José Noé Suro, fabricante de azulejos de Guadalajara, con quien también colaboró en el diseño para la fundación. (El azul acuático de la pared es una mezcla personalizada de pintura Behr derivada de los azulejos más claros.) El resultado es una cocina espectacular e inspiradora que ofrece un cálido abrazo de bienvenida y, a la vez, deslumbra con su escalera de caracol de color rojo que se eleva como si fuera una llamarada hacia la planta superior. El hecho de que Pardo instalara los mismos azulejos en otra de sus casas, en Mérida (México), deja patente su predilección por esta paleta de colores. Sobre la sencilla mesa de madera de la cocina cuelga un grupo de lámparas Brussels, de diseño propio, cuyos tonos dorados se reflejan en las baldosas amarillas del suelo e inundan de calidez el laminado de imitación de madera de los armarios de Ikea. Las luminarias, fabricadas con discos pintados a mano y cortados con láser, añaden una luminiscencia cromática a la atractiva paleta de Pardo.

PETER MIKIC
CASA EN ISLINGTON
LONDRES, REINO UNIDO
2018

Peter Mikic supo desde el primer momento que el color sería clave para transformar una anodina casa adosada de la década de 1870 en el barrio londinense de Islington en un espacio vibrante en el que juntarse con los amigos. Para el salón, este diseñador australiano afincado en Londres, que abrió su estudio de interiorismo en 2007, se inspiró en una consola que ya poseían sus clientes: una pieza llamativa con cajones panelados y adornados con incrustaciones de cristal de Murano en tonos rosas, azules, verdes y amarillos. «Los propietarios querían una sala arrebatadora donde tomar algo antes de cenar y utilizar luego para bailar o montar un karaoke», explica. «Las paredes salmón [Clay Vase, de la marca británica Dulux] se asemejan al rosa de los cajones y resultaron ser el contrapunto perfecto para los colores de la habitación», como el ante azul del sofá de palisandro, el turquesa suave de un par de sillones de la década de 1960 y el abanico de azules de *Fade XXIV* (2015), del artista británico Oliver Marsden, que cuelga a la derecha de la chimenea. El exuberante tono salmón también contrasta de manera exquisita con *Junk 4* (2014), un grabado en blanco y amarillo del también británico Keith Coventry que luce sobre el sofá, y una obra cubista anónima que los clientes compraron en un mercadillo de París y ahora descansa sobre un caballete. «La habitación no podía basarse solo en los contrastes», advierte Mikic, así que retomó el rosa en el diván y añadió piezas blancas y negras para aliviar la tensión cromática. Entre ellas, la lámpara de techo negra con tulipas cónicas de Stilnovo de la década de 1950, las lámparas de cerámica con pie en forma de piña y las mesitas blancas que combinan con otras de latón a ambos lados del sofá. «El blanco y el negro funcionan como neutros, conectándolo todo». La superficie reflectante del espejo que cuelga sobre la repisa de la chimenea intensifica la luz y el color con sus reflejos fragmentados. «Es un cristal con reverso de platino, que le confiere un aspecto cálido, como el antiguo vidrio de mercurio».

SUMMER THORNTON
APARTAMENTO EN LAKE SHORE DRIVE
CHICAGO, ILLINOIS, EE. UU.
2020

«Me obsesiona el color, la forma en que te hace sentir y su capacidad para transformar un espacio», avanza Summer Thornton. «No entiendo a la gente que vive de espaldas al color». Esta diseñadora afincada en Chicago, que puso en marcha su estudio de diseño en 2007, tiene un talento especial para insuflar vida a los espacios tradicionales con deliciosas combinaciones de colores y tejidos táctiles. Los propietarios de un apartamento en Lake Shore Drive, situado en un edificio de 1927 diseñado por el arquitecto Rosario Candela, le dieron carta blanca para pintar de azul la madera natural de la sala, recuperada de una estructura más antigua que ocupaba el mismo lugar. «Los propietarios querían quitarla, pero yo no podía soportar la idea, así que les propuse pintarla de un color alegre para ver qué les parecía», explica sobre el St Giles Blue de Farrow & Ball que eligió. Huelga decir que el color los convenció, al igual que el par de sofás de terciopelo y seda con borlas que introducen en la sala el extremo opuesto de la escala cromática. «Los colores fuertes necesitan otros colores fuertes a su alrededor», señala. «Me encantan estos sofás rojo rubí, añaden dramatismo y un punto de extravagancia. Me recuerdan a la ropa de Dorothy en *El mago de Oz*, con su vestido azul y sus zapatos rojos». En lo alto, una excepcional araña de cristal de Murano del siglo xx, obra de Venini, añade una pincelada *art déco* con su poética forma, que se refleja en el espejo italiano de época que preside la chimenea. En una esquina, la litografía semiabstracta *Femme avec Oiseau* (Mujer con ave) (1975), del artista neerlandés Karel Appel, cuelga sobre los laterales ondulantes de una consola de ratán con marco metálico. «Las paredes azules son claramente las protagonistas, pero cuando estás en la habitación, el techo blanco reluciente que rodea el beis de la lámpara crea un contraste mágico», explica. «La luz reflejada sobre el lago, al otro lado de las ventanas, parece danzar sobre esta superficie líquida. Cuando la miras, te sientes casi como en un sueño».

GABINETES DE CURIOSIDADES

Los *Wunderkammern*, gabinetes de curiosidades o cuartos de maravillas, se pusieron de moda a mediados del siglo XVI en las casas de la realeza y la aristocracia europeas. La palabra, una abreviatura de la expresión alemana *Kunst-und Wunderkammern* (literalmente, «cuartos de arte y maravillas»), hace referencia a las salas que se utilizaban para exponer objetos naturales, arqueológicos, científicos o religiosos, así como obras de arte y dibujos. Cuando el mundo se encontraba en la encrucijada de la ciencia y la superstición, los gabinetes de curiosidades ofrecían un medio de estudio y una forma de demostrar el rigor intelectual y la riqueza de las familias. En muchos sentidos, fueron los precursores de los actuales museos de historia natural. De hecho, el Schloss Ambras de Innsbruck (Austria), construido en 1572 como gabinete de curiosidades para Fernando II, archiduque de Austria, afirma ser el museo más antiguo del mundo; el Ashmolean, el primer museo público de Gran Bretaña, se inauguró en Oxford en 1683 a partir del gabinete de curiosidades del político y coleccionista inglés Elias Ashmole. Ese deseo de adquirir, estudiar y disfrutar de los objetos aún perdura hoy y es la esencia de los espacios que aquí se presentan.

«En general, mi devoción por el coleccionismo nunca ha desaparecido», afirma el escritor de origen italiano Umberto Pasti. «He sido coleccionista toda mi vida». Pasti y su pareja, Stephan Janson, viven a caballo entre Milán y Tánger, donde tienen dos casas. El salón de una de ellas está repleto de objetos relacionados con la cultura del norte de Marruecos. «Estoy convencido de que la identidad de un pueblo se expresa a través de sus objetos», afirma Pasti. «En Tánger se ha hecho muy poco por conservar las huellas del pasado. Amo esta ciudad, así que sentía que era mi deber hacerlo». Los frutos de esa búsqueda incluyen fragmentos de cerámica del siglo XVI, azulejos islámicos, sudarios de lino, vasijas bereberes y diversos muebles marroquíes «Me gusta guardar cosas a las que nadie presta atención para las generaciones futuras. Cuando las cosas tienen una forma bonita o una historia interesante, todo encaja».

Peter D'Ascoli ha creado su hogar siguiendo una línea similar. «Coleccionar arte y objetos es una forma de rodearse de belleza y recuerdos», explica este diseñador, que nació en Nueva York y reside en Nueva Delhi (India). Las paredes del salón están cubiertas de azulejos y muestras de telas adquiridas durante sus viajes, pero sus objetos favoritos son «una preciosa caracola, llamada trompeta de Tritón, que encontré en un prístino arrecife de coral cuando tenía catorce años» y un dibujo de un camello que hizo su hija a los seis. El trabajo de D'Ascoli como diseñador textil le obliga a evaluar y manipular constantemente el dibujo y el color. Usar esos mismos ingredientes para diseñar su propia casa, dice, le permitió manifestar su amor por la familia y reflejar la plenitud de la vida.

Cuando el diseñador neoyorquino Thomas Jayne se plantea comprar un objeto, le gusta preguntarse: «¿Qué dice de la gente que lo fabricó y lo utilizó?». Tanto él como su marido, Rick Ellis, llevan toda la vida coleccionando antigüedades, curiosidades modernas y joyas de la historia natural. Cuando se mudaron a su actual *loft* en el Soho, convirtieron el estudio de la casa y la habitación de invitados en un museo de espléndidos hallazgos. Las numerosas piezas que han reunido también dicen mucho de los propios coleccionistas: en las estanterías reposan los libros de cocina de Ellis (que es estilista gastronómico e historiador culinario); el pequeño escritorio de la habitación y el taburete cercano pertenecieron a la familia de Jayne y el gran retrato que cuelga encima es de su madre. «El impacto se debe a la suma de los elementos, más que a un objeto concreto», afirma.

El dúo formado por Stephen Alesch y Robin Standefer, responsables del estudio neoyorquino Roman and Williams, recibió el encargo de remodelar una casa de piedra rojiza de Park Slope, Brooklyn, cuya premisa fue la fascinación de sus clientes por la fugacidad de la vida. «Los clientes estaban muy volcados en el mundo natural y las distintas etapas de la vida», explica Standefer de los propietarios, el cantautor y músico inglés Vince Clarke (compositor principal de la banda Erasure) y Tracy Hurley Martin (publicista musical que ayudó a fundar el Museo de Anatomía Mórbida en Gowanus, Brooklyn). Las ilustraciones médicas y la taxidermia victoriana eran los grandes reclamos del museo y ocupaban un lugar destacado en la casa. Al igual que muchos de los *Wunderkammers* originales, la aglomeración de objetos de la casa pone de relieve que la vida humana puede ser corta, pero que las creaciones humanas se pueden coleccionar, codificar y perdurar.

El artista Andrew LaMar Hopkins lleva toda la vida coleccionando muebles y objetos antiguos franceses y siente especial pasión por los que reflejan la historia criolla de Luisiana. Muchas de las piezas que ha coleccionado se han incorporado a su obra, centrada en escenas de género histórico del siglo XIX. «Me encanta ir a las subastas locales y las tiendas de segunda mano o comprar colecciones enteras directamente de las casas históricas de Nueva Orleans que han pertenecido a familias durante generaciones», explica. «Rodearme de cosas bellas me inspira para realizar mi trabajo». Su apartamento, en una casa adosada de Nueva Orleans de 1833, está repleto de objetos tan fascinantes como variopintos: retratos de todos los tamaños, tomos encuadernados en piel, piezas de porcelana neoclásicas francesas y multitud de relojes de pared.

Podría decirse que Barnaba Fornasetti nació en un gabinete de curiosidades. Su padre, el artista Piero Fornasetti, encontró formas poco ortodoxas de convertir los muebles en objetos de arte ungiéndolos con sus diseños, de exquisito detalle y algo surrealistas. Cuando Barnaba heredó el negocio familiar y la casa de Milán, halló en ellas un despliegue del vocabulario artístico de su padre, cuya originalidad suplió con sus propios giros decorativos. La pared de su sala de música se convirtió en una composición de objetos curiosos, como los rodillos utilizados para adherir las impresiones litográficas de su padre a las superficies lacadas de los objetos y las tijeras japonesas que utilizaba su madre en el jardín. «Me encanta cambiarlos de sitio y encontrar nuevas conexiones, aquí y en el resto de la casa».

UMBERTO PASTI Y STEPHAN JANSON
CASA EN MARRUECOS
TÁNGER, MARRUECOS
2020

«Me encanta encontrar objetos descuidados y olvidados para colocarlos juntos», afirma el escritor de origen italiano Umberto Pasti. «Es como reconstruir una familia». *Tebarek Allah* («alabado sea Alá», en árabe) es una de las dos propiedades que comparte en Tánger con su pareja desde hace más de cuarenta años, el diseñador de moda francés Stephan Janson. Cuando visitaron esta finca de 1940, no era más que un par de pabellones de piedra en mal estado con un jardín abandonado. Pero con tiempo y esfuerzo la han convertido en un paraíso. La sala de estar del pabellón principal evidencia la estética y la curiosidad de Pasti. Lo primero que hizo fue instalar suelos de madera, un techo de paneles «inspirado en las casas antiguas del norte de Marruecos» y paneles de madera en las paredes. Para darles suavidad, «las pintamos de rosa pálido y las encalamos ligeramente. A última hora de la tarde, cuando la luz entra por el oeste, parecen dibujarse pequeños paisajes en ellas». La mayoría del mobiliario está asociado a la cultura del norte de Marruecos. Una colección de azulejos españoles enmarcados del siglo XVI, de Toledo y Sevilla, rodean la *marfa* (o estantería de madera) del siglo XIX, procedente de Fez y situada sobre el sofá. También hay una mesa con arcos verdes y amarillos frente a un escritorio que antaño utilizaban los notarios musulmanes, una mesa azul de una peluquería de Moulay Abdessalam (con un plato con opérculos) y un taburete bajo fabricado con una vértebra de ballena que apareció en una playa cerca de la otra casa que tienen en Marruecos. El sofá está cubierto con un sudario anatolio a rayas grises y blancas, así como cojines confeccionados con fragmentos de tela del Atlas Medio. En el vestíbulo, un monstruo de mármol veneciano del siglo XVIII reposa sobre un armario de Fez pintado y ensamblado con contraventanas y materiales de construcción. «Pongo la misma pasión en coleccionar bulbos de flores y nidos que viejos juguetes bereberes, cestos de paja, huesos o cerámica popular. Me gusta coleccionarlos y estudiarlos. Coleccionar está en mi naturaleza».

ROMAN AND WILLIAMS
CASA ADOSADA EN BROOKLYN
BROOKLYN, NUEVA YORK, EE. UU.
2014

Stephen Alesch y Robin Standefer son, además de pareja, el dúo que conforma el estudio neoyorquino Roman and Williams desde 2002. Sus proyectos son conocidos por su riqueza en matices y la mezcla de muebles *vintage* y modernos. Se conocieron cuando trabajaban como diseñadores de producción en Hollywood, por lo que están más que habituados a crear narrativas a través de los materiales que eligen. Esta es la razón por la que otro matrimonio creativo, el músico inglés de *synth pop* Vince Clarke y su esposa, Tracy Hurley Martin, les pidieron que convirtieran su casa de piedra rojiza en Park Slope, Brooklyn, en un lugar que reflejara tanto la estructura decimonónica del edificio como su inusual fascinación por la fugacidad de la vida. Alesch y Standefer aprovecharon el interés de sus clientes por el ciclo de la vida para tomarlo como hilo conductor de la decoración. «Decidimos dar prioridad a las interpretaciones artísticas de la naturaleza y mostrar cómo los seres humanos estudiamos y rendimos homenaje al mundo que nos rodea», explica Standefer. Los objetos expuestos encima de la consola belga de 3,65 metros del salón, acompañada de una silla de escritorio *Mid Century* de Jens Risom, encapsulan todos esos temas. Encima cuelgan dos carteles de anatomía de finales del siglo pasado y una corona de luto de la época victoriana (tejida con el pelo de un difunto como recuerdo artístico). La escultura de bronce en forma de vaina colocada a la izquierda, obra del paisajista y artista contemporáneo estadounidense William Neil, habla de los comienzos de la vida, mientras que un insectario enmarcado del siglo XIX que hay a su lado apunta a su final. Una ménsula decorativa de escayola centra la escena, aportando una sensación de seriedad que se contrarresta con un brillante par de apliques de cristal tallado de Maison Baguès de la década de 1940. «No hay duda de que cada objeto de esta sala es bello por sí mismo», afirma Alesch, «pero lo que es verdaderamente potente es la historia que cuentan todos juntos».

BARNABA FORNASETTI
CASA FORNASETTI
MILÁN, ITALIA
2020

Los sueños están hechos de la misma esencia que Casa Fornasetti, un *palazzo* del siglo xix del barrio milanés de Città Studi y hogar de la familia Fornasetti durante tres generaciones. Construido por Pietro Fornasetti, importador de máquinas de escribir, más adelante albergó el taller de diseño de su hijo, Piero. El joven artista acabó convirtiéndose en uno de los talentos italianos más importantes del siglo xx y creó fantásticos diseños de planetas, animales y arquitectura que aplicó a muebles, tejidos y otros objetos. La casa familiar conserva muchos ejemplos y prototipos de esas piezas, que ahora pertenecen a su hijo, Barnaba, desde la muerte de Piero en 1988. «El coleccionismo está ligado a una forma de fetichismo que heredé de mi padre», explica Barnaba, que ahora dirige el negocio familiar de diseño. «La sala de música pintada de verde es un lugar idóneo para expresar sentimientos, conceptos y recuerdos. Por suerte, todos estos elementos combinan muy bien decorativamente». En un rincón se ha colocado un sofá de dos plazas de terciopelo rosa junto a una estantería de obra que aprovecha el hueco de la escalera y a un lado del sofá hay una torre de discos de Fornasetti Architettura. A la izquierda cuelga un cartel del Carnaval de Venecia de 1982 donde se ve la cara de un diablo con la lengua fuera, quizá un reflejo de la satírica visión del mundo que tiene la familia. Abundan los recuerdos, desde el tablero en forma de diana de una mesa Fornasetti de la década de 1950 (con un carrusel litografiado de frutas en blanco y negro) hasta una máscara mortuoria blanca de escayola utilizada en el teatro griego que inspiró toda una serie de muebles *Mid Century* de Piero, pasando por una serie de herramientas para dibujar muy usadas por el artista. También hay una pareja de gatos de porcelana (tiene dos de carne y hueso), una paloma tallada que Piero compró en Japón y una virgen española del siglo xvii. La réplica blanca de la mano del *David* de Miguel Ángel agarrando un lápiz, explica, «la utilizó mi padre como objeto promocional con las palabras "Robado a Fornasetti" escritas en ella».

ANDREW LAMAR HOPKINS
CHÂTEAU DE HOPKINS
NUEVA ORLEANS, LUISIANA, EE. UU.
2023

Las raíces ocupan un lugar central para Andrew LaMar Hopkins. Este artista y coleccionista de Mobile, Alabama, disfruta rodeándose de objetos del pasado, en concreto de la historia criolla de Luisiana. (Criollo se refiere a los descendientes de los colonos franceses en Luisiana y a su cultura francoindígena.) Ninguna ciudad le inspira tanto como Nueva Orleans, corazón de la cultura criolla durante mucho tiempo, en la que ha vivido de forma intermitente. Recientemente residió en un apartamento con un amplio porche situado dentro de una casa adosada de 1833 con vistas al French Market. «El bagaje y la historia del edificio inspiraron la decoración», asegura sobre la forma en que configuró el salón principal. «Me gusta tanto la adrenalina que generas al encontrar una pieza única como la belleza y la historia que encierran». En la pared existente entre las puertas francesas del porche cuelga un retrato pintado por él de un músico callejero local sobre un fondo turquesa. Debajo hay otro ovalado de una mujer de la década de 1840 que compró en Francia y a la izquierda una máscara de carnaval de papel *maché* que, según el artista, representa a «la reina francesa decapitada, María Antonieta». Debajo de la máscara hay una *panetière* de husillo (un mueble destinado a conservar el pan) de la década de 1760. «Una pieza preciosa, hecha solo para guardar pan», se maravilla Hopkins. En otra zona de la habitación, colocó una cama de Luisiana que data de alrededor de 1820. Encima vemos un conjunto de retratos, miniaturas, daguerrotipos e iconos religiosos. El más grande de los cuadros es un retrato americano de la década de 1840, adquirido en una subasta al norte del estado de Nueva York. En él, cuatro hermanos se dedican a sus pasatiempos favoritos: la lectura, la música, el tallado y la escritura. También hay una reproducción académica francesa del siglo XIX de *La expulsión de los mercaderes*, a la manera del artista del siglo XVIII Jean-Baptiste Jouvenet, y una pintura romántica francesa del siglo XIX de una mujer joven y un hombre, *Le Déjeuner* (El desayuno).

JAYNE DESIGN STUDIO
LOFT EN EL SOHO
NUEVA YORK, NUEVA YORK, EE. UU.
2010

Thomas Jayne diseña interiores opulentos y cargados de historia. Este clasicista convencido, que abrió su estudio en Nueva York en 1990, tan pronto retapiza muebles antiguos con telas del siglo XXI como reviste una pieza contemporánea con un estampado tradicional. Vive con su marido, el estilista de alimentos e historiador culinario Rick Ellis, en un *loft* del SoHo del último piso de una antigua fábrica del siglo XIX, donde volcó su interés por las antigüedades y lo convirtió en un gabinete de curiosidades del siglo XVI. «Mi marido y yo somos coleccionistas desde la infancia. Nos encantan las historias que encierran los objetos y la manera en que conforman una narrativa más amplia al compartir un espacio». Casi todas las superficies de la sala están ocupadas por grupos de esculturas, antigüedades y reliquias naturales de lo más variopinto, como plumas, caracolas e incluso cráneos. La mesa de trabajo, que en su día seguramente fuera una espineta, perteneció a su abuela, que aprendió a andar agarrándose al taburete con tapicería verde que reposa al lado. Encima del escritorio cuelga un retrato de su madre, obra de la artista californiana Mary A. Holmes, junto con numerosos grabados y varias cornamentas de ciervo. Cerca de la ventana, una gran urna francesa de hierro fundido muestra a la Dama de la Libertad en relieve. «Data de la segunda mitad del siglo XIX, más o menos cuando se construyeron nuestro edificio y la Estatua de la Libertad», explica, disfrutando del recorrido histórico. El gran lienzo en grisalla que domina la pared del fondo es una reproducción de un cuadro de la escuela de Heidelberg de 1794 titulado *El monumento funerario de la cantante Catharina Margaretha Docetti, de soltera Tausch*. «Es un fondo increíble para las llamadas por Zoom», bromea. En otra viñeta digna de Edgar Allen Poe, un cuervo disecado se posa sobre una columna jónica de madera contrachapada que encierra también una larga historia: fue un regalo del anticuario Robert Clepper y posteriormente la pintó el artista Robert Loughlin.

PETER Y CECILE D'ASCOLI
GRANJA EN DELHI
NUEVA DELHI, INDIA
2023

«Los espacios de mi familia se parecen desde hace tiempo a los tradicionales gabinetes de curiosidades», asegura Peter D'Ascoli. Este diseñador estadounidense afincado en Nueva Delhi (India) fundó Talianna Studio, un estudio de diseño y desarrollo de productos, en 2006. La marca, que en un principio se dedicaba a crear tejidos de lujo para interiores, ha ido creciendo hasta incluir prendas de vestir. El hogar de la pareja y sus dos hijas es una granja de arenisca roja conocida como *Lal Kothi*, o la «Casa Roja». En el salón predomina un llamativo azul turquesa que se hizo popular en la época victoriana, cuando, según D'Ascoli, el arsénico aún era un ingrediente aceptado. «Cuando cubres las paredes con tantas obras de arte, es bueno tener un fondo llamativo», afirma. En el techo, el diseñador acotó la zona de asientos con una *shamiana* confeccionada por su estudio e inspirada en los chales de cachemira. «Las tiendas de campaña han formado parte de las civilizaciones desde que los *sapiens* éramos cazadores-recolectores», añade. La pared situada detrás del asiento de rayas rojas y doradas, al fondo, alberga numerosos azulejos ornamentales que ha coleccionado a lo largo de toda una vida de viajes a China, Turquía, España y Amalfi (Italia), el lugar de origen de sus antepasados italianos. También hay un camello pintado por una de sus hijas, un desnudo femenino que adquirió en el rastro de París y un par de fotos *vintage* de monumentos italianos. «Este tipo de tesoros son un elixir mágico, un bálsamo curativo para el estrés de la vida contemporánea», prosigue. En cuanto al lince disecado en la vitrina de cristal que se encuentra arriba a la derecha, apunta: «Lo encontré en un restaurante de carretera de Carolina del Sur. Lo tuve durante años en mi apartamento de Manhattan y luego me lo traje a la India».

DIRECTORIO VISUAL

BIOFÍLICO

COSTERO

COLECCIONISTA

CONTEMPORÁNEO

ARTÍSTICO

INSPIRACIÓN ART DÉCO

FLORAL

MAXIMALISTA

MEDITERRÁNEO

MINIMALISTA

MODERNO

MONOCROMÁTICO

OSCURO

ALPINO

NEUTRO

ORGÁNICO MODERNO

CON PATRONES

RÚSTICO

ATREVIDO

PERSONALIZADO

CON TEXTURAS

ATEMPORAL

TROPICAL

ENÉRGICO

GABINETES DE CURIOSIDADES

CRÉDITOS FOTOGRÁFICOS

Adam Letch / OKHA 35
Alexander James / Studio Duggan 222
Alex Lukey 162, 163
Alicia Taylor / House & Garden © Conde Nast 209
Ana María López / Grisanti & Cussen 143
Andrea Ferrari 208
Anita Calero 238
Annie Schlecter 46
Anson Smart 218
Anson Smart / Greg Natale 24-25
Anthony Cotsifas / Trunk Archive 118-119
Atelier ND 124, 125
Audra Kiewiet de Jonge Art & Interiors 13
Ben Pentreath 77
Ben Richards / Naoki Terada 112
Bill Jacobson Studio 136
Björn Wallander / OTTO 74, 174-175
Brian Ferry 256, 257
Brittany Ambridge / OTTO 194, 195 (superior e inferior)
Bruce Buck / Roman & Williams 254
Cerruti Draime / Desselle Partners 228-229
Chase Daniel 132
Chris Cooper / ArchExplorer 106-107
Chris Grunder 55
Christophe Coënon 144, 145
Christopher Stark 126
Cortesía de LyonsKelly 63
Cortesía de Mork-Ulnes Architects 146
Cortesía de OOAA Arquitectos 108
Daniel Schäfer 164, 184, 185
David Oliver / Veere Grenney 239
Dean Hearne / House & Garden © Condé Nast 188, 189
Derek Hudson / India Mahdavi 198
Douglas Friedman / Trunk Archive 12, 18-19, 28, 29, 67, 128, 129, 134-135, 172, 219, 233, 234, 235 (superior e inferior)
Emiliano Granado / Redux / eyevine 193
Eric Piasecki 62
Eric Piasecki / OTTO 243
Firooz Zahedi 58
Flare Department / Mart Goossens 158-59
Floto + Warner 147
Francesco Dolfo 227
Francesco Lagnese / OTTO 203
Francisco Almeida Dias / Oitoemponto 42
Francois Halard / Trunk Archive 242
Frank Frances / OTTO 59, 72
Fran Parente 113
Genevieve Garruppo / Paris Forino 127
Gilbert McCarragher 104, 105 (superior e inferior)
Gonzalo Machado / Casa Muñoz 48, 49
Haris Kenjar 75
Harriet Thorpe 117
Henry Bourne / Studio Mackereth 168, 169
James McDonald / Interior Archive 82
Jan Baldwin 226
Janet Mesic-Mackie 182
Jared Kuzia / Nina Farmer Interiors 66
Jason Mandella / Cortesía del artista y Petzel, Nueva York 246
Jason Schmidt 16
Jason Schmidt / GRT Architects 212
Jean Cazals 36, 37
Jean-Pierre Gabriel 103
© Jérôme Galland 216, 217
Jérôme Galland / LNB Agent 214, 215
Joachim Wichmann 154, 155
Joanna MacLennan 93
John Neitzel 73
Josh Thornton / Art Department 248, 249
Joshua McHugh 43
Kate Martin 247
Kelly Marshall / OTTO 34, 56-57, 157
Lacey Land / Forbes Masters 166
Laure Joliet 87, 176, 177
Manolo Ylllera 23, 116, 179
Marco Cappelletti 26
Marius Chira 68, 69 (superior e inferior)
Mark Cocksedge 153
Mark Luscombe-Whyte / Interior Archive 259
Martha North 123
Martin Morrell / Aldridge & Supple 148, 149 (superior e inferior)
Matt Williams 15
Maximillian Burkhalter 47
Michael Sinclair 204-205
Miguel Flores Vianna / Interior Archive 78, 79 (superior e inferior), 196-197
Mike Karlsson Lundgren / Cappelen Dimyr 183
Nathalie Krag 97
Ngoc Minh Ngo 192, 252, 253
Nick Smith 122
Nicolas Borel 27
Noaidwin Sttudio 167
Noe DeWitt / OTTO 84-85, 178
Oberto Gili 255
Oleg Covian 83
Paul Massey / House & Garden © Conde Nast 38, 236, 237
Paul Massey / VSP Interiors 223
Peter Murdock 64-65
Pieter Estersohn / Art Department 258
Pratya Jankong / Leydon Lewis 173
Rasmus Norlander 109
Ricardo Labougle 39, 44-45, 98, 99, 186
Romulo Fialdini / Sig Bergamin 88, 89
Rose Uniacke / Simon Upton 17
Ruy Teixeira 52, 53
Salva Lopez 94, 95 (superior e inferior), 96
Sam Frost 213
Sam Frost / Giampiero Tagliaferri 114-115
Shim Yun Suk / Teo Yang Studio 156
Simon Brown / House & Garden © Conde Nast 32, 33
Simon Brown / Natalia Miyar 206-207
Simon Upton / Interior Archive 224, 225
Stephen Kent Johnson / OTTO 54, 76, 92, 133, 202
Studio Charuau 86
Theodore Tennant 165
Tim Street-Porter 232
Tim Williams 199
Tobias Alexander Harvey / TOOGOOD 137
Tom Blachford 138, 139
Tommaso Riva 14-15
Trevor Tondro / OTTO 142, 244, 245
Tria Giovan 22
William Abranowicz / Art + Commerce 187
Yoshihiro Makino / Trunk Archive 102

Se ha hecho todo lo posible por localizar a los titulares de los derechos de autor y obtener su autorización para reproducir este material. El editor pide disculpas por cualquier error u omisión y agradecería que se le notificara cualquier corrección que debiera incorporarse en futuras reimpresiones o ediciones del presente libro.

AGRADECIMIENTOS

Estoy profundamente en deuda con los ciento cincuenta diseñadores, decoradores y arquitectos que compartieron generosamente su trabajo y sus ideas en estas páginas, así como con la legión de fotógrafos que captaron esos espacios de forma tan deslumbrante. Cada uno a su manera redefine el estilo a diario.

Gracias a Emilia Terragni, directora editorial de Phaidon, cuya perspectiva y experiencia aportaron claridad y buen gusto.

La editora del proyecto, Stephanie Holstein, es una extraordinaria malabarista. Supo seguir y gestionar los numerosos flujos de aportaciones creativas con una eficacia sorprendente, además de asegurarse de que el mensaje editorial se mantuviera fiel al trazado. Este libro es más completo y esclarecedor gracias a su diligencia y cuidado.

Gracias también a la editora de fotografía, Sarah Bell, que consiguió rápidamente los derechos de todas las imágenes, y a la editora de contenido, Anna Southgate, y la revisora Rosie Pickles, defensoras infatigables de la coherencia, la claridad y la sintaxis.

Mi más sincero agradecimiento a los ejemplares equipos de diseño y producción de Phaidon, que convirtieron todas esas palabras e imágenes en un objeto maravilloso, envolvente y elegante por derecho propio. Este grupo creativo incluye a João Mota, Julia Hasting y Gif Jittiwutikarn. Muchas gracias al estudio de diseño La Tigre por el dinámico concepto visual de la obra.

Mi profundo agradecimiento a Asad Syrkett, redactor de diseño, por su introducción, reflexiva y perspicaz.

Este libro no habría sido posible sin la visión, la energía y el talento de Keith Fox, CEO de Phaidon. Su apoyo al proyecto y su amistad a lo largo de los años han significado mucho para mí. Es, de hecho, la definición misma del estilo.

Gracias, para terminar, a mis hijos (Thomas, Mia y Nicholas), fuente inagotable de alegría e inspiración, que enriquecen mi vida de innumerables maneras, y a mi marido, Anthony Barzilay Freund. Las constantes muestras de ánimo de Tony y su profundo conocimiento del mundo del diseño de interiores me infundieron la confianza necesaria para abordar este proyecto. Sin él a mi lado, nada de esto habría sido posible.

Phaidon Press Limited
2 Cooperage Yard
Londres E15 2QR

Phaidon Press Inc.
65 Bleecker Street
Nueva York NY 10012

phaidon.com

Primera edición en español 2025

ISBN 978 1 83866 977 5

Directora editorial: Emilia Terragni
Editora de proyecto: Stephanie Holstein
Responsable de la edición española: Baptiste Roque-Genest
Producción: Gif Jittiwutikarn
Diseño: La Tigre

Traducción del inglés: Paloma Muñoyerro, Luis de Manuel y Elena Aranaz para Cillero & de Motta

Impreso en China